우물에서 길어 올린 철학

우물에서 길어 올린 철학

초판 1쇄 인쇄 2018년 1월 5일
초판 1쇄 발행 2018년 1월 10일

지은이 신용문
펴낸이 이방원
편 집 강윤경·김명희·이윤석·안효희·홍순용·윤원진
디자인 손경화·전계숙
마케팅 최성수

펴낸곳 세창출판사
신고번호 제300-1990-63호
주소 03735 서울시 서대문구 경기대로 88 냉천빌딩 4층
전화 723-8660
팩스 720-4579
이메일 edit@sechangpub.co.kr 홈페이지 http://www.sechangpub.co.kr

ISBN 978-89-8411-730-3 03100

이 도서의 국립중앙도서관 출판시도서목록(CIP)은 서지정보유통지원시스템 홈페이지(http://seoji.nl.go.kr)와
국가자료공동목록시스템(http://www.nl.go.kr/kolisnet)에서 이용하실 수 있습니다. (CIP제어번호: CIP2017034143)

우물에서
길어올린
철학

신용문 지음

세창출판사

펴내면서

"길을 가다가, 방금 지나쳐 온 낯선 사람의 뒷모습에서
간혹 쓸쓸한 표정을 읽어 내는 지혜가 필요한 시절이다.
그림자 없는 목숨이 없듯이, 앞만 보고 걸어가는 생애는 불행하다.
때때로 뒤돌아볼 줄도 알고,
타인의 그림자를 보며 은밀하게 숨긴 내 그림자도 다시 찾아볼 일이다.
…
문제는 나 자신이 얼마나 '목소리 없는 자의 신음'에
민감하게 마음을 열고 있느냐는 것이다.
…
소리가 너무 가늘고 작아서 들리지 않는 목소리에 귀를 기울이는 훈련이
이제 더 필요한지도 모른다.
고통 받는 자들이 소리치지 않아도 먼저 알아듣는
섬세한 안테나가 내장되어 있는 사람이 기다려진다."

(한상봉, 『내 돌아갈 그립고 아름다운 별』 중에서)

그것이 그토록 그리운 사랑이라 말하렵니다.

내가 가진 것 하나 누군가를 위해 쓰일 수 있기를 …

내게 주어진 운명이라는 과제를 묵묵히 받아들이면서도,

그 걸음을 누군가를 위해 맞추어 줄 수 있는 고요한 배려가 깃드는 만남 …

어쩌면 가난하고 고단한 인생의 한 순간에 빛줄기처럼 주변을 비추어 줄,

또 하나의 가난한 등불이어도 좋은 법입니다.

생각만으로 이루어지는 일은 없습니다.

간절한 이성(理性)의 부르짖음만큼이나, 열절한 가슴이 함께 호흡하기를,

그 가슴으로부터의 뜨거움만큼이나 내 손길이 따사롭기를,

내 발걸음이 찾아 나섬에 주저함이 없기를 …

그렇게 갈망하면서 세상 한켠에서의

내 '의미'를 ─살아가는 것이 아니라─ '살아내는' 것입니다.

그러기에 오늘 하루도, 땀이 묻은 손으로 사색의 일기를 써내려 가렵니다.

부르튼 발로 일상의 고뇌를 품으렵니다.

그것이 곧 '지혜를 사랑하는 이'(philosopher)의 영혼입니다.

2017년 작은 공간 한구석에서…

한 걸음씩 …

"아직 우리가 모르고 있는 것이 세상에는 얼마나 많은지. 그러니까, 살아간다는 건 우리가 모르고 있던 새소리를 하나쯤 더 알아 간다는 거야. 새의 날갯짓, 꽃의 빛깔, 흙의 감촉, 물의 속삭임, 바람의 온도, 심지어는 언제나 한결같이 놓여 있는 돌멩이의 표정 같은 것 말이야." (양양, 〈쓸쓸해서 비슷한 사람〉 중에서)

일상 속에서 무수히 말을 건네는 것들.

저마다의 소리를 내어 '존재 의의'를 전하려 안간힘을 쓰는데, 정작 보지 못하고 듣지 못한 채 지나쳐 가는 일들이 얼마나 많은지!

어느 것 하나에도 무심(無心)할 수 없는 저마다의 노래가 숨어 있기 마련이다.

이처럼 어느 날 불현듯 들리기 시작하는 '따뜻한 소음'들은 결국 주변의 노래이면서 동시에 나의 노래이기도 하여, 머리로 설명할 수 없는 심장으로부터의 호소에 얼마나 인색했는지를 일깨워 주는, 일종의 '각성(覺醒)의 동기(動機)'가 된다.

그럼에도 끊임없이 이어지는 일상사에 매몰되어 간다는 변명을 앞세우고서, '사라져가는' 현실에 붙들려 정작 소중한 것—의미물음[1]—을 잊은 채, 반복적이며 무미건조한 '오늘'을 살아내는 데 존재를 허비하진 않았을까!

> 부딪는 일들에 주목하는 일
> 다가서서 귀를 기울이는 일
> 관계 안에 열어놓는 일
> 새기며 나아가는 일

이 '일들' 속에 존재가 찾아 나서야 할 것들—알지 못했던 새로운 것과의 조우(遭遇), 현상적 이해를 넘어서서 파악되는 간절했던 마음의 통교(通交), 묵은 것에 새 살 돋게 할 변화의 움직임, 최종적 현실까지 이루도록 할 힘과 용기—을 얻게 될 것이다. 그러기에 이 같은 묵상과 기도와 사색은 그 자체로서 멈추어진 해답을 명쾌하게 얻어 나가는 것이 아니라, 지속적인 발걸음을 옮길 디딤돌을 새겨 가는 것이라 하겠다.

철학(哲學)은 무중력상태의 우주 공간을 유영하듯 막연한 탐색을 시도하는 것이 아니다. '나'라는 존재 자체가 겪어 내어야 할, '삶과 죽음'의 대전제로부터, 경험의 영역 속에서 만나는 주제들, 나의 전인적(holistic)적 구조[2]로 화답해 가야 할—개인으로부터 세계에 이르기까지, 형이하학적(形而下學的)인 것과 형이상학적(形而上學的)인 것에 이르기까지—'모든 것'을,

---

1 "변하지 않는 사실 한 가지는 확실하다. 우리 모두는 삶에서 '의미(meaning)'를 갈구한다는 것이다"(수전 울프, 『LIFE 삶이란 무엇인가』, 박세연 역, 엘도라도, 2014).

2 밀러(Miller)는 인간의 세 가지 본질적 요소—영, 영혼, 자아—가 서로 연결되는 상태에 있을 때 인간존재로서의 의미를 지니는 것으로 보았고, 허치슨(Hutchison)은 인간 내명적 의식 세계를 정의적, 영적, 윤리적, 인지적 영역의 네 측면들이 홀리스틱적(holistic: 전체적, 통합적) 의식의 영역을 구성한다 하였다(조옥진, 『영성과 심리상담』, 가톨릭출판사, 2005).

바로 이 땅 위에 두발을 디디고 서서 물음을 건네고 대화로 초대하는 것이다.

소위 '어딱따고'한 편견의 너울을 벗자!

어 - 어렵고(나의 시선을 좇는 일상 가운데의 일인데도)

딱 - **딱딱하고**(나 자신과 세상을 향해 건네는 대화인데도)

따 - **따분하고**(생동감 있는 고민과 가슴을 여는 것임에도)

고 - **고리타분하다**(매순간 맞닥뜨리는 물결인데도)

먼발치서 희미하게만 보던 것, 그래서 '그렇지 뭐!'라는 단순한 시각 저 너머로 밀어내던 일 대신에, 이젠 내가 디디고 선 일상, '삶'의 한가운데의 이야기에 가슴을 열어 보자.

철학은 곧 '삶의 이야기'라 하겠다.

그러기에 누구에게나 철학은 이미 숨 쉬고 있다.

그것이 비록 정제되지 못하고 고상한 언어로써 표출되지 못하여 소위 굴러다니는 '개똥철학'이라 불릴지라도, 그 가슴에 담긴 가치관은 당연히 존중받아야 할 가치가 있다.

새벽 어스름이 찾아든 즈음부터 휜 허리를 부여잡고 손수레를 미는 아비의 굵은 손마디에도, 품으로 사랑으로 낳은 자식을 생각하면서 힘겨운 '오늘'도 묵묵히 견뎌 내는 주름진 눈가의 맺힌 이슬에도 어떤 학문보다도 고귀하면서도 강력한 '삶의 항변(抗辯)'이 깃들어 있지 않겠는가!

또한 철학은 '사랑에 대한 이야기'이다.

나에게 '주어진' 존재로서의 여정을 끌어안는 것.

'또 다른 너'의 존재를 받아들여 내는 것.

그 안에서 부딪는 모든 사상(事象)들 가운데서, '왜?', '무엇을 위하여?', '무엇을 해야 하는가?' 그리고 '무엇을 희망해야 하는가?' 하는 질문들을 거듭하면서, 무감(無感)히 흘려보낼 수 있는 삶의 순간들을 '포착'해 내려 몸부림치는 것이기에 말이다.

이는 지금 나와 내 주변, 나아가 나와 관계를 이루는 '모든 것' 안에서 소중한 가치를 부여하고 다가서서 하나가 되려는 여정, 곧 사랑하는 일이다.

철학을 만나다
정체, 성격과 내용

1. 철학, 그 정체는 무엇인가

분명 어느 누구도 그 일상 속에서 대면하는 이성적, 감성적인 색채가 어우러진 사색으로부터 자유로울 수 없다. 그러나 비단 이 사색이 그 자체로서만 머물러 있을 때는—나눔이 없는 생각은 우물 안에 갇힌 것과 같이 고착될 수밖에 없다—찾고자 하는 의미에 도달하기 전에 더 확장되지 못한 채 지치고 의미 자체가 퇴색될 수도 있다.

이에 철학을 하고자 하는 이유는, 때로 추상적인 사색들을 추려 세상의 만물을 대할 때는 보다 가슴으로 부드럽고 따뜻하게, 분석하는 시선에 있어서는 날카롭게 가다듬으면서 한 걸음 더 체계 있게 현상과 그 너머에까지 다가서기 위함이며, 이를 통해—실용적인 목적이 아니라 철학 자체가 이미 목적임을 전제로 하더라도—서로가 함께 공감 내지 비판을 통해 성장할 수 있도록 동반하며 나아가는 초대가 된다면 얼마나 좋을까 하는 기대를 갖게 한다.

'철학(哲學)'은 이처럼 이미 삶 속에 녹아서 호흡하고 있는 일상적이며 연속적인 과정이라 하겠다.

1-1 삶, 그리고 철학

■ 인간 존재와 사고

호모 사피엔스(Homo Sapiens) … 생각하는 존재, 사람.

인간을 이렇게 정의하는 학명에는 인간에 대한 진지한 자기반성이 담겨 있다. 'Homo(사람)'가 라틴어인 'humus(후무스: 땅, 흙)'에서 왔으며, 이 말이 영어에서 'humility(겸손)'로 파생된다는 점이 이를 뒷받침한다. 인간의 사고 작용이, 그 본연의 존재를 들어 올려 단순한 육적(肉的) 존재가 아니라 무언가를 찾고 의미를 구하는 영적(靈的), 초월적(超越的)—그러나 절대적이지는 못한—존재라는 사실을 일깨워 주며, 동시에 결국 "흙에서 왔

으니 흙으로 돌아갈" 운명에 놓인 인간의 한계성을 내포하고 있는 것이다. 이는 '한계성에도 불구하고 진정한 발돋움을 할 수 있는 존재'라는 사실 또한 인식하게 한다.

이러한 인식은 내가 성장하면서, 보다 넓어지는 사회성 안에서 나 자신에게만 한정시키지 않고 나와 "관계(relationship)"를 맺고 있는 모든 것(omnia)—사람, 일, 사건—에로 눈을 돌리게 한다.

---

1   인간의 형태에 근거한 또 다른 학명인, 'homo erectus(직립인간)'도 같은 맥락에서 인간의 근본적인 정체성을 영적이며 동시에 현세적인 모습을 이해하게 한다. 곧 땅 위에 두 발을 디딘—나약함과 한계에 노출된—지극히 현실적이면서도, 동시에 고개를 들어 영원을 추구하는 이중성을 내포한 것이 인간 본연의 모습이라 하겠다.

■ 의미 물음의 존재로서의 인간

꽃

김춘수

내가 그의 이름을 불러주기 전에는

그는 다만

하나의 <u>몸짓</u>에 지나지 않았다.

내가 그의 이름을 불러주었을 때

그는 나에게로 와서

<u>꽃</u>이 되었다.

내가 그의 이름을 불러준 것처럼

나의 이 <u>빛깔과 향기에 알맞는</u>

누가 나의 이름을 불러다오.

그에게로 가서 나도

그의 꽃이 되고 싶다.

우리들은 모두

무엇이 되고 싶다.

너는 나에게 나는 너에게

잊혀지지 않는 하나의 <u>눈짓</u>이 되고 싶다.

소위 '늘 그러하리라'는 일상에 젖어서 놓치게 되는 것들은 그저 하나의 '몸짓'만을 남기고 사라져간다. 그러나 같은 사상(事象)이라도, 나의 관심과 사고의 대상이 되었을 때는 비로소 새로운 가치를 획득한다.

비로소 '꽃'이 된다.

저 멀리 지나가는 누군가의 그림자는 그저 일상 속의 하나의 풍경에 불과하겠지만, 잃어버린 아들이 돌아오기를 손꼽으며 목놓아 울며 기다린 아비의 마음[2]처럼, 내가 가슴 저미도록 기다린 누군가를 알아보았을 때는, 그 그림자가 드리우는 풍경과, 그 그림자가 지니는 몸짓 하나하나에 시선이 머물고, 혹여 그 움직임에 대한 감정이 고스란히 눈물로 배어 나와 세포 하나의 미세한 움직임마저 느끼게끔 되지 않겠는가!

또 어느 날 후줄근하게 늘어진 상처 속을 헤맬 때, 나의 진심과 아픔을 이해하면서, 그 내용에 걸맞은 눈길과 체온을 건네줄 누군가의 위로를 그 무엇에 비길 수 있을까! 멀리 떨어져 교감이 없는 무채색의 풍경과는 달리, 소박한 그 시간의 감동은 서로가 서로에게 물들이며 물들면서 향기를 전하려 흔들거리는 꽃으로 서 있게 한다.

그저 무감하게 살아가는 듯 보일지라도, 그 어느 사람 하나 무의미하게 생(生)을 걸어가고 싶은 사람이 어디 있을까.

그러기에 삶을 살아가는 여정은 누군가에게 의미가 되고 또 둘러싼 모든 것에서 의미를 찾으려는 분주한 노력에 닿아 있음을 본다. 습관적인 일상성이 장애―긍정이나 부정, 객관과 주관, 현상적으로 해결해야 할 일들과 감정·정서적 반응에 이르기까지 '무엇인가?'라는 진지한 물음―에 부딪힐 때 소위 지성에 눈을 뜨게 되는 것[3]이다.

결국 인간은 본질적으로 주변과의 관계성 속에서 정의되는 존재이다. 이는 최소한의 것이라 해도 필연적으로 관계를 맺는 모든 것에 대한 의미 물음을 지닌 존재라 할 수 있을 것이다.

---

2   참조: 루카 15, 11-32(되찾은 아들의 비유).
3   참조: 가톨릭철학교재편찬위원회 편,『젊은이들을 위한 철학』, 이문출판사, 2003, p.9.

대표적인 의미 물음의 대상을 다음과 같이 분류할 수 있다.

· 나?

· 왜?

· 무엇?

첫째, '나'란, 나 자신의 본질에 대한 탐구, 곧 세상의 존재에 대한 1차적인 질문이다. ─어떤 것이 존재하는가? 신은 존재하는가? 나는 누구인가?

둘째, 이 존재들과 모든 현상에 관한 탐구 내지는 분석 단계이다. ─나는 어디에서 왔는가? 자연은 어떻게 존재할 수 있었는가? 저것은 왜 저러한가? 왜 이렇게 행동해야 하는가?

셋째, 이 모든 것들이 지닌 진정한 의미는 어디에 있는가?─보다 심층적인 차원에서 접근하고자 하는 노력이다.

이 세 가지 질문은 인간이 던질 수 있는 철학, 곧 '끝없는 질문'에로 이끄는 단초가 된다. 다시 말해 누구나 이런 물음을 던지고 대답할 권리가 있는 것이다.[4] 누구든 철학의 물음들을 선천적으로, 그러나 다음의 전환점들을 통해 더욱 심화해 가면서 지니고 살아간다.

■ 철학의 출발, 그 전환점

· 경험: 우리의 사고가 성장하는 것은 상기한 바와 같이 우리 자신이 발

---

4 독일의 철학자 칸트(Kant)는 철학의 영역을 ① 나는 무엇을 알 수 있을까?(이성의 한계에 대한 질문), ② 나는 무엇을 해야만 하는가?(인간의 행위 혹은 실천 목표의 결정), ③ 내가 바랄수 있는 것은 무엇인가?(종교와 관련된 질문), ④ 인간이란 무엇인가?(자신의 존재의 한계를 명확히 하고자 함)의 네 가지 질문으로 요약했다(참조: 후지사와 고노스케, 『철학의 즐거움』, 유진상 역, 휘닉스, 2004, p.28).

을 담근 친밀한 세계와의 만남—어린 시절 모든 것이 나에게 말을 건네었다.—을 통해 이루어진다. '세계 안의 나'가 겪는 모든 것들이 나의 의식을 채워 가는 것이다.

· 놀라움: 일상성의 와해, 곧 인간으로서 감당해야 하는 '한계상황'—죽음, 고통, 죄의식 등—에 부딪  힐 때 보다 적극적이며 심화된 철학적 물음이 드러난다. 이때의 앎은 '모른다'고 하는 것이 정확한데, 여기서부터 철학이 시작되는 것(Socrates)이다.

· 회의(懷疑): 경험으로부터 철학적 물음과 판단이 출발했다 해서, 그것으로 완성을 이루었다고는 할 수 없을 것이다. 감각의 불완전으로 인한 경험적 결론에 대한 회의는 늘 새로운 도전이다. 곧 기존의 경험을 비판하면서 근본적인 확실성을 찾아 나서는 여행이 시작되기 때문이다.

그리기에 일찍이 데카르트(Descartes)는 자신의 저서 『성찰』에서, 회의를 거듭한 끝에 다다를 수 있는 오직 하나의 가장 확실한 명제는 "Cogito, ergo sum!(생각한다, 그러므로 나는 존재한다!)"밖에 없다고 확신하였다. 아우구스티누스(St. Augustinus) 역시 "밖으로 나가지 말라! 너 자신 안으로 돌아오라! 사람의 내면에 진리가 있다"하며 끊임없이 진리를 추구해야 함을 밝힌 바 있다.

· 무전제: 끝으로 모든 것을 대상으로 모든 방법으로 진리에 도달하는 여정이기에 철학적 탐구는 전제가 없다는 점이다.

1-2 철학의 상실

위와 같이 결코 삶과 유리될 수 없는 것이 철학임을 알고 수용하면서도, 동시에 흔히들 오늘날을 일컬어 '철학을 상실한 시대'라는 비평을 고스란히 인정해 가는 모순 앞에 설 때가 많다.

이 같은 현상은, 철학이 표면적인 일상의 사건에 부딪혀 '지나침'[5]으로 일관하여, 자신에 대해 깊숙한 곳까지 파고들어 가거나 시선을 주변화시키지 못하는 데서 비롯된다 하겠다.

소위 '요즈음[6]의 문화'는 현상적인 결과에서 한 걸음 나아가지 못하게 하는 즉각적이며 감각적, 경쟁적인 속도전에 심취해 있는 것이 아닌가 우려도 된다. 그것은 하루가 다르게 변하는 과학의 발달 속도나 결과나 능력, 성과과 중심이 되는 무한 경쟁의 신자유주의 등 현대의 물결과도 무관하지 않을 것이다. 익숙하다 못해 무뎌지고 나서는 정작 자신을 돌아볼 겨를 없이 앞만을 향해 질주하는 형태라고 할까!

이 같은 '여유의 상실'뿐 아니라, 자연스레 이어지는 개인주의, 세속주의, 경제 중심주의의 경향은, 결국은 자신의 세계를 '그것만'에 가두어 더욱 심화하거나 시야를 넓히지 못하고 축소시키거나 심지어 의미조차 상실하여, 내적·정서적·영적인 '공동화(空洞化)[7]'를 초래한다.

---

5 "지나침(das vorbeigehen)"—현대철학의 거장 하르트만(Nicolai Hartmann)은 일상성 속에서 안전하게 살아가길 바라는 욕구에 묻혀, '죽음'이라는 가장 중요한 주제에 대해―두려움이나 긴장감 등의 죽음 앞에 선 정서적 반응 부분을 이해하더라도―무감각이나 지겹임이라는 태도로 깊이 있게 머물지 못하는 부문에 대한 아쉬움을 지적한 바 있다.

6 여느 시대나 관통하는 '요즈음'이라는 의미에 대해 각성할 필요가 있다.

7 사회학 용어로서, *주요한 핵심이 자리하지 못하고 주변적인 가치가 우선시되는 현상적 모습*을 필자가 대비한 것이다(공동화현상―주거가 외곽에 밀집되어 도심에는 상업기관·공공기관 등만 남아 도심 주거 인구가 도심에는 텅 비어 있는 현상―높은 토지 가격, 공해, 교통 등 각종 문제들로 인하여 도심에는 주택들이 줄어들고 상업기관, 공공기관 등만이 남게 되는 현상이다. 주거 인구의 분포가 도심은 텅 비어 있고 외곽 쪽에 밀집되어 도넛 모양과 유사하게 나타난다. 공동화현상으로 인해 도심에 위치한 직장과 교외의 집까지의 거리가 멀어지는 직

특히 키보드와 모니터로 구성된
현대의 생활공간은 '입력과 동시에
출력을 요구'하는 현 세태의 단면
도라 하겠다.

이러한 문화 형태를 반영하는 것
가운데 극단적인 예가 일종의 유행
어가 되어버린 '귀차니즘'[8]이란 신조어였다. 마치 꿈꿔 오던 미래로 각광
받던 리모컨과 로봇의 이미지가 '웰-빙(well-being)'과 맞물리면서 '보다 나
은 것', '보다 여유로운 삶'에 비중을 두는 듯하다.

그러나 중요한 것은 감각에의 익숙함이 사색과 철학에 접근할 여유를
빼앗는다는 데 있다. 즉 이러한 현실들이 인간 본연의 진지한 탐구에 도
달할 통로를 방해하여 인간 중심적인 지위를 약화시킬 뿐 아니라 인간성
자체를 소거시키는 방향으로 나아갈 가능성이 있다.

이에 인간의 가치가 자신을 스스로 성찰할 수 있는 이성(理性)과 영성
(靈性)에서 가장 극명하게 드러난다면, 그처럼 의식을 발전시켜 나가고
깊이를 더하는 것에 투신할 수 있어야 한다. 그것이 곧 우리에게 요구되
는 철학하는 자세라 할 것이다.

그렇다면 철학은 도대체 무엇인가? 과연 철학은 우리에게 달려오고 있
는가? 우리가 철학적으로 존재하지 않는 한, 철학은 우리에게 없다고 할
수 있지 않을까? 따라서 철학이 우리에게 달려오는 것이 아니라, 우리가

주 분리가 나타난다. 이 현상이 심해지면 출퇴근 시간에 교통난이 가중되므로 능률이 떨어져
서 다시 도심으로 돌아오는 회귀현상이 일어날 수 있다.)(시사상식연구소, 『똑소리나는 일반
상식』, 시대고시기획, 2014).
8 만사가 귀찮아서 게으름 피우는 현상이 고착화된 상태를 말하는 인터넷 신조어―이것은 '귀
찮-'이라는 어간에 '행위, 상태, 특징, ~주의'의 뜻을 가진 추상 명사로 만들어 주는 영어 접미
사인 -ism을 붙여 만든 누리꾼들의 신조어이다(위키 백과사전).

철학으로 존재하거나 존재하지 않을 뿐, 철학이 우리 밖에 있지 않다는 것을 알아야 한다.

2. 철학의 성격과 내용

2-1 철학의 성격: 철학적 반성과 수행에 나타날 수 있는 개인성과 보편성(인류성)

누구나 철학에 대한 관심을 갖고 있다. 소위 "평범한" 사람들도 예외가 아니다. 그러나 철학한다는 것은 분명하지만, 다른 한편 각자의 철학이 펼쳐지는 모습이나 정도, 혹 수준은 인격의 개별적 수만큼이나 다양하다 하겠다.

철학은 지식을 획득하고 실천하는 활동을 위한 예비적 토대가 되는 학문이 아니다. 철학 자체로서 그 가치가 있기 때문이다. 물론 철학적 활동은, 그 근원에서 볼 때, 현실적 지식과 실천 방안에 대한 비판적 검토를 함축한다. 여기서 현실적 지식과 실천 방안은 개인적 지식과 실천 방안뿐만 아니라 아직 개인이 획득하지 못한 지식과 실천 방안들—경험적으로 체득하며 정리한 것과 아직 그러지 못한 것—을 포함한다.

따라서 개인적으로 본다면—아직 자신의 삶의 테두리 내에서 경험하고 정리하지 못하였기에—앞으로 획득되어야 할 미래의, 즉 미지(未知)의 세계이지만, 인류 전체의 안목으로 본다면—해 아래 새 것이 없듯이—이미 현실 사회의 공통적인 바탕으로서 우리에게 앞서 주어져 있다. 이러한 현실적 지식과 실천 방안에 대한 각자 나름의 비판적 고찰이 철학보다 앞서 이루어질 것으로 밝혀진다.

여기서 철학의 출발점은 두 성격을 가지게 된다.

하나는 철학이 개인적 수행에서 고려될 수 있다는 점이고, 다른 하나는 철학의 근본적인 본질이 될 것인 인류적 수행에 연관하여 숙고될 수 있다는 점이다.

결국 오늘 하루를 살아가기 위해 몸으로 부대끼는 아비, 어미의 고뇌에는 그 가정 안에서 부모-자식 간에 이루어온 역사와 교감이 담겨 있는가 하면, '사람과 사람'의 관계에 대한 근본적인 성찰의 재료라는 점에서 보편성도 동시에 포함되는 것이기 때문이다.

인류적 보편성에 입각한 철학적 사유를 수행할 수 있기 위해서 우선 예비적인 작업이 필요하다. 이 작업은 철학을 한갓 개인적 세계관이나 인생관으로 파악하려는 일체의 편견으로부터 보호되어야 할 필요불가결한 활동이다. 각 개인의 삶에서 우러나온 가치관들의 총합이 인류의 보편적인 시각이 된다면, 그 개인적인 한 부분, 부분들이야말로 전체 그림에서 간과될 수 없는 하나하나의 조각들이기 때문이다.

이에 철학적 사유가 가능하게 되려면 우선 '개인적 상대성에서 인류적 보편성으로 자기 변화를 수행하는 철학적 반성'이 필요하다. 인류적 보편성을 획득하고 난 연후에 철학적 반성은 보다 의미 있는 작업인 '철학적 사유'로 발전된다. 우리는 인류적 보편성, 곧 공감할 수 있는 사람이 가진 공통적인 관심이 있다는 것을 알게 되었을 때 철학의 본질에 대해 비로소 말할 수 있게 될 것이다.

여기서 철학이 무엇인지 알려고 시도하는 학문적 초입자의 위치에서 본다면 철학적 수행의 일차적 의미마저 실로 어렵게 다가온다. 한 인간이 자신의 개인성을 넘어 인류적 보편성의 차원—체계적이고 일목요연한 논리성을 가지고 설득력도 갖춘 철학—에 도달한다는 것이 결코 쉽지 않기 때문이다.

이는 곧 철학이 시작된 이래 일반의 철학적 관심과 철학자의 철학에 대한 이해를 어떻게 바라볼 것인가 하는 문제와도 깊이 연관된다.

"철학자와 함께 생각하고 대중과 함께 말하라!"

이는 모두에게 통용될 수 있으면서도 끊임없이 연구 대상이 되어야 하는 철학의 "대중성과 전문성"[9]이라는 양면으로 요약될 수 있을 것이다.

2-2 철학의 표출

철학은 위의 두 양면성을 바탕으로 드러나는 방식 또한 다양할 수밖에 없다. 비단 정형화된 활자로 나열된 학문적 작업만이 아니라, 사람의 의식이 반영될 수 있는 모든 부문에서 다양한 형태 속에 녹아서 드러나는 것이다.

■ 학문으로서의 철학 — 계몽으로서의 철학

'학문으로서의 철학'은 대상의 본질과 구조, 대상을 규정하는 법칙들을 중점적으로 탐구하며, 따라서 근본적으로 보편적인 것, 필연적인 것, 영원불변한 것을 탐구하는 데 초점을 둔다.

이와 달리 "계몽으로서의 철학"은 철학하는 사람이 자기 자신을 분석, 해석하며 인식하는 작업으로 단순한 지식이나 정보를 뛰어넘는 것이다.

그러나 깨달음이 학문을 통해 객관적인 언어로 표현되어야 보다 체계화된 철학으로서의 의의와 지위를 갖게 된다.

■ 철학과 종교

종교를 사회학에서는 "인간이 궁극적인 존재, 신, 절대자와 맺는 관계"로 정의하기도 하고 철학에서는 "이 관계에 비추어 인간존재와 세계를 특

---

9   가톨릭철학교재편찬위원회 편, 앞의 책, p.15.

제1장 철학을 만나다 — 정체, 성격과 내용   25

정한 방식으로 해석"하는 것으로 본다. 그러나 분명한 것은 인간이 자신의 실존 안에서 확실성을 발견하고, 궁극적인 것을 스스로 발견해 나갈 때 진정한 철학적 완성을 꿈꾸게 되는 것이다. 신학이 종교적 믿음에 대한 학문적인 체계적 성찰이라 할 때 이성을 초월한 근원적인 나아감이라는 것을 새로이 보게 된다.

■ 철학과 예술

"예술품의 감각적인 것은, 그것이 감각적인 것으로 그 자체를 위해 존재하지 않고 인간 정신을 위해 존재하는 한에서만 실재를 가져야 한다"[헤겔(Hegel)].

"아름다움은 지배하는 정신의 표현으로서의 '존엄과 우아' 사이에 놓여 있다"[쉴러(Schiller)].

이처럼 예술은 철학처럼 인간이 스스로를 이해하고 세계를 해석하는 바를 표현하는 형태라 하겠는데, 철학이 이성의 수단으로 개념, 학문적 성찰을 중심에 두는 반면, 예술이 감각적인 것과 감흥을 수단으로 하는 것이 차이라 하겠다.

■ 철학과 과학

개별 과학			형식과학
자연과학	문화과학		형식논리 수학 구조학
	인문과학	사회과학	
물리학 화학 천문학 의학 생물학	역사학 종교학 언어학 예술학	사회학 정치학 법학 경제학	

현실의 한 특정한 부분 영역을 다루는 과학(개별 과학)과 달리 순수한 형태 내지는 형식, 관계들의 구조 등에 대해 다루는 과학(형식과학)이 있다.

개별 과학이 모두 경험적인 것에 기초하여 그것을 다루고 있고, 개별 과학의 주제는 항상 하나의 특정한 관점에서 제한되고 환원된다.

그러나 철학은 위의 점에 대해, 경험적인 것에서 출발하는 것은 공통적이나 그 안에 머무르지 않고 그 궁극적 근거와 조건들에 대해 묻는 것이다.

또한 범위에 있어서 철학은 제한이 없다는 점이다.

"진리는 전체다"(Hegel).

3. 그렇다면 철학(philosophy)이란?

우리는 철학이 philia(사랑) + sophia(지혜), 곧 〈지식을 소유하는 학문이 아니라 지혜를 사랑하는 학문〉이라는 정의를 귀에 익숙하도록 들어 왔다.

과연 우리는 지식과 지혜를 구별할 수 있는가? 지식은 단편적이고 지혜는 보편적이라고 구별한다.

3-1 지식과 지혜의 구분

과연 단편적 지식과 보편적 지혜가 따로 떨어져 있는가? 지식과 지혜는 하나의 활동에 대한 다른 표현이다. 양자는 반성적 태도 또는 정신의 유무에 관련하여 구별된다. 자기활동에 대한 반성이 수반되면 지혜이고 그렇지 않으면 지식의 소유라고 말해진다. 그러나 지식은 반성이 수반되지 않고 획득될 수 있는가? 우리는 반성 없이 지식을 소유할 수 없다. 또한 반성적 지식으로서의 지혜 또한 지식적 기반 없이는 맹목적인 탐색에 불과할

수 있다.[10]

예컨대 우리가 듣고 보는 모든 것이 지식이 될 수 있는 소지를 가지고 있다. 하지만 우리가 단편적 자료들(sense-data)에 대해 무감하거나 무관심하게 지나치길 반복할 경우, 다시 말해서 우리가 그 자료를 전체적 맥락에서 평가하고 판단하지 않는 경우에 그것은 지식의 영역 속에 들어오지 않는다.

무반성적인 사람에게는 단순한 사실들이 마치 자신의 주위를 스쳐 지나가는 바람처럼, 시간이 지나면 아무런 흔적도 남지 않는 풍경들 같다. 무반성적인 사람에게는 아무리 탁월한 이론도 한갓 단지 '소귀에 경 읽기[우이독경(牛耳讀經)]'처럼 어떤 효용성도 가지지 못한다. 따라서 지식은 이미 반성적 활동을 함축한 전체적 맥락으로 파악되어야 한다. 그러므로 철학을 단순하게 지혜를 사랑하는 학문이라고 정의하는 것은 부족한 표현이 된다.

지혜의 어원을 살펴보면, 우리의 주장이 갖는 타당성을 확인할 수 있다. '지혜(智慧)'는 '혜(慧)를 알아차림(인식)'을 뜻한다.

'慧'의 의미는 구성소의 분석을 통해서 유추될 수밖에 없는데, '慧'는 (밭고랑)+(쇠고랑)+(마음)의 세 요소로 구성되어 있다. 이 요소들을 결합하여 문자적으로 풀이하면 '밭을 쇠고랑으로 가는 마음'이 된다. 이것을 해석하면 '자연을 도구를 사용하여 경작하는 마음'이 되고, 그러한 마음을 아

---

10 우선 지혜는 경험에 기반을 두고 있는 세상에 대한 지식이 요구된다. 또 획득한 지식의 가장 중요한 측면을 가려내고 분석하는 능력을 반영하며, 사례에서 무엇을 사용하고 무엇을 버려야 할지 아는 정신적 초점을 필요로 한다(스티븐 홀, 『무엇이 그들을 지혜롭게 했을까』, 김소희 역, 리더스북, 2012, p.31).

는 것이 지혜이다. 혜(慧)는 영어권의 단어 culture(문화, 文化)의 동사적 의미와 일치한다. 문화는 인간이 도구를 사용하여 자연을 경작하는 것을 의미하고, 이것에는 필연적으로 자연의 변화에 대한 지식뿐만 아니라, 자연을 이용할 수 있는 도구에 대한 지식도 포함된다. 지혜는 그러한 지식에 관련된 마음을 알아차림으로 해석될 수 있다. 따라서 지혜가 문화를 일구는 마음을 알아차림을 뜻하기에, 이로부터 지혜가 인간이 자신의 삶을 일궈나갈 수 있는 지식을 획득하고 활용하는 마음에 연관된 개념임을 간취할 수 있겠다. 또한 '알아차림'의 '지(智)'는 단순히 지식적인 '앎'의 '지(知)'와도 다르다. 곧 '지혜로움'이란 지식적인 '앎'이 날수(日)를 더해 가며 겪어가는 온갖 땀내 나는 고난의 시간을 세월 속에 담아내고 견뎌 내어야만 비로소 체득할 수 있는 값진 보상으로 주어지기 때문이다.

3-2 철학의 성격과 어원: 지혜

물론 철학적 사유의 차원에서 본다면 지혜─사랑이나 지식─소유가 다른 차원의 의미가 아니다.

일상적 어법에서 본다면 두 개념에는 다른 의미가 함축되어 있다.

일상적 어법에서 지혜사랑과 지식소유는 윤리적 판단이 함축되어 있다.

지혜사랑은 인류에 대한 사랑, 좁게 말하면 이웃과 타인에 대한 사랑에 연관되어 있고, 지식소유는 자기 이외에 타인의 존재에 대한 배려나 애정이 없는 이기적 욕망에 관련된다고 파악한다. 후자에는 자신이 획득한 지식을 공유하지 않고 오직 자기만을 위하여 사용하려는 독점욕이 감추어져 있다. 이러한 지식 독점이 자본주의 제도하에서는 당연한 소행으로 수용되기도 하지만, 그러한 독점적 상태를 사회적 제도를 통해서 제한하기도 한다.

따라서 인류적 차원을 고려하는 철학의 관점에서 본다면 지식의 소유를 당연하게 받아들이는 근대 학문적 태도로부터 철학과 철학적 사유의 성취를 구분하지 않을 수 없는 것이다. 인류 공영이 바로 자신의 발전이 되는 차원에서 소유욕이란 허망한 환상일 뿐이기 때문이다.

3-3 지자(sopher)와 애지자(philosopher)의 구별: sophia와 philosophia의 차이; sopher와 philosopher의 차이

지식소유와 지혜사랑의 구별은 고대 희랍철학의 출발점에서 시도되었다.

소크라테스와 플라톤은 진리 탐구 보다는 변론술과 수사학에 몰두하며 지식을 논쟁의 도구로 삼는 자타가 공인하였던 당대의 지자(知者, sopher)로부터 진리 탐구의 활동을 구분하였다. 당대의 지자들은 개별적 사물이나 현상에 대한 경험적 지식을 근거로 보편에 대한 앎을 부정하고 보편지에 대한 추구 자체를 부정하였다. 다시 말하면 그들은 인간의 경험적 한계를 근거로써 경험지의 상대성을 강조하며, 보편의 존재 자체를 부정하기에 이른다. 당대의 지자들에 대한 소크라테스의 반박은 경험적 지식의 한계와 지자의 상대성을 철저하게 드러냄으로써 "무지(無知)의 자각(自覺)" ―내가 모르고 있다는 것을 아는 것―을 역설적으로 강조한다.

플라톤은 소크라테스의 "무지의 자각"을 통해 진정한 앎의 추구를 도출하였는데, 여기서 '진정한 앎'은 개별적 대상과 그 본질(이데아)에 대한 경험적 앎이 아니라, 개별적 대상과 그 본질을 가능하게 만드는 토대에 대한 앎으로 규정한다. 그에 의하면 근원적으로 육체에 구속된 인간은 오직 그러한 앎에로의 가는 도상에 있을 뿐이고, 보편에 대한 앎을 획득할 수 없다. 보편에 대한 인식은 오직 순수한 영혼으로만 가능하다. 하지만 인간은 그러한 앎에로의 추구할 수 있는 영혼을 지니고 있기에, 육체의 욕망을 자제하고 영혼의 본질에 따라서 보편에 대한 앎을 추구할 수 있다. 그래서 플라톤은 보편에 대한 앎을 추구하는 사람을 philosopher(愛智者)로 규정하고, 그러한 활동을 philosophia라 부른다.

플라톤의 저술들 속에서 확인되는 소크라테스의 사유행과 플라톤의 철학해명은 주목되어야 한다. 지자(知者)와 애지자(愛智者)의 구분은 앎에 대해서 자만하는 자와 겸손한 자의 차이가 아니다. 양자의 구분에는 그 이상의 것, '보편에 대한 앎'이 전제로 놓여 있다. 보편에 대한 앎을 보편적인 앎 또는 앎의 보편성으로, 다시 말하면 근대의 인식론적 철학에 의해서 변질된 앎의 규정으로 파악하는 것은 그 본질적 의미를 망각하고 있음에 불과하다. 보편에 대한 앎은 보편적 앎이나 앎의 보편성으로부터 구별[11]되어야 한다. 이러한 구별이 각성될 때 철학적 방법, 즉 학문의 근본적 토대를 이해할 수 있으며, 그 방법을 소생시킬 수 있을 것이다.

3-4 철학의 내용

철학적 사유 속에서 우리에게 어떤 변화가 일어나는가? 즉 지혜사랑의 차원에 도달하면 우리 자신에게 어떤 변화가 일어나는가? 철학의 출발은 현실비판에서 개인적 문제에서 보편적 또는 인류적 문제에
로 승화함으로써 시작된다. 여기서 우리는 철학함이 가지는 특별한 성격을 간과해서는 안 된다.

마침내 '철학함'은 두 발을 땅에 디디면서도 동시에 하늘을 갈망할 수

---

11 '보편에 대한 앎'은 그 앎의 내용 자체가 보편에 관한 것이어야 한다는 것이고, 앎이 보편적이라거나 보편적인 앎이라는 것은, 누구나 그것에 일반적으로 동의하는 사실적 경향을 말하는 것에서 구별된다.

있는 인간의 본질에 기반을 두듯, 현실에 대해 가장 깊이 관여하면서도 현실로부터 이탈―가장 현실적인 문제에 대한 해결로부터 그 근원적 문제에 대한 접근까지―을 의미한다.

때로 현실로부터 이탈은 개인적 현실로부터 벗어남을 의미하기에 주변적 상황이나 주위 사람들로부터 공상에 빠져들었다는 비난을 받을지도 모른다. 그러나 현실 없는 본질 탐구는 공허한 메아리에 집착하는 것에 불과하고, 본질에 대한 고뇌 없는 현실 해결은 맹목적인 전진 외에 그 이상은 될 수 없다.

개인적 차원의 체험적 담론이 공통의 인류적 차원을 체험할 때, 그러나 그 또한 고착된 틀로서가 아니라, '열려진 창문'으로서 햇살을 비출 때 비로소 그 사유는 그 가치를 획득할 것이다.

제2장

삶과 죽음
영원한 과제

　　두 발로 디디고 선 땅에서 고개를 들어 저 먼 밤 하늘을 바라볼 때, 어둔 장막의 틈새를 뚫고 빛을 발하는 별빛들의 '묵묵한 찬란함' 앞에 가슴이 무너져 본 적 있는가. '별이 바람에 스치우듯'(윤동주, 〈서시〉 중), 그렇게 일상의 무게를 견뎌낼 때, 누군가의 말없는 손짓과 체온 안에서 전해지는 감동이 몸서리 쳐지도록 따뜻하게 와 닿던 날.

　　이 모든 것이 '살아 있기에' 일어나는 일이고, 동시에 '죽음'을 향해 걸어가야 하는 '죽어 감'의 여정 가운데 맞닥뜨릴 수밖에 없는 '일부'이며 '다 지나가는 것'이라고 위로를 해 주었다.

　　그럼에도 이 '지나가는 것' 속에서 의미를 부여하고, 견뎌 내는 날들의 의미가 어찌 가벼울 수 있으랴.

　　'삶이 숨 쉬는 곳', 그곳에서 철학적 사유가 머물고, 고뇌가 색깔을 더하고, 그렇게 더해진 '나'가 '참 나'를 완성해 가지 않겠는가.

1. '좋은 사람'으로 기억되길: 전제 조건

인간은 자신이 누구인지도 모른 채 태어나서—하이데거(M. Heidegger)는 이에 '인간은 기투(旣投)된 존재'라 하였다—지속적으로 존재를 물음을 갖는 실존[2]이라 했다. 그러기에 누구나가 처음부터 완성된 존재가 아니다.

원석(原石)으로 이 세상에 찾아와 끊임없는 가공의 시간을 건뎌야 한다. '참 나'가 되어 가는 시간을 엮어 가면서 '참 나'가 남겨 줄 것을 목적으로 이행해가는 지속적인 성숙의 도정을 몸소 겪어 가야만 한다.

1-1 내 생애에 주어진 가장 소중한 선물 — 만남

그럼에도 사람이라는 원석만큼 무한한 가능성 그러면서도 자신만의 굳건한 주관성을 지닌 존재가 또 어디에 있을까? 굳이 비견한다면, 보석 가운데 가장 단단하면서도 가장 아름다운 광채를 발하는 다이아몬드를 끌어오면 합당할까?

그런데 다이아몬드는 광물 가운데 경도[3]가 가장 큰 광석이어서 다른 어떤 광물로도 제련할 수 없다. '오직 다이아몬드로만' 다이아몬드의 형상을 다듬을 수 있는 것이다.

곧 사람과 사람이 부대끼는 일, 곧 '만남'이라는 사건을 통해 지향하는 완성태를 향한 현재의 가능태로서의 이행을 거듭해 가는 '중간적 존재'

---

1   인간은 세계 속에 '던져져 있음(thrownness; Geworfenheit)'에서부터 그 존재함(실존)이 출발한다. 임철규, 『죽음』, 한길사, 2012, p.248.
2   남경태, 『누구나 한번쯤 철학을 생각한다』, 휴머니스트, 2012, p.18.
3   모스 경도(Mohs hardness)는 매끄러운 표면에 긁히거나 마모되었을 때 얼마나 잘 견디는가를 알아볼 수 있는 대략적 측도이다. 광물의 모스 경도는 임의로 정해진 10가지 광물에 기초해서 다른 광물의 모스 경도를 결정하게 된다.

로서의 나의—다가오지 않은. 그래서 알 수 없는—미래가 펼쳐진다.

이 과정 속에서 무엇 하나 예측할 수 있는 것이 있을까?!

"이 여행은 괄호잖아요. 내일 무슨 일이 일어나고 언제 이 괄호가 닫힐지 아무도 몰라요. 그러니까 이 순간을 놓치지 말아야죠"[4]하고 외치고 싶다.

그러므로 돌아오지 않는 시간 중에 이루어지는 이 만남이 이루는 '관계성'이야말로 나의 '인간다움'을 나 자신의 테두리에서 벗어나 보다 확장된 시선으로 바라볼 수 있게 하며 또한 '주어진' 생명으로서 인생의 의미를 숙고하면서 반성에 이르러 비로소 경험적으로 수용해야 할 값진 '유한성'을 깊이 깨닫게 하는 계기가 된다.

1-2 시간 속에 꿈을 품다

현재의 시점에 서서 미래를 그려 볼 때면, 생애의 어느 시점에 이르러 그 세월에 걸맞은 (　　　)한 모습이 되리라 기대를 품는다.

예를 들어 일찍이 『논어(論語)』에서는 연륜에 따른 삶의 모습을 다음과 같이 그려내었다.

15세는 지학(志學)이니 학문에 뜻을 두는 때요,

20세는 약관(弱冠)이니, 갓(冠)을 쓴다 하였다.[5]

30세는 이립(而立)이니 학문의 기초를 확립하고 자신의 자리를 세우고,

40세는 불혹(不惑)하여 판단에 혼란을 일으키지 않으며,

50세는 지천명(知天命)이라 하늘이 정해 준 명을 알 것이며,

4　비르지니 그리말디, 『남은 생의 첫날』, 이안 역, 열림원, 2015, p.113.

5　이는 예기(禮記) 곡례편(曲禮編)에 "二十日弱하니, 冠이라" 하여 본 의미는 갓을 쓰는 어른이 되었지만, 아직은 약하다는 뜻을 담고 있다.

60세는 이순(耳順)이라 하여 귀가 순하여 어떤 내용도 순하게 받아들이는 때라 했다.

70세는 종심소욕불유구(從心所慾不踰矩)라 하여 마음이 하고자 하는 것대로 하여도 법도(法道)에어 벗어나지 않는 때라 하였다.[6]

이에 '그때'마다 '그때에 걸맞은' 모습을 살아가고자 하는 것은, 수백 년 이어 살 수 없는 평균적 인생의 한계를 받아들임에서도 연유하겠고, 결국 지상에서의 유한한 삶의 종지(終止) 이전까지의 과정에서 도달하고픈 모습, '의미'를 찾고자 하는 본연의 갈망에서 비롯된다[7] 하겠다.

이 갈망은 자신을 향한 것임과 동시에 나와 관계를 맺는 이들에게 '좋은 사람'으로 기억되고 간직되길 바라는 타자(他者) 안에서의 의미 지향을 함께 품고 있다.

2. 정향되어진 삶과 죽음

제망메가(祭亡妹歌)[8]

월명사

生死路隱	생사로난	삶과 죽음이
此矣有阿米次兮伊遣	이에 이사매 머뭇거리고	바로 여기(이승) 있어 머뭇거리고
吾隱去內如辭叱都	나 가나다 말ㅅ도	'나 간다'는 말도
毛如云遣去內尼叱古	못다 니르고 가나닛고	못다 이르고 가십니까
於內秋察早隱風未	어느 가잘 이른 바라매	어느 가을 일찍 부는 바람에
此矣彼矣浮良落尸葉如	이데에 뜨러딜 닙갈	이곳 저곳 떨어질 잎새처럼
一等隱枝良出古	하단 가지라 나고	한 가지(어버이)에서 나고서도
去奴隱處毛冬乎丁	가논 곧 모다론저	가시는 곳 모르겠습니다
阿也 彌陀刹良逢乎吾	아야 彌陀刹(미타찰)에 맛보올 나	아아 극락에서 다시 만나볼 저
道修良待是古如	道(도) 닷가 기드리고다.	도를 닦으며 기다리렵니다.

---

6 子曰, 〈十五有五而志于學, 三十而立, 四十而不惑, 五十而知天命, 六十而耳順, 七十而從心所欲, 不踰矩〉(신용문,『관계의 숲에서 길을 묻다』, 뒷목문화사, 2013, 재인용).

7 참조: 신용문, 위의 책.

8 『삼국유사(三國遺事)』 권5 감통(感通) 제7에 실려 전함.

2-1 놓칠 수 없는 …

어느 갑작스런 순간에 다가오는 이별(離別).

사람이 스스로의 유한성과―어쩌면 하느님 앞에서의―비참함을 맞닥 뜨리는 죽음이라는 궁극적 현실보다, 더한 정점에 이르는 체험이 또 어디 있겠는가.

받아들여야만 하는 이 숙연한 운명 앞에서, 오늘, 그 가운데 '지금'의 무게!

'놓칠 수 없는 이 시간'이기에 더욱 '값지게 만들어 가야 할 운명'의 순간들이 놓여 있다.

그러기에 여기 서 있는 나, 누구도 대신할 수 없는 나 스스로의 인생들이 엮는 일상적인 순간들의 이어짐 안에서 더욱 가치 있고 존중 받을 만한 삶으로 초대되고 있다는 것을 잊지 말자.

2-2 머리 → 가슴 → 손발 → 입술(말씀)

'이렇게 살아야지! 이렇게 살아야 해!'

행여 행복의 비결, 사랑받고 사랑하는 방법―〈지나가는 것보다 영원한 것을 사랑하기! 움켜쥐기보다 아낌없이 내어 주기! 나만 바라보기보다 마음을 열고 다가서기! 상처보다는 용서를 택할 것 …〉―을 머리로 이해하지 못하는 이가 어디 있을까!

그러나 지구상에서 대한민국의 대척점(對蹠點)에 있는 아르헨티나까지 다다르는 거리보다, '앎'과 '가슴으로 받아들임' 사이의 간극은 얼마나 먼가?

가슴이 뜨거워도 손발에 땀을 쥐며 뛰는 발걸음까지는 또한 얼마나 오래 걸리나? 삶으로 견뎌 내고 살아 낸다 하더라도 또 그것을 지혜로운 입술에 담아 전하는 건 얼마나 어려운가?

"분별없는 사랑은 맹목적으로 만들고, 사랑이 없는 분별은 차가운 상처를 남긴다" 했다.

차가운 이성과 뜨거운 가슴, 땀이 맺힌 손과 발, 그리고 열정적인 입술을 지니고[9] '비할 바 없이 소중한 오늘'을 채색(彩色)해 나가기를!

2-3 어디에 ···?

나의 마음은 어디에 뿌리를 두고 있는가?

잠시적으로 지나가는 허상(虛像)에 마음이 쓰이는가!

'세상은 우리가 사랑한 만큼 아름답다'[10]는 말처럼, 나도 진정으로 나 자신을 사랑하는 데 쏟는 만큼 성숙하고 아름다운 모습을 가꾸어 갈 수 있다.

사랑에 머무는 만큼 사랑일 수 있다. 그러므로 내게 주어진 삶의 전반과 사소한 것의 조응(照應) 가운데서 본질적인 고민을 가슴에 담아 두며 길을 걸어가야겠다. 깊어진 사람만이 내어 줄 수 있다. 가식적인 껍데기를 벗고 진정성 있게 이루어진 본질끼리의 만남이 기쁨을 배가하고, 의미가 더해져 힘을 실어 준다.

본질적인 관계를 맺을수록 기쁨과 힘이 더해짐.

3. 나의 얼굴 ··· : 삶의 의미와 가치 획득

그렇게 살아오고 숱한 일들을 겪고 살아 내어

---

9   "하나는 따뜻한 가슴(warm heart)이고 또 하나는 냉철한 머리(cool head)이다. ··· 여기에 순결한 사랑(pure love)과 생생한 신앙(vital faith)을 겸비해야 한다. ··· 우선 그러한 지성을 '창조적 지성'이라고 해도 좋을 것이다"(변한규, 『창조적 지성―젊음과 사랑과 지성 그리고 신앙』, 한국로고스연구원, 1989, p.3).

10 서명: 박범신, 『세상은 우리가 사랑한 만큼 아르답다』, 고려문화사, 2001.

온 흔적들이 나의 '얼굴'에 새겨지고 보여진다. 곧 '얼굴'은 인체의 상위에 배치된 구조물이 아니라, 자신이 걸어온 삶의 '요약'이라 하겠다.

얼굴의 어원을 찾아보면, '얼 + 굴'로서, '얼'은 '사람의 정신, 혼 넋'을 말하며, '굴(窟)'은 '땅이나 바위가 패어 깊숙하게 들어간 곳, 산이나 땅속에 짐승이 사는 구멍, 소굴(巢窟)'을 뜻[11]하므로, '얼(넋)이 머물고 들락거리는 구녕'으로 해석하기도 했다. 또 다른 해석은 '얼꼴'로 불리던 말의 어원이 '얼 + 꼴'에 있되, '꼴'은 '모양새, 어떤 상태나 모양'을 드러내는 것이라, '정신적인 모양새, 마음을 드러내는 모습'이라는 것이다.[12]

이 '모습' 가운데 태어나 성장해 오고 내외적으로 부딪혀 오며 성숙해 온 고뇌의 흔적들이 녹아 있음이요, 앞으로도 그 안에 틀이 잡혀 왔거나 더욱 깊어 갈 자신만의 관(觀)과 실제적인 실천 사이에서 남겨질 자욱들이 동행한 이들의 가슴과 역사에 심어질 것이다.

그러기에 '살아 숨쉬는 시간의 소중함'과 그 시간 속에 다가오는 모든 것과의 관계 속에 참으로 갈망하는 꿈을 완성해 가야 하지 않겠는가!

'Agere sequitur esse(행위는 존재를 따른다)!'

소위 무엇이나 누군가의 가치를 평가할 때 따라오는 어미는 '~답다!'이다.

삶이 그 이름에 걸맞을 때, 곧 목말라하는 바를 채워 줄 수 있음을 느낄 때 비로소 충족되게 느끼는 안도감과 기쁨. 어쩌면 누구나 그런 삶이기를 '주어진' 여정 동안 기대하고 살아갈 것이다.

---

11 『국어대사전』, 민중서림.
12 참조: 신용문, 앞의 책, p.32.

4. 현재의 삶을 진단하기! — 삶의 양면(죽음이 내포된 여정)

4-1 현재는 나의 감추어진 거울

오른쪽 그림에서 인간의 심리에 는 두 요소, 즉 의식과, 무의식이라 는 무한대의 영역이 어우러져 있 다. 무의식을 바다에 비유한다면 의식은 자그마한 섬과 같아 의식은 우리의 정신의 모든 것을 대변하지

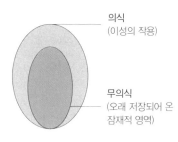

의식
(이성의 작용)

무의식
(오래 저장되어 온
잠재적 영역)

않으며 그것은 일부에 지나지 않는다고 한다.[13] 프로이트(Freud, 1856-1939)
는 이에 대하여 정신구조를 빙산에 비유하며, 수면 위에 뜬 부분에 해당하 는 10%의 의식 세계와 물속의 90%의 무의식 세계로 보았다.[14] 이렇게 볼 때 인간 대부분의 행동은 무의식 세계의 지배를 받는다고 본 것이다.[15]

여기서 무의식은 태생적으로 나의 내면에 깔려 있어 채워지기를 갈망 했던—아직 해결되지 않은 어린아이와 같은—욕구와 깊은 연관을 가지고 있다고 본다면, 의식은 그에 대해 '~다울 수 있도록', '괜찮다!'라고 다독거

---

13 참조: 이에 스위스의 정신의학자로, 분석심리학의 개척자로 불리는 칼 구스타프 융(Carl Gustav Jung: 1875-1961)은 의식을 무의식에서 파생된 것으로 보았으며, 의식은 한 개인의 삶 에 있어서 그 무의식을 뚫고 나온 것으로 간주하였다(유민영, "무의식 세계 속에서 드러난 내 적형상 연구", 이화여자대학교대학원, 2010, p.4).

14 의식과 무의식에 대해 프로이드와 융은 다른 생각을 가지고 있었다. 프로이드는 인간의 무의 식적 측면을 과학의 대상으로서 삼고 연구한 최초의 분석 심리학자이다. 그는 의식이 본래 적인 요소이며 무의식은 의식에서 여러 가지 이유 때문에 축출된 요소들이라고 본 반면 융은 무의식이 더 본래적인 것으로 의식은 무의식으로부터 파생된 것으로 보았다. 프로이드에게 있어서 무의식은 억압되고 무시되고 억제된 것으로만 이해되었다. 하지만 융의 무의식에 대 한 이해는 프로이드가 이해한 것보다 더 포괄적이다(유민영, 위의 논문, p.4; 신용문, 앞의 책, 재인용).

15 참조: 장성화, 『쉽게 풀어 쓴 인간관계론』, 동문사, 2009, p.38.

리며 견디어 가길 주입했던 어른과 같은 이성적 측면이라 할 수 있다.

결국 이 두 부분—무의식과 의식/본능적 잠재 영역과 이성적 통제 영역—이 어떻게 조화를 이루거나 표출되는가 하는 점은 지금의 나를 바라보는 데 매우 중요한 역할을 한다.

'표면적으로 드러나는 나'는 사실상 '감추어진 나'를 은연중에 드러내는 거울과 같기 때문이다.

단, 얼마나 거울을 '있는 그대로' 들여다보는가?

얼마나 진심 어린 시선으로 '나'를 대면하는가 하는 문제를 소홀히 할 수 없다.

4-2 나의 자아 — 인간의 기본적 욕구를 가진 나[16]

사람은 누구나 '출생'이라는 엄청난 사건을 겪으며 '존재'로 편입됨을 밝혔다. 그러나 비단 출생은 산모(産母)와 다른 가족들에게 집중된 사건이 아니다. 출산은 그야말로 산모와 아기가 리듬을 맞추어 이뤄지는 드라마 같은 사건이다. 이때 아기도 엄마보다 10배나 되는 힘을 내며 세상에 나온다고 한다.[17] 이때 세상 밖으로 노출된 아기는 어머니의 자궁이라는 안정되고 따뜻한 환경이 아니라, 그야말로 차갑고 낯선 환경 속으로 내던져지는 충격을 감수해야만 한다.

이때 다가오는 두려움과 어찌할 수 없는 무력함 속에 자신을 지켜 줄, 안전한 '품'과 생명의 지킴이가 되어 줄 '체온'이 본능적으로 찾고자 하는 가장 강력한 욕구이다. 그 외 끊임없이 공급되던 모태에서의 영양분을 상실한 채 겪는 격심한 배고픔의 체험으로 모유에 집착하며 자연반응적인

---

16 참조: 신용문, 앞의 책, pp.55-57.
17 참조: 변한규, 앞의 책, p.60.

생존의 욕구를 표현한다.

감추어진 자궁 내의 보호막에서 벗어나 점차 환경에 적응하고 성장해 가면서 초기의 정서적 느낌과 함께 끊임없는 관심과 사랑에 대한 욕구는 필수적이며 생애 전반에 지대한 영향을 미친다.[18] 또한 자신의 인정받고 픈 최소한의 욕구는 자아 존중감과 밀접히 연관되어 사회적 역할성을 부여하고 관계를 맺는 데 매우 중요하다.

이러한 욕구들의 충족 여부는 앞서 살펴보았던 그림에서 '무의식' 부분에 저장되어 이성과 결합된 행동 양식으로 드러날 때 기저(基底)의 역할을 담당한다.

그런데 특히 자신이 '내재과거아'에서 자유롭지 못할 땐 이 욕구들이 심각히 좌절되는 경험을 겪고, 상실된 욕구에 대하여 일종의 '보상(compensation)[19]심리' 차원에서 아래 표에서와 같은 양상을 띠게 될 가능성이 높아진다.

기본적 욕구의 좌절이 사회적 관계 형성에 미치는 영향

'나'의 인간으로서의 기본적 욕구		후차적 결과
안전 · 생존에 대한 욕구	좌절의 경험	적대감(hostility), 두려움(fearness)
애정 · 존중(일관성 있는 사랑)에 대한 욕구(인격적 대우)		사회가 보여 주는 '안전'의 상징물에 매달림
힘과 통제에 대한 욕구		불행이 예정된 사람(모든 사람을 통제해야 직성이 풀림)

---

18 사람은 누구나 가까이하고 싶고 마음을 줄 누군가를 찾는다. 이는 출생으로부터 다른 이와 관계를 맺고, 사랑을 교환하며 서로 연결되어 있음을 느끼고자 하는 필연적 욕구이다. 매슬로(A. Maslow)는 이를 hierarchy of needs와 대비하여 기본적 욕구로서 안전과 사회(친교와 사랑)에 대한 욕구를 꼽았다(참조: Bryan Strong/Christine DeVault/Theodore F. Cohen, *The Marriage and Family Experience*, WADSWORTH, 2011(11th edition), p.138).
19 자신에게 모자란 점을 다른 특성으로 보충하고자 하는 방어기제의 하나.

곧 '안전과 생존'에 있어서의 두려움은 나를 보호해 주지 않는 사회에 대해 외면적인 반대급부의 행동으로 표출될 경우는 적대감, 오히려 위축감으로 폐쇄적인 성향을 띠게 될 때는 두려움으로 변질될 수 있다.

'애정과 존중'에 대한 목마름이 채워지지 못할 경우 자신을 인정해 주고 가치를 부여해 줄 누군가로서의 대상을 찾기 위해 자신이 낮은 위치에 있을 경우는 상사에 대한 아첨, 위에 있을 때는 오히려 권력을 행사하며 힘에 의존하여 살 수 있게 된다.

또한 '힘과 통제'에 대한 욕구 상실—예를 들어 자신의 가치를 인정해 주지 않는 아버지, 무력한 어머니 모델 등—은, 자신의 의견을 개진하고 주장할 용기를 앗아가 늘 실패하는 운명론자로 만들 가능성도 있다.

우측의 그림은, '의식'의 작용에 의해 '무의식'이 억압된 것으로 보이나 실제적으로 전체적인 체적에서의 의식의 비율이나 작용이 무의식을 통제할 만큼의 강한 힘을 발휘하지 못함을 보여 준다. 잠재적 영역인 무의식이 축적될수록 마치 약한 껍질인 지각과 맨틀이 둘러싼 지구의 약한 표면을

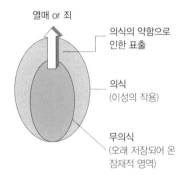

의식의 통제와
무의식의 표출 관계도

뚫고 내부 압력이 상승한 마그마가 분출하듯이 자존감을 흔드는 상처적 체험이 가해질 땐 내면에 감추어진 내재과거아가 무의식의 영역에서 솟구치는 것이다. 이때 분출의 양상이 긍정적으로 상처를 극복할 때는 좋은 열매를 맺고, 부정적으로 쏟아질 땐 죄 혹은 또 다른 상처의 원인이 될 것이다.

여기서 내 안에 내재한 과거아와의 대면과 욕구 해소가 전인적으로 이루어질 때 비로소 불행의 근거를 찾아내고 더 나은 행복에로 옮겨갈 이정표를 찾게 된다.

4-3 닭 독수리 ― 진정한 독수리가 되기 위하여[20]

세상에서 가장 슬픈 새(鳥) 이야기를 들어 보았는가? 각색해 보면 다음과 같다.

그때(?)에, 하늘높이 솟아 위용을 자랑하는 곧은 나무 위 둥지를 알을 낳은 독수리가 있었더랬다.

소중하고 어여쁜 새끼들이 태어나기를 손꼽아 기다리던 어느 날, 거센 폭풍이 몰아쳐 그만 그중의 알 하나가 아래로 떨어졌단다.

천만다행으로 풀섶에 떨어진 알이 깨지진 않았으되, 슬픈 운명의 장난이 시작되었으니….

그 알은 구르고 굴러 하필이면, 암탉이 고이 품고 있는 달걀(닭알) 속으로 편입이 되었단다.

독수리는 알을 찾다 찾다 포기하고, 알은 닭의 품에서 키워지는데 ….

스물하루가 지나도 깨어나지 않는 알 때문에 어미 닭은 매우 심난했겠지(어서 커 나오면 영재교육도 시키고, 컴퓨터, 피아노 학원도 보내고, 영어 조기교육도 해야 하는데…)!

그러나 다른 알들이 때가 되어 깨어나고 노란 털을 뽀송거리며 "삐약"거리며 애교를 떨 때, 이놈의 알 한 녀석은 한참이 지나서야 드디어 부화를 했더라네!

---

20 신용문, 앞의 책, pp.60-62.

근데 이게 뉘 집 자식인지! 부리는 휘고 털은
예사롭지 않은 덩치 큰 놈이 나타났던 것이다.

그러나 어쩌랴 어미가 닭○○○라는데!

'묻지도 따지지도 않고' '닭'으로 키우니, 분명
출신성분은 '독수리'인 놈이 배운 것이라고는…. '모이 한번 먹고, 하늘 한
번 쳐다보고, 또 모이 한번 먹고, 하늘 한번 쳐다보고….' 쯧쯧….

그러던 또 다른 어느날, 아니나 다를까 모이 한번 먹고 하늘 한번 쳐다
보던 이 새의 눈에 저 높은 창공을 유유히 나는 카리스마 있는 새 한 마리
가 눈에 들어오는 게 아닌가!

냅다 뛰어간 '닭 아닌 닭'이 어미에게 물었더라!

"엄마, 저 멋진 새는 어떤 새에요?"

엄마 왈, "얘, 너는 닭이란다. 닭은 닭처럼 살면 되는 거야. 엉뚱한 소리
하지 말고 가서 하던 대로 하렴!"

풀죽은 녀석은 그렇게 한 번도 날아보지 못한 채 평생 닭으로 살다 묻혔
더라.

지나는 이가 그의 운명을 듣고 묘비에 이렇게 써 놓았더라.

"여기, 한 번도 날아보지 못한 슬픈 새, 닭이 되어 버린 독수리, 닭 독
수리 잠들다!"

4-4 행복을 얻지 못하는 이유[21]

행복은 어떻게 찾을 수 있는가?

그 길을 묻기 위해 먼저 왜 행복에 이르지 못하는지를 진단해 보자!

대부분의 사람들이 행복은 불만족했던 욕구를 상응하는 그 무엇으로

---

21 신용문, 앞의 책, pp.57-60.

채워야만 한다고 생각한다.[22] 그런 연유로 뼈저린 가난에 울어 본 사람이 금전적 성취를 얻기 위해 모든 것을 투자와 성공하는 데에 몰두하기도 하고, 쓰라린 가정사를 체험한 사람이 다시금 새 가정을 꾸리려 자신을 가꾸는 데 투자하기도 한다. 물론 그중에는 부정적인 짐을 긍정의 방향으로 선회하여 최선의 결과로 만족의 기쁨을 누리기도 하고, 심지어는 그 상처의 반복으로 인해 더 깊은 나락으로 떨어지기도 한다.

그러나 진정으로 중요한 것은, '참 행복의 가치를 어디에 두는가' 하는 것이다. 동화 「헨젤과 그레텔」처럼 행복의 파랑새를 찾아 어디로 떠나갈 것인가! 파랑새의 개념조차 명확하지 않은 채 목적도 없이 앉은 곳을 박차고 걸음을 옮길 수는 없지 않은가. 따라서 행복을 얻지 못하는 이유를 다음과 같이 추려 보며, 반대급부의 이정표에 이르도록 하자!

이를 추운 겨울날 열쇠를 잃고 거리를 헤매던 이에 비유한다.

■ 어디서 행복을 찾을지 모름(무지함)

첫 번째 원인은 '행복 자체를 알지 못함'이다. 찾기 위해 찾고, 남이 가져다주는 것이 좋은 것이 아니라 진정한 행복이 무엇인지 모른다면 얻을 수 없다.

이는 술에 취한 채 열쇠를 잃고 나선, 무엇을 찾아야 하는지를 잊은 사람과 같다. 열쇠가 있어야 집에 들어가 몸을 누일 텐데, 무엇을 찾아야 하는지도 모르니…. 한참 무언가를 찾는 그를 향해 지나가는 이가 "무엇을 찾소?" 하면 "글쎄요, 모르겠소!"하는 것과 같다고나 할까!

■ 행복이 찾아질 수 없는 곳에서 행복을 찾음(착각, 탐욕)

실상 무지와 다르지 않은 개념이다. 행복이라는 막연한 개념만 가지고

---

22 보상심리의 부정적 발현(發現).

서 오히려 자신을 잘못 이끄는 것의 의미를 묻지 않는 것이다. 가난의 상처는 오히려 함께 함으로써 치유를 얻는 것이지 움켜쥔다고 채워지는 것이 아니다. 외로움의 상처는 베풂으로써 벗을 얻는 것이지 권력으로 사람을 모으는 것이 아니지 않은가!

이는 열쇠를 길에서 떨어뜨리고서 집 근처 외등 아래서 찾는 사람과 같다. 그는 지나가는 이가 "무엇을 찾소?" 하면 "열쇠를 찾소!" 하되, "여기서 잃었소?" 하면, "길에서 잃었는데, 여기가 외등 밑이라 밝아서 여기서 찾소!" 하는 사람과 같다.

■ 어느 곳인지 앎에도 불구하고 의지가 약하여 지속적으로 찾지 못함(나약함)

참된 행복이 어떤 것인지 머리로 알고 가슴으로 느껴도 정작 최선을 다하여 도달할 의지를 찾지 못하기에 행복에 도달하지 못하는 경우이다. 이는 열쇠를 잃은 이가 집 주변만을 돌다 포기하고 주저앉아선 집 밖에서 오들오들 떠는 것과 같다. 정작 지나가는 이가 보니 그가 열 발짝만 더 가면 열쇠가 있었는데도 ….

4-5 행복 ≠ 즐거움

본시 정열이 사람을 움직이기 좋아 육체를 이끌고 간다 했다.

그러기에 유가(儒家)에서는 사람이 도달해야 할 덕의 끝자리를 사단(四端)이라 하여, 인(仁)·의(義)·예(禮)·지(智)라 칭하였다.

인(仁)은 측은지심(惻隱之心)이라 하여 사람에 대한 어질고 온유한 품성을, 의(義)는 수오지심(羞惡之心)이라 하여 정의롭다는 것은 곧 부끄러움을 아는 착한 마음, 예(禮)는 사양지심(辭讓之心)이니, 배가 고파도 남을 위해 사양할 아름다운 본성을, 지(智)는 시비지심(是非之心)으로 옳고 그름을 가릴 줄 아는 현명함을 뜻하였다.

이 사단은 사람이 지닌 부정적인 본성인 칠정(七情), 곧 희노애구애오욕(喜怒哀懼愛惡欲)[23]을 잘 다스려 자신의 사람됨을 가꾸어 회복해야 할 인성의 긍정적인 본질을 짚어 주는 것이다.

육체적 본성을 따를 때, 육적인 눈(目)은 색(色: 좋은 빛깔)을 좋게 되어 있고, 귀(耳)는 좋은 소리를 찾으며(忠言逆於耳), 입(口)은 맛난 음식(味)를 찾고 몸(體)은 쾌락(色: 성적 탐닉)을 뒤따른다 했다. 그러나 이런 즐거움들은 자신만을 전부로 여기는 이기(利己)에 기초하는 것으로서 자신의 본성을 기울게 하니 분명 행복과는 다르다.

즐거움은 순간의 만족에 가치를 두는 '우연적인 것'이라면 '참 행복'은 나의 모습을 완성해가는 필연적인 본질 추구라 하겠다. 어느 곳에 행복의 의미를 부여하며 살아가는가에서 '나'를 가꾸어 가는 성숙도가 평가된다.

---

23 『예기(禮記)』, 예운편.

인생 graph & tunnel

— **인생 그래프 그리기**(나의 인생의 시작점부터 현재까지 연령을 X좌표,
행복과 기쁨의 지수를 Y좌표로 다음을 그려 보자!)

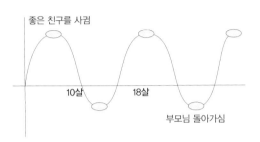

좋은 친구를 사귐

10살   18살

부모님 돌아가심

— **내가 걸어온 인생에서의 터널은 어떤 것이었는가?**

좌측 그림에서 원통은 가두어진 삶
의 궤적이나 굴레를, 우측으로 진행
하는 화살표는 내 삶의 방향을, 상부
의 화살표는 그 터널에서 벗어날 '탈
출'의 가능성을 뜻한다.

· 나의 갈망과 행복을 가두어 둔 삶 속에서의 터널이 무엇이었는지
대화를 시도해 보자.

· 그리고 겪어 온 사건들 속에서 자비나 용서 등 긍정적 체험(탈출
의 열쇠)들을 기억해 보자.

· 끝으로 진정한 의지와 의탁을 통해 극복할 수 있는 의지를 새겨
보자!

5. 모두에게 허락된 여정으로서의 삶(삶과 죽음의 경계)

5-1 참 행복 추구의 권리와 삶

수전 울프(S. Wolf)는 "삶의 의미는 가치 있는 활동에 대한 '적극적인 관여(active engagement)' 과정에서 그 존재를 드러낸다. 이런 차원에서 삶의 의미는 '주관적인 이끌림(subjective attraction)'이 '객관적인 매력(objective attractiveness)'을 만났을 때 비로소 나타낸다"[24]고 언급한 바 있다.

그렇다면 여기서 '적극적으로 관여'해야 할 '가치 있는 삶'의 기준은 어디에 있는가? 주관적인 이끌림과 객관적 매력 사이에 때로 상충되는 상황을 만났을 때는 어떠한 것에 더욱 무게를 부여해야 할까?

우리는 '닭 독수리'처럼 자기 삶에 대한 주도권을 잃고서 주어진 환경의 벽에 가로막혀 아름다운 나래짓 한번 갖지 못한 새의 불행한 삶을 살기를 원치 않아왔을 것이다. 누구에게나 자신만의 행복을 추구할 권리가 있다.

그러나 동시에 삶이 '허락된 동안' 그 시간의 틈새로 시련과 고통의 조각들도—나름의 크기와 받아들이는 모양은 달랐을지라도—역시 삶의 부정할 수 없는 부분으로 맞아들여 왔을 것이다. 또한 언젠가 삶을 돌아보면서, '흔들리며 피는 꽃'[25]처럼 어려움을 극복하는 과정이 중요했다고 소회하게도 된다.

그러나 그 누군들 삶의 끝자리에서 실제적인 죽음 앞에 이르게 될 즈음에 그것도 통상적이고 자연스런 죽음—그 기준은 어디에 있는 걸까?—이 아니라고 여겨지는 그 때에는 어느 누가 나(당사자)의 삶의 의미와 행복, 마지막의 준비를 규정지을 수 있을까?

---

24 수전 울프, 『LIFE 삶이란 무언인가』, 박세연 역, 엘도라도, 2014, p.8.
25 도종환 시(詩)의 제목.

5-2 삶과 죽음의 환기, 그리고 경계

1991년 무리한 다이어트로 뇌에 치명적 손상을 입고 무려 14년 간 소위 식물인간으로 살며 영양 공급 튜브에 의해서만 생명을 연장하던 시아보 (Terry Schiavo)는, 미 연방 대법원의 튜브 제거가 합당하다는 판결—이 판결에 이르기까지 영양 공급을 계속해 달라는 부모의 청원은 기각되었다 —과, 그 판결에 의거하여 튜브가 제거된 지 13일만인 2005년 4월 18일 사망하였다. 이 건에 대하여 당시 생명연장을 위한 특별 법안의 제정을 지지하던 조지 부시 당시 미 대통령은 "수백만 미국인들이 시아보의 죽음에 슬픔에 차 있다"고 언명하였다. 가톨릭교회의 교황청에서도 "영양 튜브 제거는 생명에 대한 공격이자 생명의 창조자인 하느님에 대한 공격"이라 맹렬한 비판을 가하며 슬픔을 피력하였다.[26]

필자의 은인(恩人) 가운데 어느 간호사의 삶은 그러했다.

건실하고 속 깊었던 남동생은 1991년 어느 날 직장의 합격 소식을 듣고 친구들과 기쁨을 나누고선 오토바이를 타고 돌아오던 저녁, 갑작스런 교통사고로 혼수상태에 빠지고 말았다. '식물인간' 상태로 지낸 지 3년여의 시간 동안 여러 번 전전했던 병원들에서는 '가망 없음'을 알리거나 직·간접으로 포기하도록 유도하기도 했다. 그러나 누나는 동생에 대한 깊은 애정과 헌신으로 끝까지 그 곁을 지켰고 그 긴 시간이 흐른 다음 눈을 뜨고 누나를 알아보기에 이르렀다. 기적적으로 5~6세의 지능을 회복하여 기본적인 의사소통까지 이끌어 내기까지 결과적인 기쁨에 비례한 눈물겨운 희생의 시간은 당연한 것이었다. 그러나 이후에 '약한' 동생을 돌보면서

---

26 Shepherd, Lois (2009), *If That Ever Happens to Me: Making Life and Death Decisions after Terri Schiavo (Studies in Social Medicine)*, The University of North Carolina Press, pp. 1-2.

근무해야 하는 간호사를 받아들여 주는 곳은 한 곳을 제외하고는 없었다. 더구나 독신으로 살면서 근무 외에도 쉼 없이 동생을 간병해야 하는 일상의 고단함을 사랑이 아니면 어찌 감당할 수 있었을까. 1996년 11월, 꽃동네에 깃들어서야 비로소 삶의 자리에 발을 내디딜 수 있었다. '의지할 곳 없고 얻어먹을 수 있는 힘조차 없는 이들'의 안식처인 꽃동네의 병원에서 그녀는 따뜻한 친절과 사랑으로 사람들의 마음을 감동시켰고 돌보는 동생과 함께 병원의 마스코트나 진배없었다. 그러나 수년 전 다시금 준비 없이 찾아온 동생의 뇌출혈과 함께 모든 상황은 이전으로 아니, 세월의 흐름만큼이나 더욱 악화된 상황이 되었다. 여지없이 코마(coma) 상태로 돌아가 다시금 미동도 못 하게 된 동생. 그리고 어느덧 50대 후반에 이른 누나는 젊음을 송두리째 바친 대가로 몸이 성한 곳이 없을 만큼 아프다. 게다가 중증 치매로 고통을 안겨 주는 친어머니까지 모셔야 되는 어려움이 극도로 더해진 상황. 누구나 감당할 수 없을 터널과 같은 시간 속에서 그러나 '10년 병에 장사 없다'라는 속담이 무색할 만큼 그토록 힘겨운 환경 속에서도 그녀는 웃음을 잃지 않는다. '아직 사랑할 수 있음'에 하느님께 감사하고, 고통 어린 외로움과 힘겨움을 견뎌 내어야 할 때라도 몸을 뒤척이며 쪽잠을 자더라도 함께 할 수 있는 시간이 허락된 운명의 끝자리까지 이 걸음을 계속하려 한다.

5-3 삶은 선택인가? 성공과 실패의 기준은? 그리고 삶의 질(quality of life)

세계보건기구에 의하면 '삶의 질'이란, 한 개인이 살고 있는 문화권과 가치 체계의 맥락 안에서 자신의 목표, 기대, 규범, 관심과 관련하여 삶에 있어서 자신이 차지하는 위치에 대한 개인적인 견해를 의미한다고 규정하고 있다. 이런 정의는 삶의 질을 문화적·사회적·환경적인 배경에 중점을 둔 주관적인 평가로 보는 관점을 반영한다고 할 수 있다.[27]

그러나 삶의 질, 나아가서는 그 궁극적인 지점이 되는 삶 자체와 죽음의 문제에 있어서 과연 주관적이거나 상대적인 가치 평가가 기준으로 작용할 수 있을 것인가는 심각하고도 신중하게 다루어져야 한다.

위의 사례에서 보았듯, 고통의 경감과 생명의 보존이 적절하게 일치되지 않는 상황하에 서로 충돌하고 서로 배제함으로써 양자택일의 입장에 놓이게 될 때—치유될 수 없는 질병의 극단적 시점—에 생명의 연장은 가끔 희망 없는 고통의 연장으로 받아들여진다. 약물 투여나 외과적 수단과 기계 장치에 의해 생명을 유지하면서 환자의 혼수상태와 회복할 수 없는 뇌 손상이 지속될 때 생명 연장은 의무적인 것으로 간주되지 않고 인공적인 수단을 중지할 가능성을 시사하게 된다. 이때에 모든 이들은 언젠가는 생명의 목표—인간 상호관계, 정신적 성장과 발달, 하느님의 창조 계획의 실현이나 신성·영광을 드러내는 헌신—가 더 이상 성취되지 못하고 생명 연장의 의무가 끝나 버린다는 것을 인정한다.[28]

그러나 위와 같은 의무의 면제 차원이라 하더라도 생명의 질, 삶의 질에 대한 이해와 접근은 가장 신중하며 전인적 차원에서 이루어져야 한다.

여기서 생명 연장 의무의 해제와 안락사는 분명 구별되어야 하는 문제이다. 안락사는 본인 혹은 후견인의 요청에 의해 불치의 환자를 직접 죽이는 것을 의미하며, 이는 동의 여부에 상관없이 불법적이며 살인으로 간주되어야 한다.

곧 최선의 노력을 다한 끝에 이루어지는 생명 연장의 재해석—뇌사에 따른 기증을 포함—은 죽음도 삶에 함축된 가장 고귀하며 숭고한 부분으

---

27 참조: 신상우, "장기입원환자의 가족원의 삶의 질에 관한 연구", 인제대학교 대학원 박사논문, 2006, p.5.
28 참조: K. H. 페쉬케, 『그리스도교 윤리학, Christian Ethics』 vol. 2, 김창훈 역, 분도출판사, 1992, pp.306-307.

로 인정하고 받아들임에서라면 안락사는 의식의 배후에 실용주의·현세주의·세속주의[29]의 표면적 성장 위주, 생산성과 유요성이 중심이 되는 신자유주의(neoliberal)[30]의 부정적인 측면의 인식이 깔려 있기 때문이다. 곧 사회에서 무익하다고 소외되고, 생명을 즐길 수 없다고 판단되는 사람들은 이미 사회의 생산적 체제를 벗어났기에 과소평가되어 더 이상 가치 없는 사람들이라 간주되는 현대의 경향을 다분하기 때문이다.

5-4 소리 없는 항변

오래전 음성꽃동네 인곡자애병원에 뇌수종이 걸려 자신의 신체보다 훨씬 큰 머리를 가진 아이가 누워있었다.

의료봉사팀이 꽃동네 병원을 견학하던 날, 필자는 어느 의료인의 속삭임 가운데 그 아이의 병실을 흘깃 보고 지나치며 "돈도 많은가 보네…!"하며 비아냥거리는 말소리를 들었다.

다름 아닌 병세의 호전을 기대할 수 없는 아이에 대한 평가였을 것이다.

---

29 K. H. 페쉬케, 위의 책, p.351.

30 국가권력의 시장 개입을 비판하고 시장의 기능과 민간의 자유로운 활동을 중시하는 이론. 1970년대부터 케인스 이론을 도입한 수정자본주의의 실패를 지적하고 경제적 자유방임주의를 주장하면서 본격적으로 대두되었다. 신자유주의는 자유시장과 규제완화, 재산권을 중시한다. 곧 신자유주의론자들은 국가권력의 시장개입을 완전히 부정하지는 않지만 국가권력의 시장개입은 경제의 효율성과 형평성을 오히려 악화시킨다고 주장한다. 따라서 '준칙에 의한' 소극적인 통화정책과 국제금융의 자유화를 통하여 안정된 경제성장에 도달하는 것을 목표로 한다. 또한 공공복지 제도를 확대하는 것은 정부의 재정을 팽창시키고, 근로의욕을 감퇴시켜 이른바 '복지병'을 야기한다는 주장도 편다. 신자유주의자들은 자유무역과 국제적 분업이라는 말로 시장개방을 주장하는데, 이른바 '세계화'나 '자유화'라는 용어도 신자유주의의 산물이다. 신자유주의의 도입에 따라 케인스 이론에서의 완전고용은 노동시장의 유연화로 해체되고, 정부가 관장하거나 보조해 오던 영역들이 민간에 이전되었다. 자유방임경제를 지향함으로써 비능률을 해소하고 경쟁시장의 효율성 및 국가 경쟁력을 강화하는 긍정적 효과가 있는 반면, 불황과 실업, 그로 인한 빈부격차 확대, 시장개방 압력으로 인한 선진국과 후진국 간의 갈등 초래라는 부정적인 측면도 있다(서강훈, 『사회복지 용어사전』, 아담북스, 2013).

어떻게 그럴 수 있을까!

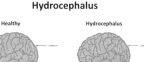

흘려들을 수 없었던 말을 가슴에
담고서 해당 의료인의 손을 잡아 침
대에 누운 작은 그러나 머리가 큰 그
아이의 뛰고 있는 심장 위에다 올려

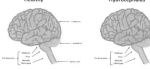

주었다. 못내 당황스러워하는 그에게 이렇게 물었다.

"아이의 뛰는 심장 박동이 느껴지십니까?"

"이 아이는 비록 말을 하지 못하지만, 살아 있다
고 고백하고 있는 것입니다. 따뜻한 눈길과 사랑이
목마르다고 호소하고 있는 것입니다. 마치 무거운
머리를 십자가처럼 짊어지고, 가눌 수 없는 육신을

못 박힌 손발처럼 잘 움직이지도 못하면서 사랑이 메마르고 생명까지도
돈으로만 환산하는 이 세상에서 '생명은 귀한 것'이라고 증언하고 있는 것
입니다. 들리시지요? 이 속말들을 들을 수 있어야 그때 의사가 될 수 있는
것입니다."

연신 머리를 조아리며 "미안하다"하며 눈물이 그의 모습을 바라볼 수 있
었다.

6. 한계, 불확실성 그리고 인간

6-1 비로소 …

인간이 자신이 맞닥뜨린 고통을 받아들일 때 비로소 '나약함'을 인정
하게 된다. 이는 자신만의 고유성을 가지고서 그에 걸맞은 이름을 얻는
사회적 환경이 변경되었음을 시인하는 것이고, 동시에 '넘어질 수 있는'
존재임을 드러내는 것이다. 이는 현재까지 붙들고 있는 가치를 새롭게 해

석하는 시선이 확장되는 것임과 동시에 근원적인 삶의 의미로 돌아갈 시 발점이 된다고 하겠다.

6-2 현상으로서의 '죽음'

우리는 간접적 경험이나 자신의 신체적·정신적·영적 변화를 감지하면서도 자연스레 모든 사람이 죽는다는 것을 알아 가며 이미 알고 있다. 그럼에도 우리는 죽음 앞에서 크게 두 가지의 형태를 취한다.

그중 하나는 죽음을 거의 망각하고 지내면서 의식적으로 진지하게 생각하지 않으려는 태도—일상적으로 자신의 죽음에 대해 고민하지 않으며 영원히 살 것처럼 행동한다—이며, 또 다른 하나는 어떤 이들은 죽음이라는 현상에 철저히 집착하여—불로초를 찾아 나선 진시황이나 죽음의 사자를 피하여 페르시아까지 도망쳤던 이반 일리노이치[31]처럼—피해 보려고 안간힘을 쓰기도 한다.[32]

그러나 죽음이란 아무리 의식적으로 잊으려 해도 잊힐 수 없고 피하려고 해도 회피할 수 없는 가장 일반적이고 총체적인 현상이다.

죽음을 없애는 거자씨를 찾아 헤매던 인도 출생의 고타미[33]도 결국 빈손으로 돌아오지 않았는가. 이에 몽테뉴(Montaigne)[34]는 "우리가 지구 어

---

31 톨스토이의 작품 『이반 일리노이치의 죽음』의 주인공.

32 참조: 김진, 『철학의 현실문제들』, 철학과현실사, 2007, p.93.

33 린포체의 글에 등장하는 인도 소녀 고타미(Gotami)는 장성하여 결혼하고 아들을 낳아 행복에 젖어 있었지만 그 아이의 갑작스런 죽음에 감당하기 어려운 슬픔을 지니고서 죽은 아이를 살리기 위해 여러 의원들을 찾아다닌다. 그녀의 행동에 대해 비웃는 사람들을 뒤로 하고 현자를 만났을 때, 그 현자는 그녀에게 마을로 가서 고통을 당하지 않거나 죽지 않은 집이 있으면, 그 집에 들어가 거자씨를 얻어 오라고 한다. 그러나 그녀는 어느 집에서도 고통과 죽음이 없는 집을 찾지 못하여 거자씨를 얻을 수 없었고 비로소 죽음은 모든 사람에게 공통적인 법칙이라는 것을 깨닫는다(참조: 소걀 린포체, 『티베트의 지혜』, 오진탁 역, 민음사, 1999; 김진, 위의 책).

34 미셸 몽테뉴(Michel de Montaigne), 16세기 후반 프랑스의 철학자·사상가·모랄리스트. 역

느 곳에 있든지 죽음이 찾아내지 못하는 곳이란 없다"고 말했고, 야스퍼스(Jaspers)[35]도 언제 어떻게 다가올지 모르는 죽음의 현상 앞에 선 인간의 모습을 통해 '인간은 불안한 존재'라 진단하였다.

6-3 인간이 지닌 근원적 한계 ─ 죽음과 고통 앞의 환자[36]

■ 죽음에 이르는 존재 ─ 인간

인간은 출생과 더불어 '창조된 생명'이라는 거룩한 축복을 받고 태어나고 성장하면서 생물학적 개체성만이 아니라 사회적 존재로서의 자리매김을 하게 되며, 또한 그 성장의 과정 속에서 나름의 '아우라' 속에 삶의 의미를 규정해 가는 것이 본질과 깊은 연관을 맺는다는 것을 상기한 바 있다. 그러나 이런 여정 속에서 경험이 더해갈수록 "삶의 의미를 명확히 하여 주는 것은 '죽음'이라는 거대한 현실"이며, 그 앞에서 예외 없이 숙연해지는 것이 인지상정이다.

삶에 대한 애착이 아무리 짙다 하더라도, '살아감'이 곧 '죽어감'이라는 엄연한 현실을 인지해 가는 것이 소위 성숙이라 할 수 있을 것이다. 인간은 태어난 이상 죽음이라는 하나의 숙명적인 시간을 향해서 순간순간 나아가고 있는 존재라는 의미에서 '죽음에로의 존재'라고 말할 수 있기 때문이다.[37] 아울러 죽는다는 사실을 의식하며 살아가고 있다는 것이 인간을

작 〈수상록〉을 통해 인간 정신에 대한 회의주의적 성찰을 제기함으로써 근대 인식론 등 인간 중심적인 지식체계형성에 대한 중요한 전기를 마련했다.(참조: daum 백과사전)

35 칼 야스퍼스(Karl Jaspers), 독일에서 가장 중요한 실존주의자 중 한 사람. 그에게 철학의 임무는 생각하고 실존하는 주체인 개인의 자유에 호소하고 또 모든 실재의 중심인 인간실존에 초점을 맞추는 것이었다(참조: 위의 곳).

36 신용문, "환자치유와 영성(종교성)의 역할," 「정신치유를 위한 워크」 제1회, 한국영성생태연구소 · 한국정신치유연구소, 2009(1), pp.7-25.

37 참조: 김진웅, "임종자와 유가족에 대한 교회의 사목적 배려에 관한 연구", 대전가톨릭대학교, 2006, p.5.

가장 적절하게 특징짓고 있다[38]는 데 이견이 없다.

■ 회피하고 싶은 두려움 — 한계 앞의 인간 자세

이와 같이 필연적인 죽음에 대해 이해를 깔고 있다 하더라도 감당하기에 너무나 힘겨운 현실임과 동시에 미루거나 회피하고 싶은 고통인 것은 분명하다.

그 이유는, 먼저 죽음이 경험을 넘어서 있다는 것에 대한 막연함 앞에 직면한 나약한 인간성에서 연유할 수 있고, 혹은 현세의 삶에 대한 짙은 애착에 비해 죽음이 현세적 삶의 종말을 고하는[39] 이별로 받아들여지기 때문일 것이다. 또한 현실적 차원에서 볼 때 또 다른 차원으로의 변이 내지는 변화—무력감과 자기 존중감, 사회적 역할의 상실 등—를 기약하는 것이기에 불안과 공포를 야기하는 심리적, 정신적 충격에서 비롯될 수도 있을 것이다.

6-4 죽음에 이르는 도정으로서의 고통 — 환자 이해의 전제[40]

■ 현재와 죽음 사이

상기한 바와 같이, 죽음이라는 미래—현재에 이미 품고 있는 미래—를 준비하는 여정으로서의 삶을 바라보는 새로운 관점은, 현재가 마치 '두 개의 세계 속의 미완성의 도정'으로 여기게끔 한다.

이는 지금까지 우리가 익숙해져 온 안전한 세계와, 사랑하는 사람(혹은 나 자신)이 죽을지도 모르는 불완전한 세계[41] 사이의 외줄타기를 하는 것처

---

38 참조: 정달용, "철학으로 본 죽음," 『사목』 70호(1980.7), 한국천주교중앙협의회, p.14.
39 참조: 김진웅, 앞의 논문, pp.7-8.
40 신용문, 앞의 책.
41 참조: 엘리자베스 퀴블러 로스, 데이비드 케슬러, 『상실 수업』, 이레, 2007, p.19.

럼 다가온다. 실제로 직면하게 되는 질병을 포함한 비일상적인 조건들은 이 두 세계 사이의 균형을 무너뜨리는 데 즉각적인 효과를 발휘한다.

곧 그것은 일종의 '상실의 예감', 곧 언젠가 수용해야 할 죽음과 이별의 예표로서 작용하게 될 것이다. 따라서 죽음에 도달하지 않았으나 죽음의 일부를 맛보게 하는 고통을 가리켜 "'중간 상태'로서 '죽음처럼 치명적이지는 않지만, 죽음보다 더 지독한' 상태"[42]라고 표현하는 혹자의 묘사를 수긍할 수 있다.

■ 새로운 이해와 접근

따라서 환자를 단순히 사전적으로 '병들거나 다쳐서 치료를 받아야 할 사람'(표준국어대사전)으로서 대상적 정의에 머물러 대응해서는 안 될 문제이다.

사실상 모든 인간을 '죽음과 현실적 고통 사이의 중간적 존재'로 본다면 '잠재적 환자'라고 정의해도 과언은 아닐 것이다. 그러나 보다 직접적으로 ―다양한 차원에서의― 질병에 노출되어 있는 환자를 이해하고 다가서기 위해서는 심층적인 이해와 접근이 필요하다.

그들이 감당하고 있는 고통 자체가 표출되는 육체적 외상으로만 파악할 수 없고, 전인적인―심리적인 부문부터 영적인 부분에 이르기까지의 ―'약함과 상실'을 포함하고 있기 때문이다.

그러므로 환자에 대한 진정한 이해는 '파악'하는 기술을 넘어서서, 다가섬으로써 그들이 들려주는 '열린 부분'에 귀를 기울이는 관심과 들음에서 출발한다.

---

42 엘리자베스 퀴블러 로스, 데이비드 케슬러, 위의 책, p.23.

6-5 한계 앞에 선 인간의 태도 이해

■ 고통의 실재

고통이 던지는 가장 주요한 과제는 고통을 겪는 사람 자신만이 그것을 직접 대면해야 한다는 사실이다. 여기서 고통을 합리적으로 이해한다는 차원과 온몸과 맘, 영혼으로 수용한다는 것 사이의 괴리가 **발생한다.**[43]

무엇보다도 큰 갈등은 고통 자체가 이해를 초월할 때이다. 부당하게 여겨지는 고통이나, 혹은 정당성 여부를 떠나서라도 실재 질병에 따른 현상적 차원의 어려움은 그 자체로서도 무게를 지니는 것이다. 이에 대해서 환자 스스로 보여 주는 모습에 대한 존중의 마음과 적극적인 관심이 없다면, 치유의 외피 언저리에만 머물고 말 것이다.

■ 고통에 직면하는 태도

내·외적 고통의 내용을 상실과 죽음의 연장 선상에서 받아들일 수 있다면, 그들이 빠져들 수 있는 무력감과 자포자기의 우울 속에 방치되지 않도록 세심한 주의와 사랑이 필요하다. 이는 어느 설정된 단계적으로 과정이 전개되기보다는 복합적이고 다양하거나 반복적으로 드러날 수 있으므로[44] 보다 내면적인 치유를 요청하게 된다.

---

43 사실 고통은 환자 자신의 육신과 영혼의 기묘한 결합적 작용이 아픔에 대응하는 신체적, 정신적 그리고 영적 반응이라 할 수 있는 것이다. 이때 그 고통에 대한 반응은 환자 자신이 겪어가는―인정이나 극복에 이르기까지―과정에 따라 다양한 방식으로 드러나고 그에 맞갖은 어떤 요구를 반영하게 된다.

44 누군가가 실제로 죽기 전에 상실의 다섯 단계(부정, 분노, 타협, 절망, 수용)를 모두 거칠 수도 있고, 어쩌면 단지 분노와 부정만을 경험할 수도 있다. 모든 사람이 상실을 예감하는 것은 아니며, 예감한다고 해도 분명 똑같은 방식은 아니다(엘리자베스 퀴블러 로스, 데이비드 케슬러, 위의 책, p.22).

■ 반응과 단계

• 부정과 고립의 태도

환자가 자신에게 중병이나 죽음이 임박했음을 인지했을 때 제일 먼저 보이는 반응은 '부정과 고립'이다.

이는 자신이 중병에 걸리거나 죽음에 근접했다는 사실을 부정하는 것이며, 어떤 때는 무심결에 어떤 때는 반(反)의식적으로 환자가 마음속으로 상황을 차단하려고 마음먹지만 마치 타협하는 것처럼 보이기 위해 보이기도 하는 모습이다. 환자는 마음속으로 일어나고 있는 일이 현실이라고 말하지만 부정하는 감정이 강해 사실을 간단히 믿지 못한다.[45] 육체적이든 정신적이든 자신이 병에 노출되고 치유를 받아야 한다는 사실 자체를 충격과 혼란 속에 거부하는 것이라 하겠다. 또한 언제까지나 사랑하는 사람이 자신의 병에 애정으로 보살필 수 없으리라는 불안과 자신의 고통을 명확히 다른 이들이 이해해 줄 수 없는 데서 오는 '소통의 단절'이 '고립'된 상태를 초래, 고통을 가중시키는 것이다.

• 분노의 단계

"왜 하필이면 저에게?"

"어째서 하느님은 나에게 이런 일이 생기도록 내버려 두시는 것일까?"

질병과 죽음 앞에서 환자가 다음으로 체험하는 것은 섭리나 계획의 주재자인 하느님에 비해 할 수 있는 그 무엇을 상실한 무력감에서 오는 분노요 약자로서의 강변이다. 이는 피할 수 없는 사실에 대한 저항을 드러냄과 동시에 내적으로는 아직 다른 방법, 회생과 변화의 가능성을 놓아 버리

---

45 참조: 로버트 버크만, 『무슨 말을 하면 좋을까: 죽어가는 이들을 도울 수 있는 방법』, 모현 호스피스 역, 성바오로출판사, 2003, p.44.

고 싶지 않는 극단적 자기애(自己愛)로 나아가는 단계이다. 이때 그가 보이는 무차별적인 분노와 심리적 폭력성은 주변인들로부터의 더욱 깊은 단절을 낳는다.

- 타협의 단계

심리적으로도 분노를 억압할 것이 아니라 오히려 표출하는 것이 치유에 도움이 된다고 한다. 그러나 분노의 양산이 자신의 현재를 역전시키지 못하는 한계 앞에서 오히려 현실의 비참함에 대한 인식을 더욱 깊어지게 한다. 이에 따라 두려움이 상쇄되기보다 이미 결정되어 있는 병의 결과나 다가오는 죽음의 압박을 더욱 느끼게 되어 후퇴 내지는 타협의 방식을 선택하게 된다. 이 타협은 고통의 감쇄로부터 시한의 연장 등의 기대감을 내포하되, 절대자에 대한 의탁을 '조건부'로 이행하는 현상을 보인다.

- 절망과 우울의 단계

상기한 바와 같이 여러 단계적 노력이 더 이상 다다를 수 없는 한계, 곧 처한 고통을 대치 혹은 치환할 수 없음을 깨닫는 순간, 질병의 상황과 죽음의 임박을 절실히 깨달으면서 깊은 상실감을 경험하게 된다. 이에 되돌릴 수 없는 과거적 지향에 자신을 매어 두어 후회나 안타까움, 죄의식 등을 수반한다. 이때 자신이 처한 어려움, 경제적 난관, 치료 불가능 등에서 오는 것이므로 환자가 할 말이 많고, 사람들과의 대화를 많이 원하며 여러 분야의 사람들이 적극적으로 개입해 주기를 바라는[46] 모습을 띤다. 그러나 점차 죽음의 예비적 단계로서 이별과 상실의 아픔이 깊어질수록 대화는 줄어들고 깊은 우울에 천착하게 된다.

---

46 참조: 엘리자베스 퀴블러 로스, 『인간의 죽음』, 성염 역, 분도출판사, 1979, p.135.

- 수용의 단계

마침내 '부정 ~ 절망'에 이르기까지의 과정을 지난 다음, 인생의 마지막 여정을 준비하는 휴식과 침묵의 시기를 맞는다. 이때는 자신의 모든 부분을 받아들여 평온하게 되며, 병세와 함께 자신의 삶의 의미 전체를 회고하는 침묵의 단계라 하겠다.

물론 앞서 말한 바와 같이 모든 환자가 위의 단계를 순차적으로 겪는 것이 아니라 여러 가지 가능성에 열려 있음을 지적했다. 그러나 진정 중요한 것은 어느 단계에 내가 들어섰느냐 혹은 이런 단계가 진행될 것이라는 예상적인 접근이 아니라, '지금 여기에'(hic et nunc) 있는 환자의 욕구와 원의에 집중해야 한다는 점이다.

곧 이러한 현재의 부정적 상태를 긍정적으로 호전하고자 하는 강한 욕구에서부터 받아들임에 이르기까지 숱한 내적 투쟁을 거치며 성장해 가는 부분이 있음을 인정 해주어야 한다. 또한 '수용'이라는 단계도 소극적 포기가 아니라 긍정적 극복의 디딤돌이 될 수 있다는 새로운 해석이 필요하다. 하지만 그렇다고 하여 섣부른 희망의 근거를 제시하거나 강요해서는 안 되며 먼저 고통을 겪는 이의 입장에서 그들의 당면 과제인 고통과 죽음을 바라보아야 할 것이다.

7. 궁극적 한계 — 죽음

7-1 인간이 겪는 죽음에 대한 이해의 열쇠

일찍이 에피쿠로스(Epicouros)는 "우리는 죽음과 아무런 관계가 없다. 왜냐하면 우리들이 살아 있을 때에는 죽음이 있지 않고, 죽음이 있을 경우에는 우리가 있지 않기 때문이다"하고 역설한 바 있다.

그러나 죽음은 실로 오랜 환경 적응 과정이나 각종 병인에서 발생한 육체적 고통이나 사회적 부적응에서 비롯된 정신적 고통뿐 아니라 '중간적 죽음', '죽음의 예표'로서, 또 실제적으로도 다양한 형태로 다가온다.

사실상 사람들이 겪는 고통은 자신의 현실을 수용하기까지 수회 반복적인 단계적 변화를 겪는다고 보는 것이 타당할 것이다. 이에 참된 치유를 이루기 위해서는 어떤 한 가지 측면의 지식적인 접근이 아니라 진정한 인격적 교류와 상호 소통이 이루어지는 가운데, 고통으로 인해 손상당한 상처를 원상으로 회복될 지점을 찾아내고자 하는 의지, 인내와 사랑이 수반되어야 하는 전인적(全人的) 작업이어야 한다.

죽음의 종류[47]

분류		내용
의학적(육체적) 죽음		심장 기능의 정지, 폐사, 뇌사
정신적 죽음		정신기능의 정지(창조적 활동의 죽음)
사회적 죽음		버려진 이들, 감옥에 갇힌 이들 등
종교적 죽음	죄인으로서의 죽음	영적 빈곤*
	의인으로서의 죽음	그리스도인으로서의 죽음

(* '영적 빈곤'으로 인한 '종교적 죽음'은 비단 현실적으로 가난한 이들 뿐 아니라, 경제적인 여유를 확보한 사람들에게도 해당될 수 있다.)

7-2 단계에 따른 배려와 해석

그러나 희망하는 진정한 치유는 무엇보다 누구에게나 고통은 주어진다는 사실, 주어지는 인간의 필연적 조건임을 인정하면서 그 실질적 고통에

---

47 신용문, "가톨릭사회복지사업에 종사하는 수도자의 정체성과 영성의 구현에 대한 연구", 대전가톨릭대학교 석사논문, 2004, pp.115-116.

상응하는 배려와 함께 의미해석이 주요한 부분으로 자리 잡는다. 특히 단계별 배려를 통해 내면적 상태를 더욱 깊이 이해하게 되며, 자신의 진정한 고통을 존중하고 배려 받는 상황 속에서 상실감에 대한 보상과 소통의 가능성을 발견하도록 이끈다.

단계에 따른 배려와 해석을 위한 전제[48]

환자의 내면 상태의 단계	환자의 내적 요구	제공할 배려와 내적 요구의 영적 차원의 해석
부정	사랑	안위 제공과 현재 상황의 긍정적 평가, 내담자(환자)의 말을 경청—환자의 자기 상황의 감정적 공감의 형성, 인격적 소외를 극복
분노	용서와 수용	환자의 조절 능력 상실과 죄책감 인한 분노에 대해 회피 않고 담대한 대응, 분노 표현 도움—이해와 지지를 통한 탈출구
타협	신뢰와 소망	현실 직시 도움, 환자의 선택에 결론 내리도록 도움—현실 지평과 상황 인지—의탁의 기반 조성
절망	희망	희망의 가능성 있는 형태의 질문—의미 해석의 새로운 패러다임 제공
수용	인간 실존의 회복	환자에게 현 상황하에서의 가치와 삶의 의미 물음—의지와 구원에로: 하느님 모상성의 회복, 고통도 선물로

위 표에서 보듯이 환자가 직면한 고통에 대해 제공하는 배려는 일방적 치료로서 행해지는 것이 아니라, 각 단계에 맞갖은 소통과 존중을 전제로 영적 해석과 희망의 차원으로 승화되도록 도와주는 데 있다.

물론 고통은 고통 그 자체로서 이미 부정(否定)을 내포하고 있고 심지어는 사회 구조적 모순이나 부적응, 자연 발생적 원인 등 다양성을 띠게 될 가능성도 있지만, 분명 진행적인 고통은 신앙을 통해 하느님의 계획과 관계를 가진다면 중대한 의미를 가진 하나의 시련이 될 수 있기 때문이다.[49]

---

48 김일우, "임종자와 위기적응에 대한 사목적 배려에 대한 연구", 수원가톨릭대학교, 1992, 43쪽의 표를 영적 차원으로 해석하여 응용한 것이다.
49 참조: X. 레옹-뒤푸르 외, 聖書神學事典, 광주가톨릭대학교, 1984, p.40.

이 고통은 환자들이 소위 겪었던 현실적 차원의 고통을 부정적이라는 의미에서 악(惡)으로 설정할 수 있는 반면에, 새로운 차원, 곧 감당해 내어야 할 '공동의 소명'으로 받아들일 이유가 충분한 것이다.

특별히 정신적 질병을 겪는 환자들의 경우 그들이 겪은 과거의 고통의 원인 분석에서 볼 때 실질적인 실정법상의 죄인이었던 사실로 인해 사회—기본적인 '가정' 사회—에서 소외를 체험한 경우도 소수 포함되어 있다.

7-3 본질적인 고통의 현실

그러나 보다 본질적인 고통의 현실은, 그들이 처한 현실 속에서 자기 자신을 추스르지 못한 데서 파생된 원인으로 인한 고통도 다수 수반되며 또한 더 이상 그들을 돌보지 못하고 냉대한 사회(가정으로부터)를 향한 지속적인 증오와 불신의—용서하지 못하는—내적 고통도 따르는 것이 대부분이다. 또한 그들이 겪은 가정에서의 문제는 사랑해야 할 사람을 사랑하지 못한 데서 파생된 '사랑의 결핍'이라는 보다 큰 사회적인 죄악이나 무관심, 포기의 형태를 고스란히 안고 있는 일종의 표상인 경우도 하다. 여기서 그들의—스스로에 대한 단죄나 포기, 사회적 죄악의 이중적 표상으로서의—고통을 참된 변화의 갈망과 사랑으로 거듭나 구원에 이르도록 이끌어야 할 사명을 부여받고 있는 것이다.

8. 철학자들의 죽음에 대한 이해

8-1 플라톤(Plato): '죽음에의 연습', 그리고 에르의 신화

■ 영혼은 불변적인 것, 죽음은 영혼과 육체의 영원한 분리

세계에 대한 태도에 있어서 '현상 세계는 이상 세계(이데아)의 그림자에

불과하다'[50]는 이원적(二元的) 태도를 견지했던 플라톤은 사람의 존재 양식 역시 이데아 세계에 이미 존재하던 영혼이 이 세상의 육체에 갇힌 것으로 보며 '육체는 영혼의 무덤'이라 표현했다. 이와 같은 고착되고 불편한 결합은 죽음이라는 현상을 통해서만 극복[51]할 수 있다고 보았다.

■ 소크라테스(Socrates): 진정한 철학적 영혼은 '죽는 연습'

플라톤의 스승이었던 소크라테스는 『파이돈』에서 철학을 통하여 죽음에의 연습을 수행해야 한다고 강조했다. 그는 영혼은 신적인 것을 닮아 있으며, 불멸적이고 불변적인 단일의 것인 데 반해, 육체는 가사적이고 비정성적이며 가성적이어서 진정한 철학적 영혼은 '죽는 연습'을 통해 육체로부터 완전하게 이탈하고 정화를 이룰 때에서 신들의 세계에 편입―광채 육리(光彩陸離), 해탈―이 허용될 것이라 믿었다. 그러므로 그에게 있어서 죽음은 '철학적 완성'을 의미하는 것[52]이었다.

■ 에르(Er)의 신화

플라톤이 『국가』에서 사후 세계에 관해 보여 준 신화에 등장하는 에르는, 전쟁 중 사망에 이르나 열흘 후 썩지 않은 채 발견되어 집으로 운반된 후 장사를 지내려던 중 살아나 저승에서 본 것에 대해 전한다. 곧 그는 육신을 벗어난 다른 혼들과 함께 여행하다 아무것도 없는 망각(lethe)[53]의 평

---

50 "The real world is the world of Ideas, which contains the Ideal Forms of everything. ↔ We recognize things in the world, such as dogs, because we recognize they are imperfect copies of the concepts in our minds."(W. Buckingham/D. Burnham/C. Hill/P. J. King/J. Marenbon/ M. Weeks, *The Philosophy Book*, DK, 2011, pp.52-55).

51 참조: 김진, 앞의 책, p.97.

52 참조: 김진, 앞의 책, pp.98-99.

53 그는 우리가 탄생 이전이나 죽음 이후의 삶을 전혀 기억하지 못하는 것을 망각(lethe) 현상에서 기인한다 보았다.

야에 이르러 야영을 하게 되었을 때, 그곳의 냇물을 마신 이는 모든 것을 잊고 새로운 출생을 향해 사라져갔으나 에르는 물을 마시지 못하여 깨어난 후 기억을 간직할 수 있었다 전한다.

이 신화에서 플라톤은 우리 영혼이 영원히 죽지 않는 것이며 그러므로 올바른 식별을 갖추고서 앞으로 나아가 신과 더불어 화목할 수 있는 삶을 택해야 하며, 결국 삶이 주어진 동안 신성(神性)을 향한 갈망과 노력을 다할 것을 역설하였다.

8-2 하이데거(M. Heidegger) – '죽음에의 존재'

하이데거는 자신의 저서 『존재와 시간(*Sein und Zeit*)』에서 인간을 '죽음에의 존재'라고 규정한 바 있다.

■ 세계 속에 던져진(기투된) 존재, 인간

인간은 본질적으로─자신의 선택에 관한 원의(原意)에 관계 없이─그의 표현대로 '세계 속에 내던져진[기투(旣投)된]' 존재임이 자명하다. 그러나 그는 인간이야말로 단지 던져졌음으로 끝나는 것이 아니라 '존재자의 존재 의미(나는 누구인가?)를 물을 수 있는 유일한 존재자'이고 존재자여야 함을 강조[54]하면서, 주어진 삶 속에서 아무 생각 없이 사는 것은 그야말로 타락한 존재로 여겼다. 특히 가장 중요한 문제인 '죽음' 앞에서, 그는 모두가 '죽음에 이르는 존재'임을 자각하면서 우리 자신이 '죽음을 향한 실존'임을 놓치지 않고 현재를 살아야(현존재적 삶) 한다고 역설하였다.

하이데거는 물론 죽음이 '불안'의 요소를 던져 주고 그 불안이─죽음을 통하여 우리가 아무것도 아닌 것[무(無)]이 되리라는 차원에서─우리의

---

54 참조: 최재식 외, 『철학의 전환점』, 프로네시스, 2012, p.625.

'실존을 근본적으로 뒤흔드는 이름 모를 두려움'[55]을 주는 것이지만, 동시에 이로써 일상적으로 타락한 자기를 버리고 본래적 자신,—참된 본래성과 인간성—자아를 회복하는 계기가 될 것이라는 점을 드러내었다.

곧 "불안은 죽음이라는 사실을 통하여 참된 자신을 발견하게 되는 실존적 계기"[56]가 되는 것이다.

■ 존재론적 충격과 존재 확인

결국 모든 존재자들은 무, 곧 아무것도 아닌 것의 존재론적 충격 앞에서 그것이 존재할 수 있는 근거로서의 '존재'를 확인하게 된다. 또 이 죽음은 누구도 대신할 수 없는 '자신만의 것'으로 다가오는 고유한 현상이며, 모든 관계의 단절과 차단이라는 측면에서 '뛰어넘을 수 없고', '절대적인 확실성'을 갖는 핵심적인 사건이다. 그러면서도 모든 이에게 예외가 될 수 없는 보편적이고 가장 근원적인 사건임이 분명하다.

8-3 에른스트 블로흐(E. Bloch): 붉은 영웅, 실존의 원핵

희망의 철학자라 불리는 블로흐는 저서 『희망의 원리(*Das Prinzip Hoffnung*)』를 통해 죽음의 사회혁명적인 시각을 제시해 주었다.

그는 '혁명을 위해 희생한 이들의 영혼이 갖는 희망'에 대하여 고민하면서 죽음은 '이상사회를 이룩하려 노력한 인간들에겐 가장 처참하고 극단적인 반 유토피아'라고 규정[57]하였다. 죽음은 사회의 변혁과 희망을 꿈꾸는 이의 모든 기구와 가능성들을 빼앗아 가는 부정적인 것으로 해석했기 때문이다.

---

55 김진, 앞의 책, p.100.
56 김진, 앞의 책, p.100.
57 김진, 앞의 책, p.105.

이는 죽음을 넘어선 희망으로 극복이 가능하리라는 전망을 낳았는데, 그는 이로써 영혼불멸에 대해 주장하되 '연대정신'에 입각한 사회학적 해석과 가족 관계 내의 차원에서 접근하였다. 곧 그에 따르면 혁명 전선에 죽는 영웅의 정신은 동료의 혁명 정신 속에—수평적—연대를 이루어 살아남게 될 것이고, 또 모든 이는 가족관계 안에서—수직적으로—대를 이루며 영원한 존재 의미가 존속될 것으로 보았다.[58]

이는 이 같은 불멸성을 전제로 '인간이 죽지 않고 영원히 살 수 있다는 희망의 이론을 개진'하면서, 에피쿠로스[59]처럼 정작 우리의 본질—블로흐는 이를 "실존의 원핵"이라 표현했다—은 죽음과 무관하며 결코 상처를 받지 않을 것이라 역설했다.

9. 죽음의 극복을 위한 삶의 갈망

9-1 전제조건

숨 쉬고 살아가는 누구에게나 영원에 대한 갈망이 있다. 눈에서 지울 수 없고 가슴에서 밀어낼 수 없는 사랑하는 이와 나의 마음이 묻어 있는 모든 것, '현재 나와 나를 정의하고 북돋아 주는 모든 존재', 곧 그리움의 대상으로부터 사랑을 주고받았던 모든 관계를 상실하고 싶지 않은 간절함을 붙들고 싶다.

9-2 기억의 의미

이는 인간이 지닌 '유한성'의 숙명(宿命)을 받아들이면서도 동시에 무엇

---

58 참조: 김진, 앞의 책, pp.106-107.
59 "우리는 죽음과 아무런 관계가 없다. 왜냐하면 우리들이 살아 있을 때에는 죽음이 있지 않고, 죽음이 있을 경우에는 우리가 있지 않기 때문이다."

하나도 놓칠 수 없는 갈망과 연결되어 있다.

황금보다도 비할 수 없고, 소금보다도 값진 금(金)!

그것이 '지금(right now)'이라 하지 않았던가!

이토록 '현재, 지금, 순간'의 의미를 깊이 간직하게 하는 것은 나의 유한성과 연결되는 '가변성(可變性)'을 깨달음으로써이다. 나의 오관(五官)으로는 매초마다 식별하기는 어려워도 미세하게나마 진행되어 내 존재에 순간순간 찾아드는 노화(老化)는 어느덧 지나칠 수 없고 건너뛸 수 없는 찰나의 소중함을 절감하게 해준다. 결국 그 찰나의 시점과 시점들이 하나의 점(點)으로 연결되어야 삶이라는 선(線)이 그려지고 그 선과 선이 이어져야 나의 생(生)이라는 그림이 그려질 것이다. 하나의 계단도 성급하게 오를 수 없듯, '작금'의 중첩된 계단들이 차곡차곡 쌓여 나의 미래를 완성할 것이니 말이다.

9-3 기억한다 = 사랑한다

'기억'은 걸어왔던 여정을 각색하거나 또 다른 색으로 덧입히는 것이 아니라 '있는 그대로' 변질되지 않은 진실된 사랑으로 심장에 각인하는 작업이다.

이에 '각인(刻印)'의 과정은 결코 지워내고 싶지 않은 영원을 향한 나의 간절한 발버둥이자 온몸과 맘으로 부르짖는 아우성이리라!

또한 이렇게 새겨진 삶의 흔적들은 누구도 객관적인 규준(規準)을 적용하여 해석하거나, 혹여 자신들의 주관적인 시선으로 자의적인 해석을 내릴 수 없다. 곧 걸어온 나의 영혼만이 지닐 수 있는 독창적이며 고유한 불가침의 재산으로 영혼에 내면화된 영적인 작업이다.

9-4 기억의 내용

나 자신의 영혼을 '붓'에, 내가 걸어오며 맞닥뜨린 모든 관계와 일상의 사건들, 곧 삶의 여정 동안 만나온 모든 기억의 내용들을 '물감'이라 비유하련다.

■ 어느 빛깔도 아름다운 풍경화를 그리는 데 필수적인 재료가 된다

혹여 삶에서 어둡고 시린 기억의 파편들이 있는가. 그래서 마치 무채색의 물감처럼 막연하게 차갑게 느껴진 적 있는가. 그러나 어둔 물감이 없다면 어찌 바위의 그림자와 명암을 그려 넣을 수 있겠는가.

암영(暗影)의 농도가 짙을수록, 밝음은 더욱 빛나는 법이다. 밝음은 밝음 자체가 아니라, 밝음이 어둠을 딛고 있을 때 진정한 밝음이 된다.

결국 자신의 의지로 붓을 들 때, 그림은 생기를 더하고 생(生)이라는 캔버스 위에 비로소 아름다움이 채색된다.

그러므로 내 영혼과 육신을, 삶을 채색하는 유일무이한 도구로 삼으라! 그러면 나의 생이, 기투된 삶(Heidegger) 속에서 깨닫는 거룩한 초대요 축복임을 알게 되리라!

10. 삶과 죽음의 화해

10-1 반대말을 적어 보라

낮   — (   )

왼쪽 — (   )

앞   — (   )

시작 ─ (   )

혹여 순서대로 밤, 오른쪽, 뒤, 끝(마침)이라 적었는가?

머리로써 답했는가?

이제 가슴에 물어보자!

결코 써내려 간 위의 답은 반대말이 아니다.

낮의 정열과 흘렸던 땀을 휴식으로 채워 주는 '고마운 숨표로서의 밤', 왼쪽만으로 다 채울 수 없는 불균형을 흔들리지 않도록 '지탱해 주는 오른쪽', 앞만을 보고 달려가며 놓치거나 지칠 때 '묵묵히 지지하며 밀어 주는 뒤', 시작의 설렘과 불안을 '안도와 가치 있음으로 돌려주는 마지막… 그리고 죽음'.

결국 세상엔 차가운 머리로써 거리를 두던 반대말들이 뜨거운 가슴으로 바라보면 화해를 이룬다.

죽음은 곧 삶의 대척점이 아니라, 삶을 빛나게 해 주는 어둠기에 가치 있고, 숨어 있기에 소중한 배경이 된다. 따라서 다음과 같이 삶의 의미를 정리해 보자.

- 삶은 불가항력적으로 기투된 여정이다(Heidegger): 그러므로 받아들여야 하는
- 삶은 그 시초부터 관계성(relationship)으로의 초대이다: 견뎌내어 가면 화해하는, 그러나 아름다움의 본질이 담긴
- 삶은 선택적 여정이다: 객관성(삶은 이런 것이다)에 대한 주관적 선택이며, 개인성과 사회성을 동시에 내포한 것이다.
- 삶은 의미 부여의 과정이며, 스스로 흘린 땀과 눈물로 정의하는 여정이다.

· 삶의 가치와 행보는 타자(他者)에 의해 정의된다: 삶은 죽음 후에 기억되는 자취이다. Life is defined more exactly by preparing death.

결국 '죽음을 어떻게 볼 것인가'는 삶의 태도의 문제이며, 세계관에 관련된 문제이다. 나 자신이 '죽음에의 존재'라는 사실을 받아들이면서 죽음을 준비하는 삶에 모든 것을 다하는 바로 여기, 지금 죽음을 극복하는 참 삶이 펼쳐져 있다.

제3장

냉정과 열정 사이

사랑과 성(性)

글머리. 아담(Adam)을 넘어

사람의 숨결

"주 하느님께서 흙의 먼지로 사람을 빚으시고, 그 코에 생명을 불어넣으시니, 사람이 생명체가 되었다"(창세 2,7).

■ 살아 있음

이 땅 위에 흩뿌려져 켜켜이 쌓인 흙덩이. 그러나 그 위에 '살아 있음'이 부여된 과정을 기술한 성경의 이 구절이 무척이나 새롭게 다가올 때가 있다.

어린 시절 학교를 파하고 어느 골목을 돌아서던 그날의 한낮, 문득 나에게 꼬리를 흔들며 다가오는 귀여운 강아지 한 마리의 몸짓에 눈물이 고이던 이유는 무엇이었을까. 아직 세상을 파악(把握)하기에는 미숙한 머릿속에 존재에 대한 회의(懷疑)가 발아(發芽)할 무렵, 작은 생명체의 따사로움 속에 불현듯 찾아든 뭉클한 응답.

■ 성장: 육체의 노래/불안과 존재 ↔ 입김: 하느님의 모습

'순수'했던 시절의 감흥도, 시간의 흐름 속에서 육체의 성장과 더불어 '살아 내어야' 하는 현실을 맞아들이고 성장하는 가운데 '꿈꾸는 대로 이루어지지 않는' 벽 앞에 무디어지고 무너지는 경험을 한다. 늘 그대로일 것만 같은 것의 와해(瓦解), 일상성의 붕괴, 온몸으로 아우성을 쳐도 바뀌지 않는 상황 등[1] 거대한 환경 속에서 어느덧 '넘어지고 죽어질' 나라는 존재의 나약함과 비참함을 경험하게 되는 것이 인간의 한 측면이다.

그러나 동시에 나의 깊은 내면 속에서, 부딪혀 걸려 넘어지는 육체성만으로는 설명할 수 없는 내밀(內密)하며 영적(靈的)인 갈망을 시련에 비례하여 체험한다. 코에 불어넣어진 '숨결, 입김'으로 호흡하게 된 내 영혼 속에서, 더 이상 훼손될 수 없는 나의 참 자아[진아(眞我)]에 대한 인식, 영원과 절대를 향한 갈망, 하느님의 모상(摸象)을 회복하고자 하는 본질적인 목소리에서 이미 가치 있고 위대한 존재로 창조된 인간[2]으로서의 나머지 측면을 확인하는 것이다.

---

1 이에 불가(佛家)에서는 이 세상을 제대로 파악하지 못하도록 집착에 묶어 두는 것[무명(無明)]에서 자유로워져 참된 해탈(解脫)에 이르도록 할 깨달음의 원천을 다음과 같은 삼법인(三法印)이라 칭했는데, 그 내용인즉슨 제행무상(諸行無常: 모든 흘러가는 것에는 항상적인, 영원한 것이 없음), 제법무아(諸法無我: 세상의 모든 흐름과 그 법칙에는 '나의 것[아(我)]'이라 할 수도 내가 개입할 수 있는 것도 없음), 일체개고[一切皆苦: 이 세상에서 겪는 모든 일은 다 고통에 불과하다는 것으로, 이 고통을 또한 애별이고(愛別離苦: 사랑하면서도 언젠가는 헤어질 수밖에 없는 고통), 원증회고(怨憎會苦: 원망하고 증오하는 이를 반드시 다시 만날 수밖에 없는 고통), 구불득고(求不得苦: 간절히 꿈꾸고 원하지만 그대로 얻을 수 없는 데 따른 고통)]라 하였다. 곧 이런 일상성의 붕괴는 '나'라는 존재를 있는 새롭게 바라보며 있는 그대로 받아들이게 하여 준다.
2 하느님을 향한 갈망은 인간의 마음속 깊이 새겨져 있다. 인간은 하느님을 향하여, 하느님께 창조되었기 때문이다(『가톨릭교회교리서』, 27항).

■ Adam — Adamah(땅)

성경에서 '첫 사람'을 일컫는 'Adam'
의 어원은 '땅, 흙'을 가리키는 히브리어
'Adamah'란 말이다. 이는 곧 인간이 영
원한 하느님의 입김을 품고 서 있는 존
재이면서도, 동시에 흙이 출발점이요
흙이 그 회귀(回歸)의 지점이 될 이중성─상기한 나약함과 위대성─을 지
닌 존재라는 것을 드러내 준다.

이에 모든 인간사(人間事)는 이 땅위에서 '살아 있는', 그러면서 완전성을
갈망하면서도 '불완전한' 인간이 만들어 내는 관계의 산물이리라.

만남의 전제 ─ 현재의 존재 인식과 새로운 존재 차원에 대한 갈망[3]

■ 심장이 뛴다(alive)

인간이 맺는 관계, 만남이 이루어지는 첫째 조건은 '심장이 뛰어야, 살
아 있어야 한다!'는 것이다.

■ 시간: 동시대성(contemporary)

두 번째 조건은 함께 멈추어 선 지점,
곧 동시대성을 띠어야 한다. 살아 있되
함께할 수 있는 시간이 어긋난다면 '스
침'의 가능성조차 보장되지 않기 때문
이다.

---

3   아래에 제시된 조건 참조: 신용문, 『관계의 숲에서 길을 묻다』, 뒷목문화사, 2013, pp.16-17.

■ 공간: 동일 범위의 점유(Boundary)

그 다음 조건은 장소를 공유해야 한다는 것이다. 같은 시대를 살아도 공간적 거리감의 해소가 이루어져야 만남의 가능성은 높아진다.

■ 감정의 공유(Sympathy)

끝으로 시간과 공간이 같아도 사회 이윤의 추구, 이상적 자아실현, 영적 여정 등 '같은 지향'을 지니고 있을 때, 나아가 공감(共感)을 넘어선 동감(同感)[4]으로 함께 기쁘고 아파하는 이유가 서로가 될 때 진정한 만남이 이루어진다.

이에 시간-공간을 만남의 외적 조건이라 한다면, '공유되는 감정'은 내적 조건임과 동시에 시-공간성에 의미를 부여하고 묶어 주는 구심점이라 하겠다.

1. 본질 1 — 근원적 고독의 치유에 대한 갈망

1-1 불안의 상황 속에서 다가오는 최대의 고통

만남을 이루기까지 불안한 존재로서 맞아들이는 불편과 시련의 상황에서 겪는 가장 큰 고통은 다름 아닌 '외로움'과 '고독(孤獨)'이다. 혹자는 '외로움'을 가리켜 '함께 있어도 소통할 수 없는 단절로 홀로라고 느끼는 마음', '고독'을 '홀로 걸어도 함께 의지하며 동행하는 이가 있음을 느끼는 믿음'이라 구분하기도 했다. 그러기에 '외로움'은 밀어내거나 극복해야 하는

---

4   위의 단어 sympathy에서 'sym = the same'을 뜻하는 접두어, 'path = 복도, 통로'를 의미한다. "당신의 영혼이 칼에 꿰찔리는 가운데, 많은 사람의 마음속 생각이 드러날 것입니다"(루카 2,35)의 표현처럼, 서로의 가슴이 관통되어 서로에게 같은 마음으로 흘러들 수 있는 길이 열릴 때 비로소 동감이 된다 하겠다.

것이고, '고독'은 즐기라 했던가!

그럼에도 분명 사람은 '누군가'라는 존재를 찾고 의존하며 함께 성장하는 가운데 상기한 고통을 치유받기를 갈망한다. 아래 글처럼 말이다.

> "내 인생을 돌아볼 때
> 그 무엇보다 가장 잘한 일이라고
> 장담할 수 있는 한 가지
> 바로 당신이라는 친구를 알게 되고
> 친구가 되고
> 사랑한 일입니다."　　　(작자 미상, 〈당신 같은 친구가 있기에〉 중에서)

2. 본질 2 ─ 성(性), 아름다운 자신과 타인의 발견

2-1 본질적 시선과 발견 ─ 성에 대한 신학적 인식[5]

'외로움'의 상처만큼이나 그토록 그리움을 간직할 때, 이미 그려진 마음속의 그림에 부합되는 상대로서의 '너'를 발견하기에 이른다. 이는 본질적인 시선에서 포착되는 갑작스런 만남일 수도 있겠으나, 사실 필연적인 끌림의 귀결로 이루어진 획기적인 '발견'이라 말하고 싶다.

구약성경에서는 하느님이 창조한 첫 인간─아담, 남성으로 그려짐─의 상황에 대하여 "사람이 혼자 있는 것이 좋지 않으니, 그에게 알맞은 협력자를 만들어 주겠다(창세 2,18)"하며 여성의 창조를 묘사하고 있다. 이때 영어로는 "I'll make him a _helper_ as his _partner_."로 번역된다.

여기서 partner로 초대받은 여성의 위치는 남성 Adam의 협력자, 곧

5　아래 내용 참조: 신용문, 앞의 책, pp.172-174.

servant(종, 하인)이 아닌, 인격적으로 동등하며 평등한 관계의 동반자의 위치를 부여해 주고 있는 것이다.

partner를 이렇게 설명해 보자.

'partner' = 'part' + '너'(한글)

사랑하는 사람을 만나는 것은 곧 나의 부분(part)을 상대인 '너'에게 내어 주고 공유하는 것을 필요충분조건으로 한다. 사랑은 개인 자신만의 소유화하는 것이 아니라 '함께함'이 본질이기 때문이다. 그러면 어떤 부분을 어떻게 내어 줄 때, 사랑은 더욱 깊어지는가.

이어지는 성경의 부문을 보면,

"그래서 주 하느님께서는 사람 위로 깊은 잠이 쏟아지게 하시어 그를 잠들게 하신 다음, 그의 갈빗대 하나를 빼내시고 그 자리를 살로 메우셨다. 주 하느님께서 사람에게서 빼내신 갈빗대로 여자를 지으시고, 그를 사람에게 데려오시자 …"(창세 2,21-22)라고 기록되어 있다.

여기서 주목되는 단어는 바로 '갈빗대'이다. 이는 남성의 어느 신체 일부분으로 여성이 창조되었으므로, 여성이 하위적·부수적 존재라는 의미가 전혀 아니다.[6] 오히려 갈빗대가 지닌 상징성에 주목해야 하겠다.

이해를 돕기 위해, 먼저 갈비뼈에 대한 의학적 설명을 덧붙인다.

갈빗대는 먼저,

·심장과 폐, 곧 순환기계와 호흡기계를 감싸고 있다. 다시 말해 사람의 생명유지에 중추적인 장기를 보호하는 역할을 수행한다.[7]

---

[6] 성 아우구스티누스 주교(A.D. 354-430)도 이에 대하여 '여성이 남성보다 훨씬 우월하다면 남성의 머리뼈로 창조하셨을 것이고, 여성이 남성에 훨씬 미치지 못한다면 남성의 발가락뼈로 만드셨을 것이다. 그러므로 갈빗대를 뽑아 만드셨다는 뜻은 하느님의 숨결을 함께 나누어 가진 존재를 허락해 주신 것이다'란 의미 있는 여담을 남기기도 했다.

[7] 갈비뼈 및 그 앞뒤에 있는 복장뼈와 등 척추는 가슴에 있는 심장과 허파, 배에 있는 간과 위 등의 생명유지 기관을 보호하는 역할을 담당한다(스티브 파커, 로버트 윈스턴, 『인체』, 박경

· 이 역할을 수행하기 위해 어느 뼈보다 잘 부서진다.

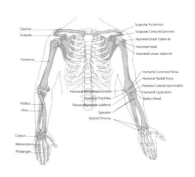

만일 갈비뼈가 부스러지지 않으면, 외부의 충격이 내부의 장기로 전달되어 장기 파열로 이어지고, 생명의 위협을 받게 된다. 교통사고 시에도 외상이 있을 경우 오히려 더 안전할 가능성이 높은 것도 같은 이유이다.

· 또 잘 아문다.

갈비뼈가 손상되었을 때, 깁스 형태의 치료가 불가하다. 적절한 휴식과 안정 기간(대개 4~6주)을 가지며 접합이 이루어지도록 기다리는 것이 좋다. 이 역시 생명의 주요 부분을 보호하도록 기막히게 설계된 인체의 신비 아니겠는가.

요컨대 갈빗대를 빼내어 창조했다 함은 생명의 가장 소중한 부분을 감쌀 존재로 서로를 만났음이요, 영혼의 호흡을 나눌 동등하고 아름답게 창조된 존재임을 상기하도록 한다.

이에 아담은 자신의 눈앞에 나타난 하와를 향하여 "이야말로 내 뼈에서 나온 뼈요, 내 살에서 나온 살이로구나!(창세 2,23ㄱ) 하며 최고의 찬사와 감탄을 발한다.

이처럼 하느님께로부터 창조된 거룩하고도 아름다움 사랑의 관계적 본질을 가리켜 고(故) 요한 바오로 2세 전(前) 교황은 "첫 번째 황홀한 결혼식"이라 명명한 바 있다.

한·윤호·김이석·김명남·권기호 역, 사이언스북스, 2010, p.44).

3. 이성(理性)에 대한 가톨릭적 시선

'남녀로서의 인간'은 영적, 이성적 측면 전반에 모든 피조물들의 정점에 서 있다. 또한 남녀는 동등하게 하느님을 닮고 하느님과 동등한 관계성을 가지고 있음으로 하여 하느님과의 관계적 뿌리 가운데 서로가 동등한 존엄성으로 불림 받았음을 기억해야 한다.

물론 남녀 간의―신체적(생리학적)·정서적·심리적·영적 성장 등―구조적이거나 성장 과정에 있어서 차이는 있을지언정 그것은 차별이 아닌 구별의 의미로서이다. 이 구별되는 고유한 방법으로 인간 존재의 충만함이 표현된다.

이 충만함은 나아가 인간 남자, 인간 여자만이 아니라 모든 인간이 다른 인간과의 관계성 안에 서로에게서 하느님의 모상성을 발견하는 데 이른다. 이런 관점은 아래의 교황 요한 바오로 2세의 사도적 서한 "여성의 존엄(Mulieris Dignitatem)"에서 풍부하고 명확하게 드러난다.

"남녀로 창조된 인간이 소유한 하느님의 모상과 닮음(창조주와 피조물 사이의 관계를 비유적으로 추정함)은 따라서 공통된 인간성 안에서의 '둘의 일체성'도 표현한다. 인격 상호 간의 통교의 표지인 이 '둘의 일체성'은 인간의 창조가 신적 통교(communio)를 닮고 있다는 표시이기도 하다. 이 닮음은 남녀의 인격적 특성이요, 동시에 소명과 책임이기도 하다. 인간 정신의 기초는 인간이 처음부터 타고난 하느님의 모상과 닮음 안에 뿌리를 내리고 있다. 신구약 성경 둘 다 이 '정신'을 발전시킨 것인데, '사랑의 계명'이 바로 이 발전 과정의 정점이라고 할 수 있다. '둘의 합일체' 안에서의 남자와 여자는 처음서부터 서로 '곁에서', 또는 '더불어' 살도록 불릴 뿐만 아니라 상호 간에 '상대방을 위하여' 살도록 불린다"(7항).

디딤돌 둘	My Love

— 사랑에 대한 나의 정의(definition)

· 사랑은 (   )이다.

· Why?

— 내가 꿈꾸는 사랑?

— 나의 이상형은?

— 나는 어떤 사랑이고 싶은가?

4. 사랑과 성에 대한 철학적 접근

4-1 사랑에 대한 철학적 접근

파라켈수스(Paracelsus)[8]는 "아무것도 모르는 자는 아무것도 사랑하지 못한다. 아무 일도 할 수 없는 자는 아무것도 이해하지 못한다. 아무것도 이해하지 못하는 자는 무가치하다. 그러나 이해하는 자는 또한 사랑하고 주목하고 파악한다. … 한 사물에 대한 고유한 지식이 많으면 많을수록 사랑은 더욱 위대해진다"[9]고 표현한 바 있다.

'앎' 자체가 사랑을 담보하는 것은 아니다. 그러나 사랑하면 할수록 오히려 더욱 이해하고 알게 되는 것이 많아지고 보이는 것도 늘어난다. 동

---

8   독일 태생 스위스의 의사, 연금술사(1493~1541). 의학에서 화학의 역할을 확립하고, 『대외과서(Die grosse Wundartzney)』(1536)를 출판하였다.

9   참조: 김진, 『철학의 현실문제들』, 철학과현실사, 2007, p.29.

시에 그 앎과 보이는 것은 사랑으로 채색될 때 더욱 깊어지고 명료해진
다. 단지 아는 것이 아니라 '이해하는' 것이다.

$$understand = under + stand$$

내가 가진 지식으로 우위에 섬이 아니라 사랑하는 이보다 낮은 곳에 서
야만 가슴으로 받아들일 수 있는 것. 그것은 대외적, 객관적, 사전적 지식
이 아니라, 나만이 아는 '고유한' 지식은 교감(交感)을 통해서만 주어지는
관계적 축복의 산물이다.

여기서 철학자들의 견해를 통해 사랑에 대한 의미를 확장하여 보자.

■ 플라톤의 에로스(Eros): 「심포지온」 (부제: 사랑에 대하여)

「향연」이나 「잔치」로 번역되는 이 책의 대화편은 부제처럼 사랑을 주제
로 다룬다. 특히 사랑의 신 에로스에 대한 담론 가운데서 사랑의 의미를
추적해 볼 만하다.

파이드로스(Phaidros)는 에로스가 신들 가운데 가장 위대하고 오래된 존
재로서 인간으로 하여금 가장 아름답고 훌륭하게 살 수 있도록 지도하고
배려해 주는 신이라 극찬하였다. 이에 대하여 파우사니아스(Pausanias)는
에로스가 무차별적으로 아름다운 것이 아니라, 천상과 지상의 에로스는
구분되어야 하며 세속적인 욕정으로서가 아니라 아름답게 사랑하는 것일
때 에로스 역시 아름다운 것, 곧 어떤 성적 행위 자체가 아니라 그 행위에
깃들인 마음의 동기에 의해 미추가 결정된다고 보았다. 그리고 이때 천상
적 사랑만이 덕과 지혜를 향한다고 강조하였다.[10]

---

10 참조: 김진, 위의 책, pp.32-33.

■ 자기의 한 부분을 찾으려는 열정적 노력(Aristophanes)

아리스토파네스는 에로스를 인간의 원초적인 본성에 대한 신화를 바탕으로 설명하였다. 그에 의하면 원초적 상태의 인간은 세 가지 성(性), 곧 남성(아네르: 태양의 자손), 여성(구네: 땅의 자손), 혼성(anthrogunos: 달의 자손)을 가지고 있었는데, 당시 사람들은 등과 옆구리를 온몸에 두른 둥근 모습이었으며 하나의 머리, 같은 얼굴 앞뒤로 둘, 귀가 넷, 사지가 각각 넷, 두 개의 성기가 있었다. 신(神)은 엄청난 힘을 가진 이런 인간이 신에게 대항하는 것을 폐하려 인간 존재를 절반으로 갈라 힘이 약화되었으니 이로써 살아남은 반쪽은 다른 반쪽을 찾는 비참한 운명이 되었다. 이로써 인간은 지금도 잃어버린 자신의 반쪽을 찾으려 열정정적으로 되었다 한다.[11]

■ 최상의 신 Eros(Agaton)/철학적 정신으로서의 Eros(Socrates)

아가톤이 에로스가 신 중에서 가장 젊고 아름다우며 행복한 신이라 적극적이고 긍정적으로만 해석하고 주장한데 대하여, 소크라테스는 에로스를 '어떤 것을 바라고 욕구하는 자에게 부족하고 결핍된 것에 대한 사랑'이라 정의하였다. 곧 지혜와 무지의 중간에 위치한 사람이 지혜를 사랑하고 갈망하는 것이며, 나아가 죽음에 이르는 인간으로서 덕과 명성을 통하여 영원한 삶에 참여하고자 하는 갈망이라고 보았다.[12]

■ 사랑의 변증법(Hegel)

헤겔은 자신의 철학의 방법론적인 뼈대가 되는 '변증법'[13]을 '사랑'의 개

---

11 참조: 김진, 위의 책, pp.33-34.
12 참조: 김진, 위의 책, pp.35-37.
13 변증법(辯證法, διαλεκτική)은 정명제와 반명제를 사용하여 모순되는 이들 주장의 합명제를 찾거나 최소한 대화가 지향하는 방향의 질적 변화를 일구어 내는 논법이다. 동일률을 근본원

넘 속에서 포착하였다.

사랑이 시작되어 기능하기 위해서는 먼저 사랑하는 사람[자기 자신에 대한 존재 긍정이 필수 요소: 정(正)]과 사랑하는 대상[사랑하는 사람을 위하여 자신을 망각, 희생함: 반(反)]이 동시에 성립되어야 하는데, 이 관계를 종교와 동일한 것으로 이해하면서 '사랑'을 곧 '화해(Versöhnung)'로 이해하였다.

여기서 사랑은 살아 있는 것과의 관계 속에 서로의 객체성과 대립을 극복하고 하나로 나아가는 것이며, 따라서 사랑하는 사람은 그가 사랑을 위하여 헌신하는 다른 존재를 통하여 자기를 부정하고 제한하는 방식으로 사랑하게 되는 것이라 보았다.

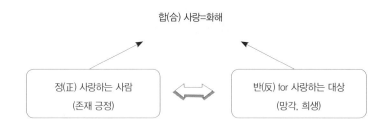

합(合) 사랑=화해

정(正) 사랑하는 사람
(존재 긍정)

반(反) for 사랑하는 대상
(망각, 희생)

■ 사랑의 존재론(Erich Fromm): 「사랑의 기술(The Art of Love)」

프롬은 사랑만이 존재론적 분리에서 기인하는 갈증을 해소할 수 있다고 보았다. 그에 의하면 도취적인 황홀 상태는 단지 일시적인 갈증을 해소하는 것에 불과하며 참 사랑은 인격과 개성을 유지하면서 다른 사람과 하나가 되는 사랑, 곧 합일(合一)을 추구하는 것이다. 여기서 사랑은 본질적으로 주는 것(giving)이며, 그 내용은 지속적인 보호(care), 책임

리로 하는 형식논리에 대하여, 대립 또는 모순을 근본원리로 하여 사물의 운동을 설명하려고 하는 논법.

(responsibility), 존경심(respect), 지식(knowledge)을 요구한다.

4-2 성(性)에 대한 철학적 접근

사랑에 대한 개념은 위의 철학적으로 정리된 것을 넘어 인간의 심리학적,[14] 사회적,[15] 영적 차원[16] 등 다양한 측면에서의 시선을 수반한다.

그러나 통상적인 사랑의 개념에 접근할 때, 분명 '성적 지향(sexual orientation)'과의 관련성을 염두에 두며 배제할 수 없는 것이 일반적일 것이다. 여기서 '성적 지향'이란 '어떤 사람이 다른 사람에게 낭만적·정서적·성적으로 끌리는 성향'으로서 한 사람의 성 정체성(sexuality)과 성적 관심의 방향까지 지칭[17]한다. 후차적으로 제기할 문제이나 이 성적 지향의 방향성이 반대 성(일반적으로 여겨지는 이성애), 성적 소수자의 경향성으로 대두되고 있는 동성애나 양성애, 어느 쪽도 향하지 않는 무성애 등 여느 시대보다 다양한 형태로 표면화되고 이슈로 부각되고 있는 것이 현실이다.

이 가운데 성(性)에 대한 나름의 이해의 기반을 다지기 위해 철학적 견

---

14 예를 들어 사랑을 구성하는 정서적 요소(친밀감, 열정, 헌신)를 근간으로 그 조합된 성격에 따라 8가지 유형(좋아함, 동반적 사랑, 공허한 사랑, 얼빠진 사랑, 도취성 사랑, 낭만적 사랑, 성숙한 사랑, 비사랑)으로 나눈다(Sternsberg)(참조: 로버트 스턴버그, 『사랑의 기술』, 류소 역, 사군자, 2002).

15 John Lee는 사랑을 1차 유형[eros(육체적, 낭만적, 열정적 사랑), ludus(유희적 사랑), storge(동료적 사랑)]과 2차 유형[mania(소유적 사랑), pragma(논리적 사랑), agape(헌신적 사랑)]으로, 개인과 사회의 관계적 차원에서의 사랑의 관점을 제시하기도 하였다[참조: J. A. Lee(1977), A typology of styles of love, *Personality and Social Psycology Bulletin,* 3, pp.173-182; 신용문, 앞의 책, pp.175-176].

16 절대자와의 관련성, 하느님 말씀이며 인간과의 통교를 드러낸 성경(聖經), 성전(聖傳)을 비롯하여 하느님께 대한 영적 사랑에 관한 거룩한 독서, 성인의 생애 등 교회의 자산들은 영적 사랑과 불가분의 관련성이 있다.

17 참조: 레오 보만스, 『사랑에 대한 모든 것』, 민영진 역, 흐름출판, 2014, p.250.

해들에 다가서 보자.

■ 정신분석과 철학: 프로이트(Freud)

프로이트는 정신분석학적 견지에서 인간의 심리와 반응 기재들을 정리하는 데 일조하였다. 무엇보다 그는 인간의 정신적 기재를 성(性)과의 깊은 관련성 속에서 보았다는 점이 특별하다. 이 같은 차원에서도 그의 분석학은 물론 현대의 많은 비판에도 직면한 바 있고, 인간을 전인적(holistic)이며 영적인 시각에서 보고자 하는 필자의 견해와는 상이한 측면이 다수 존재하는 것이 사실이다.

• 꿈의 해석

그는 저서 『꿈의 해석』에서 '이가 빠지는 꿈'을 거세에 대한 공포로 해석하였다. 그에 의하면 잠은 원초적인 출생 전의 고향, 모태 속으로 복귀하는 것을 뜻하는데, 이때 인간이 본능이나 잠재의식에서 비롯된 무의식적 갈등이나 자극이 꿈으로 표출된다고 보았다. 여기서 압축되어 나타나는 '드러난 꿈의 내용'과 후회적으로 표현되는 '꿈속에 잠재되어 있는 사상[이를 '전위'(轉位, Verschiebung)라 칭함]'을 분석하면, 특별히 무의식적인 성적 충동과 콤플렉스를 파악하게 되고, 따라서 꿈속의 모든 사건과 요소를 성적 본능(출생, 성적 행위) 등으로 환원할 수 있다고 주장했다.[18]

• 성적 본능과 자아

그에 따르면, 원초적 인간에게 성행위와 노동은 똑같은 쾌락을 가져다주었다고 한다. 그런데 세련된 문화가 발달하면서 성적 관심과 성적 본능

---

18   참조: 김진, 앞의 책, pp.69-74.

의 힘(Libido)이 노동으로 대체되고 억압되는 과정을 거치면서 잠재의식에 갇혀 버렸다. 이에 성적 에너지가 왜곡된 모습으로 꿈에 표출되는 것으로 파악했다.

- 인간의식의 3중 구조

프로이트에 의하면 인간의 의식은 3중 구조를 이루고 있다. 우측 그림에서와 같이 빙산의 일각(一角)처럼 극히 일부로서 드러나는 것이 의식적(conscious) 작용이라면, 실제적으로 영향을 미치는

무의식(preconscious)의 부분은 그보다 훨씬 큰 하부를 구성하고 있음을 보여 준다.

하부의 무의식 구조를 분석해 보면 가장 하부의 큰 체적을 차지하는 id, 경계선상의 ego, 하부 중 id와 ego의 상부를 구성하는 superego로 구성되어 있다.

먼저 Id(원초아)는 잠재의식을 이루는 원초적 본능으로서 철저한 자족주의만을 추구하는 1차적 과정을 지닌다. Ego[자아(自我)]는 자기 보존과 안전을 위한 심리적 현상과 실제적 현실을 구분(2차적 과정)하려고 시도하면서, 본능적 욕구를 억압하고 동시에 현실의 원칙에 충실하여 쾌락을 통제하고 지연하는 역할을 한다. 이 같은 통제 역할을 담당하는 것은 Superego[초자아(超自我)]로서, 사회규범과 행동 기준을 내면화하여 총체적으로 억압하고 규제하는 역할을 담당[19]한다.

19　참조: 신한석, "정신분석에서 무의식의 개념: 프로이트와 라캉", 한신대학교 정신분석대학원, 2015, pp.7-16.

- 리비도(libido)의 발달

누구나 자기 자신을 잘 통제하는 것을 성숙한 인격으로 여기는 자기 통제나 사회적 관계 안에서의 삶의 자리에 대한 인식으로 인해, 깊은 곳의 성적 본능이 있다 하더라도 부정하거나 혹은 고스란히 드러내고 싶지는 않을 것이다. 이처럼 개인의 하부적 성적 본능인 리비도는 자아에 의해 통제를 받으며 한정적으로 표출된다.

인간에게 있는 본능을 대별하면 삶의 본능(프로이트는 이를 번식을 목적으로 하며 리비도 또는 에로스에 의해 특징적으로 드러난다고 파악했다)과 죽음의 본능[공격성, 잔인성 그리고 자살이나 살인 등의 파괴적 본능인 타나토스(thanatos)]으로 나눌 수 있는데, 결국 이 본능은 일정한 억압으로부터 자유와 해방을 끊임없이 추구하려는 욕구[20]라 볼 수 있다.

프로이트는 그 가운데 리비도 발단 단계를 다음의 4단계로 제시하였다.

· 구강기(생후 1년 이하 유아기): 입술과 혀를 통해 최초로 쾌감을 충족하는 시기를 일컫는다. 이때 과도한 자극이 주어질 경우 지나치게 의존적이거나 혹은 낙천적인 성격을 갖게 될 가능성이 반대로 부족할 경우는 비판적이거나 반항적인 성격 혹은 정서적으로 불안한 사람으로 성장하게 된다.

· 항문기(생후 1년 이상~2년 이하): 이 시기에 얻는 배설의 쾌감은 즉각적 배설에 대한 id의 요구와 부모의 통제로 배설 욕구를 조절하게 되는 사회성 훈련이 조화를 이루어야 하는데, 지나친 통제는 고집이 세고 인색한 사람이 되게 한다.

· 성기기(생후 4~5세): 성적 쾌감과 함께 자신의 출생과 성에 대한 질문을

---

20   참조: 김진, 앞의 책, pp.78-79.

갖게 되는 시기로서, 어린아이들이 이성의 부모를 독점하기 위하여 동성의 부모를 적대시하고 경쟁 관계에서 두려움(거세 공포)을 느끼는 잠재의식의 상태, 곧 '외디푸스적 갈등'을 경험하는 시기이다.

· 잠재기(6~7세): 수면상태에 이르면서 성적 관심이 지적 관심이나 운동, 우정 등으로 대체, 승화되는 현상을 보여 준다. 그러나 사춘기에 들어서면서 생식기 등 신체적 변화와 더불어 성적 본능을 이해하고 욕구의 분출을 자제하는 법을 배운다.

이상에서와 같이 프로이트는 인간의 모든 행위가 성적 본능에 필연적으로 지배되는 것처럼 설명하였는데, 이처럼 은폐된 본능적인 힘이나 공격성에 의한 결정 사실을 지나치게 강조하여, 결국 인간의 도덕적 결단이 무의미해질 것ー곧 숙명론과 염세주의의 가능성ー이라는 비판이 제기되었다.

■ 프로이트 좌파의 억압 이론: 라이히(Reich), 마르쿠제(Marcuse)

위와 같은 비판과 달리, 프로이트 학설을 마르크시즘 입장에서 해석했던 두 학자는 그의 억압 이론을 사회적으로 해석하려는 움직임을 보였다.

라이히는 현대 자본주의가 성적인 억압을 촉진하고 세련화하고 있다고 생각하였기에 계급투쟁을 통해 성 해방을 해야 한다고 주창하였으며, 마르쿠제는 프로이트 억압 이론의 정당성을 강조하면서 성욕의 억압이 전체 억압적 질서 유지에 기여한다는 입장을 견지했다. 그는 프로이트 정신분석학에 감추어진 문명 비판과 해방적 메시지를 발굴하여 노력하면서 억압은 정당하나 역사 속에서 필요 이상의 억압이 가해졌다는 사실을 동시에 지적하기도 했다.[21]

---

21 참조: 김진, 앞의 책, pp.81-84.

현대 포스트모더니즘(postmodernism)의 대표적인 철학자 푸코는 상기한 프로이트 계열의 철학을 비판하면서, 근대사회는 성에 대해 밀폐시킨 것이 아니라 오히려 내밀한 곳에 숨겨 둔 채로 무한적으로 다루고 있으며 이는 정치권력에 의해 보호된다고 강조했다. 그는 성에 대한 억압은 성에 대한 죄악시가 아니라 성에 대한 본질적 이해 차원으로 간주하였다.[22]

■ 자크 라캉(Jacques Lacan)의 거울단계론과 탈주체적 주체

'거울단계'란 생후 6~18개월 사이 어린아이가 거울 속의 자기 모습을 거울 앞의 자신과 구별하지 못하고 동일시하는 현상을 가리킨다. 곧 의식이라는 거울에 비친 나를 보면서 자기 자신과 동일시하게 되면 전체로서의 나를 간과하게 될 위험이 있다(쉽게 말하면 내가 나 자신에 대해 생각하고 바라보는 것이 나의 모든 모습이라 여기면 실제 나를 보지 못한다는 의미로 보면 된다. 내가 나 자신에 대해 얼마나 알까? 그래서 소크라테스의 명언이 다시금 와닿지 않는가! "너 자신을 알라! 너 자신을 모른다는 것을 아는 것이 진짜로 아는 것이다!"). 결국 '바라보는' 나의 존재와 더불어 타자에게 '보이는' 내가 동시에 존재하는데, 이 사실을 모를 때 주체는 왜곡되고 나아가 자기 자신과 상대방으로부터 소외와 단절을 경험하게 된다[23]는 것이다.

라캉의 시선에서, 나는 나 자신에 대한 욕구에 대해 인정하고 '있는 그대로'의 모습을 대면할 줄 알아야 하며 타인의 시선으로부터 자유로워지지 못할 때 왜곡된 정서와 인격 형성에 이를 수 있음을 경계하게 된다.

---

22 참조: 김진, 앞의 책, p.86.
23 참조: 김진, 앞의 책, pp.89-90.

5. 성(性)에 대한 담론 — 진정한 성평등 사회를 지향하며

사랑과 성에 관한 이론적 지평을 마음의 저변에 간직하며, 이제 보다 실제적이며 현실적인 상황 속으로 시선을 주목하여 보자.

5-1 사회 짚어 보기 — 성(性) 인식(認識) 변화와 평등성의 대두

상기한 철학의 흐름 속에서 다수의 철학자들은 성적 지향과 욕구의 억압과 해방에 초점을 맞추어 현재의 상황을 분석하는 경향을 갖고 있음을 보았다. 그러나 다분히 철학적 패러다임만이 아니라 우리가 디디고 있는 현실 속에서 실감할 수 있는 성 인식과 문화에 대한 변화—여성의 목소리 향상, 성적 소수자에 대한 인식 전환 등—를 자주 체험한다.

■ 알파걸(α-girl) 신드롬 + 걸크러시(girl crush)

- 댄 킨들런의 알파걸 선정 기준
① 학교 성적이 우수할 것(B+ 이상)
② 리더 경험이 있을 것
③ 성취욕구가 높을 것
④ 신뢰도가 높을 것
⑤ 봉사 및 여가 활동을 활발히 할 것

소위 '알파걸'이란 학업 성적, 사회적인 인간관계, 리더십 등 전 영역에서 남성보다 탁월한 능력을 발휘하는 여성의 성장을 통칭하는 문화적 용어이다. 심지어 근래에는 '걸 크러시(girl + crush: 여성을 의미하는 'girl'과 '눌러서 뭉개다, 짓밟다, 분쇄하다' 등의 의미를 담은 'crush'를 합성하여 만든 신조어)'라는 용어가, 사회 내의 여성의 주도적 역할을 설명하거나 '센 언니'로 대변되는 성(性)의 인식 내지 사회문화적인 변화의 양상을 알리며 미디어에 다분히 등장하고 있다.

■ 호주제의 실시

2005년 3월 2일, 2003년 발의된 호주제 폐지를 골자로 한 민법 개정안이
통과되고 2008년 1월에 시행되면서 호주제에 기초한 공문서(호적 등)가 가
족 관계 등록부로 대체되었다. 그 결과 개인별로 가족 관계 등록부가 편제
되어 목적에 맞는 필요한 정보가 담긴 증명서를 발급받게 됨에 따라 개인
정보 보호가 강화되었다. 또한 호주가 사라지고 혼인 신고 시 부부간의 협
의를 통해 어머니의 성도 따를 수 있게 하여 양성평등에 한걸음 다가서는
계기를 마련한 것으로 평가된다. 그리고 법원의 허가를 받아 자녀의 성과
본을 변경할 수 있게 되었으며, 친양자 제도를 통해 기존의 입양과는 달리
친생자 관계도 인정받을 수 있게 되었다.[24]

이로써 가정 내에서의 여성의 불평등한 피해를 없애고, 가족관계 재구
성에 있어서 발생하는 자녀 양육 등과 결부된 문제를 해결하게 되는 등 환
영받을 조치로 여겨졌으며, 시대에 따라 변화된 가정 문제의 인식을 보여
주는 예라고 할 수 있겠다.

---

24 참조:『한국민족문화대백과사전』, '호주제폐지' 항.

■ 성적 소수자에 대한 인식 전환

보수적인 우리나라에서 거의 공식적으로는 금기시하였던 성 담론이 불거지기 시작한 것은 미디어를 통해 성 정체성에 대한 의문이 서서히 표면화되었던 시점과도 맞물린다. 당시는 소위 '커밍아웃'을 통해 벽장 밖으로 등장하기 시작한 새로운—이전부터 늘 곁에서 존재해 왔음에도 불구하고 이성애자 중심의 사회에서 새로운 것으로 부각된—형태의 사랑과 그 주체에 대한 대응 방식이 아직은 정립되지 않은 때였다. 방송에 출연한 모 연예인은 그로 인해 방송가에서의 퇴출이 이어졌고, 과연 그것은 인권과 개인의 인격에 대한 정당한 반응인가 하는 문제가 고개를 드는 계기가 되었다.

그러나 어느덧 그런 고민들은 대중들에게 하나의 충격이라기보다 인간의 한 부분으로 편입되는 데 거부감을 갖지 않게 되었고, 오히려 성적 소수자들에 대한 편견이나 선입견을 가지는 것에 대해 보수적이거나 불균형적이며 배타적인 사고에 천착하는 것으로 평가받는 사회가 되어 가고 있다.

한국 사회에서 동성애자에 대한 관용과 동성결혼 지지는 늘어난 것으로 나타났다. 먼저 동성애자에 대해 거부감이 없다고 답한 비율은 2010년 15.8%에서 2014년 23.7%로 증가했다. 큰 폭은 아니지만, 동성애자에 대한 관용이 늘어나는 추세다. 동성 간 결혼을 합법화해야 한다는 주장 역시 늘어난 것으로 나타났다. 2010년 16.9%였던 동성결혼 지지가 2014년 28.5%로 증가했다. 2014년 12월 성소수자 전반에 대한 인식을 조사한 결과에서도 위와 동일한 경향이 발견되었다. 레즈비언, 게이, 양성애자, 트랜스젠더(LGBT)를 포괄한 성소수자에 거부감이 없다고 답한 비율이 32.8%로 나타났다.[25]

---

25 아산정책연구원, "한국 유권자와 이슈 III: 성소수자(LGBT) 인식",『이슈브리프』, 2015.

퀴어 영화제가 이전처럼 낯설거나 거부감 없는 행사로 받아들여지고, 대학가에서는 성적 소수자 동아리가 결성되거나 인쇄(버디, 친구사이 등) 혹은 온라인 매체로도 홍보를 하기도 한다. 심지어 공중파 방송의 드라마나 영화(〈인생은 아름다워〉, 〈로드무비〉, 〈쌍화점〉 등)에도 동성 간의 사랑과 성 정체성을 직설적인 화법으로 전달할 정도가 되었다.

실제로 '성 정체성'에 관한 이해도 '한 사람의 정체성을 구성하는 여러 요소 가운데 하나로, 어느 특정한 시기에 확정되어 죽을 때까지 고정 불변하는 것이 아니라 평생 형성되는 것으로 볼 수 있다'[26]며 불안정한 개념으로 파악하는 것도 실로 달라진 문화의 모습을 전달해 준다 하겠다.

■ 성불평등의 기원 — Sex or Gender

성(性)에 대한 차별과 불평등 이전에 성을 바라볼 때 사용하는 용어의 정립부터 필요하다. 일반적으로 성에 관해서는 'sex'의 차원에서 겉핥기식 이래로 넘어가는 경우가 많다. 성의 참된 의미를 이해하기 위해서는 남성과 여성의 '생물학적 차이'에 근거한 성 개념인 sex가 아니라, 남녀의 '사회적 관계'에 초점을 맞춘 성 개념인 Gender라는 차원에서 접근해야 할 필요가 있다. 통념적으로 '남성성' 하면 '공격적이다, 독립적이며, 야심적이다, 강하다, 차갑다, 둔감하다(?)' 등의 개념을, '여성성'에는 '소극적이다, 수동적이다, 의존적이다, 민감하다, 관계 지향적이다, 따뜻하다, 얌전하다, 돌보기를 잘한다(?)' 등의 고정적인 관념에 아마 동화되어 있을지도 모른다. 분명 사람의 성향은 개별성을 지닌 것이며 개인성의 차이로 드러나는 것임에도 이미 성 관념에 대해 편협한 시각을 갖고 있는 사례가 참으로 많다.

---

26   참조: (사)한국성폭력상담소 기획·변혜정 엮음,『섹슈얼리티 강의, 두 번째』, 동녘, 2010, p.268.

이러한 선입견들이 차별과 억압의 메커니즘을 형성하는 바탕이 되지 않겠는가! 그러므로 사회적, 심리적, 문화적 영향하에서 보다 본질적인 탐구가 반드시 선행되어야 할 것이다.

5-2 왜곡된 성 — 성 정체성 철학을 상실한 예 1

■ 성문화(sexual culture) 형성의 주체는 누구인가?

바람직한 성문화의 개념을 잡아 주는 역할은 누구의 것인가? 실로 성에 대한 통제와 조작은 정치, 사회, 경제의 흐름에 따른 지배력의 영향과 밀접한 관련성이 있었다. 국민들과의 소통과 민주화를 부르짖던 국민의 목마름과 달리, 소위 '3S', 곧 'Sports,[27] Sex, Screen'으로 대중의 시선을 분산하려는 시도가 팽배해졌고 문화 전반에 그런 영향이 자연스럽게 맞물려 부응하였다. 또한 제2의 권력이라 칭하는 미디어에 의하여 연예인들의 혼전임신 보도를 통해 '책임만 지면 된다!'는 차원의 남녀 관계 인식, 낙태, 동성애 등 다양한 성 정보가 방출됨으로써 심지어는 왜곡된 성 정보를 양산하거나 아직 성숙되지 못한 성 인식에 기름을 붓는 격이 되기도 한다.

■ 극단적 여성상 — 이중적 성규범

개방되어 가는 성문화와 반대급부로 특히 우리나라에서는 여성에 대한 도덕적 관념은 그 엄격성에 이중적인 경향을 갖는다. 곧 여성들에게 '순결'의 이념을 중시하며 처녀성을 지닌 여성을 높이 평가하는 '순결한 마리아상(像)'을 요구하면서, 성폭행이나 추행 등 본의 아닌 피해에 노출된 여성에 대하여는 율법을 어긴 '막달라 여자 마리아'에게 법의 잣대로만 다가서듯 가부장적 문화가 아직은 지배하고 있다는 인상을 지우기 어렵다.

---

27 1982년 한국 프로야구가 출범한 것도 동일선상에서 이해된다.

또한 가부장적 문화의 그늘 아래서 여성의 성적 자율권과 박탈권이 마치 타자에게 맡겨진 것처럼, 가정폭력은 가정 내에서 해결되어야 한다는 편협한 인식, 화간과 강간의 구별성에서 여성의 입장이 남성 편에서 해석되는 등 다양한 부문에서 여성상의 왜곡이 드러나고 있는 것은 간과할 수 없는 점이다.

■ 성매매

2004년 9월 23일, 성매매 알선 등 행위에 대한 처벌에 관한 법률과 성매매 방지 특별법이 제정되었다. 그러나 이 같은 법률의 제정보다도 사실은 그 시행 과정이 더욱더 세밀하고 섬세한 지원이 필요한 법이다.

또한 성매매 당사자에 대한 인식도 '사는 남성'은 '정상적 남성성'으로, '파는 여성'을 '정상적 여성성으로부터의 추방'으로 받아들이는 비대칭적인 기반의 이해[28]로 제정된 법률은 무의미한 탁상공론에 불과할 것이다.

이에 몸에 대한 통제권을 상실하고 인격적 대면보다는 무력한 희생을 강요당하거나 심지어 질병에 노출되는 등 성산업의 비합리적인 먹이사슬 구조 내에서 소외되는 여성에 대한 새로운 인식의 전환과 사회적 안전망이 실천적으로 구축되어야 한다.

■ 포르노그라피(pornography)[29] – 자본주의의 문화산업(?)

포르노 산업의 가장 큰 문제는 여성의 몸과 정신에 대한 조직화된 파괴

---

28 참조: (사)한국성폭력상담소 기획·변혜정 엮음, 위의 책, p.199.
29 이는 그리스어로 'pornoi(창녀)'와 'graphos(문서)'의 합성어로, 인간의 육체 또는 성행위를 노골적으로 묘사하거나 서술하여 성적인 자극과 만족을 위해 이용되는 표현물이라는 정의가 일반적이다(참조: F. M. Christensen(1990), *Pornography-The Other Side*, New York: Prager).

행위로서의 성격이 강하고 강간·구타·근친상간·성매매 등이 비윤리적으로 묘사되어 결국 여성-남성의 정상적인 성 이해를 왜곡하고 비인간화를 초래한다는 점이다.

이는 여성에게 선포하는 전쟁이며 인간의 존엄이나 자아, 인간적 가치에 대한 끝없는 공격이라 해도 과언이 아니다.

■ 성폭력(sexual violence)과 성희롱

성폭력은 상대방의 동의 없이 강제적으로 성적인 언동을 하거나 성행위를 하도록 강요하거나 위압하는 행위를 일컫는다. 정제되지 않은 성적 의미가 포함된 언어나 부적절한 행위의 판별 기준은 그 행위의 피해자가 느끼는 수치심에 있다는 측면을 새롭게 부각하면서, 양성평등과 성희롱 예방 교육이 각 일자리나 교육 현장에 이루어지고 있는 것은 비록 그 시작이 빠른 것은 아니나 바람직한 흐름이라 여겨진다.

성폭력 피해 · 가해 · 목격 유형

피해 유형	피해자		가해자		목격자	
	빈도(건)	백분율(%)	빈도(건)	백분율(%)	빈도(건)	백분율(%)
키스	16	9.4	4	5.2	29	7.3
포옹	70	41.2	37	48.1	77	20.6
가슴, 엉덩이 등 신체 만지기	57	33.5	24	31.2	93	24.9
성기만지기	22	12.9	9	11.7	84	22.5
성기 삽입(시도)	2	1.2	1	1.3	19	5.1
자위 행위 강요	1	0.6	2	2.6	24	6.4
성기 등 신체 애무 강요	2	1.2	0	0	44	11.8
계	170	100.0	77	100	373	100.0

※출처: 국가인권위원회(2004), 「군대 내 성폭력 실태 조사」

6. 가정의 의미와 의무

　　　　　　　　성과 사랑에 대한 인식의 변화는 가정의 형성과
가정생활에도 영향을 미친다. 반대로 인간 삶의 모체이며 요람인 가정에
서부터 모든 문제의 시발점이 있다고 보는 것 또한 더욱 타당하다.

6-1 가정

■ 절대적 생활공동체

가정은 '하느님의 풍요의 축복을 받은 혼인에서 출발하는 부모와 자녀
의 자연적 생활공동체(societas naturalis parentalis)'로서 필연적이며 절대적인
생활공동체이다. 무엇보다 사람이 육체적 필요를 충족하고 사랑을 나누
는 가장 기본적인 보금자리로서 공동 주거를 통해 안온하고 편안한 생활
을 영위하는 환경이 되고, 공동 식사를 통해 충만한 양보와 이해를 거듭하
며 나눔과 사랑을 체험하고 인간관계가 성장하는 공간, 심지어 유희와 오
락을 통한 휴식에 이르기까지 삶의 전반이 뿌리내리는 태반과 같은 곳이
라 해도 과언이 아니다.

이 공동체 안에서 인간은 출생하고 양육되며 신앙과 전인적(全人的) 교
육의 은혜도 받아 누리는 현장이다. 곧 인간의 가치는 소유함이 아니라 진
정한 인격 함양에 따라 충족된다는 것을 배우며, 특별히 자녀에 대한 물질
적, 정서적, 교육적, 영적으로 균형을 잃지 않도록 세심한 관심과 이해가
요구되는 상호 성숙의 장이기도 하다.

■ 사회의 기본 구성단위(cell)

상기한 가정 공동체 안에서 모든 인간관계의 출발점이 놓이기에, 그곳
에서 파생되는 사회구조는 사실상 이미 가정 안에 배아(embryo)[30] 형식으

로 성장의 가능성을 지니고 있는 것이다.

6-2 가족위기와 사회문제 — 성 정체성 철학 상실의 예 2

가장 근본적인 인간관계의 모태인 가정이 본연의 모습을 지켜내지 못할 때 미치는 영향은 개인의 인격에만 국한되는 것이 아니라 사회적 문제로 확장된다.

■ 주거공간의 분리

세대를 거듭할수록 대가족제도는 명맥만 유지하고 소수 가족 형태로 가정의 구조도 변모되고 있다. 한 가정의 구성원 안에서도 사회적인 삶의 자리가 서로 달라 노동시장은 개인화되고, 가장의 의미도 경제적 차원에서 중요성을 갈수록 띠게 되면서 소위 '기러기 아빠'가 양산되는 등 가족 간의 공간이 해체되는 예가 갈수록 증가하고 있다.

■ 이혼을 통한 새로운 가족의 형성

부부간 이혼의 비율도 전체 이혼 건수는 줄어든 데 반해, 결혼 생활의 만족도가 연령이 상승함에 따라 떨어지고 중년 이상 황혼 이혼은 오히려 증가하는 추세를 알게 된다.

물론 가족 내의 다양한 사유가 존재하겠으나 개인화로 인한 가정 규범이 해체되고, 자율적인 배우자 선택이나 낭만적 사랑(?)이 용인되는 사회적 분위기, 성적 만족과 동등한 부부 관계를 중시하는 풍조와도 무관하지

---

30 다세포생물 발생 초기의 형태. 다세포동물에서는 난할을 시작한 직후인 발생기에 있는 개체와, 배엽의 분화가 나타난 직후의 형태, 또는 기관 원기 출현 직후의 형태 등을 통틀어 가리키기도 하며, 식물에서는 수정란이 어느 정도 발달한 어린 포자체를 가리킨다(아카데미서적 편집부,『아카데미 생명과학사전』, 아카데미서적, 2003).

않은 것으로 본다.

이로써 새롭게 재편되는 가족 내에서 갈등 조절 문제는 가정의 기본 틀과 사랑이라는 개념 자체를 숙고하게 한다.

■ 가정 폭력의 문제

상기한 가정 폭력의 문제는 날로 심각성을 더해 가는 추세다. 부부간, '아동 학대'나 '노인 학대' 등으로 확대되는 부모-자녀 간 혹은 자녀들 간의 폭력에서 드러나는 가족 구성원 간의 불평등한 폭력 관계는 가정 문제에 대한 심각한 반성과 본질을 회복해야 할 필요성을 일깨워 준다.

7. 성 정체성 정립과 혼인에 대한 거룩한 시선

앞서서 인간의 본질을 논할 때 '흙으로 빚어진 육체적 인간'이면서 동시에 '하느님의 숨결을 간직한 영적 인간'으로서의 이중성을 지니고 있음을 언명하였다. 이 같은 양면성 안에서 사람의 두 눈은 '사심 없이 내어 주는 사랑(agape)의 성(聖)의 시선'과 '욕구하는 사랑(eros)를 갈망하는 속(俗)의 시선'을 동시에 내포하고 있다.

루벤스(Peter Paul Lubens)의 〈노인과 여인〉이 푸에르토리코 국립미술관의 입구에 걸렸을 때, 모르는 사람들은 값싼 춘화(春畵)로 폄하하며 비난을 쏟아내었다.

이 그림에서 두 손을 묶인 채 거의 옷도 입지 못한 노인 시몬(Cimon)은 젊은 여인 페로(Pero)의 아버지이다. 이 노인은 푸에르토리코의 자유와 독립을 위해 싸운 투사로, 스페인 식민치하에서 감옥에 갇힌 뒤 아사형에 처해졌다. 서서히 굶어 죽어 가는 노인에 대한 병사의 연락을 받고 아버지의 임종을 지키기 위해 해산한 지 며칠 되지 않는 무거운 몸으로 찾아온 딸은 눈앞에서 굶어 마지막 숨을 헐떡이는 아버지에게 주저 없이 가슴을 풀어헤쳐 부풀어 오른 젖을 아버지 입에 물려 주었다.

후에 아버지와 딸, 부녀간의 편견에 매이지 않는 사랑과 헌신, 애국심을 보여 주는 숭고한 작품으로 알려져 많은 이들이 감동을 자아내었다고 전해진다.

표면에 머무른 편협한 시각이 아니라 본질을 꿰뚫을 때 비로소 시각이 달라진다. 교만과 아집, 편견을 버릴 때 세상의 아름다움에 조응(照應)할 수 있다.

7-1 혼인의 의미와 목적, 가치

사랑과 성에 대한 본질적 시선의 회복, 서로에게 협력자로 주어진 아름다운 존재가치를 찾아주는 일이 사회의 기초인 가정 안에서 또 나아가 모든 인간관계에서 현실화되어야 한다.

이에 혼인에 대한 의미도 질서 있게 정리되어야 한다.

혼인은 일반적으로 '사회제도로서 보장된 남녀의 성적 결합관계 또는 이런 결합 관계에 들어가는 법률행위'를 지칭하는 의미를 지닌다.

그러나 참된 혼인의 의미는 사회적·법적 의미를 넘어서 '거룩한 일[성사(聖事)]'로 완성된다.

혼인의 주체자인 남녀는 원천적으로 하느님의 사랑과 자비, 지혜에 따라 창조된 존재이다. 그러므로 이 둘의 관계는 약속과 책임을 전제로 보장되며, 하나의 공동체를 이루는 데서 깊이 확인된다. 그러므로 서로의 인격과 환경, 문화적 성장 배경을 따뜻한 시선으로 이해하고 감싸 주어야 하고, 특히 서로의 종교적 믿음, 신앙 안에서는 매우 신중하며 존중하는 태도를 갖추어야 한다.

여성은 남성의 동등한 동반자, 반려자로서의 서로의 모습을 바라볼 때, 아름다운 사랑과 성이 아름다움 본연의 향기를 채워 줄 수 있으리라!

디딤돌 둘 ▶ 인간을 인간이게 하는 말

서로를 Best가 되게 해 줄 아름다운 말마디를 가슴에 품고서 서로를 바라보며 서로의 영혼을 데워 주라!

· 당신에게 드릴 아홉 자의 축복: "하느님은 사랑이시다."
· 인간을 돋보이게 하는 여덟 자로 된 말: "그럼에도 불구하고"
· 뜻을 이룬 이를 향한 일곱 자로 된 말: "또다시 일어났다!"
· 이익을 가져오는 여섯 자로 된 말: "어떻게 생각해?"
· 돈 들이지 않는 최고의 에너지: "정말 잘했어!"
· 평화를 가져오는 넉 자로 된 말: "내 탓이야!"
· 석 자로 된 가장 아름다운 말: "사랑해!"
· 어떠한 것도 이길 수 있는 두 자로 된 말: "우리"
· 지구보다 무거운 한마디: "나"

제4장

허무(虛無)와 희망(希望)

탕자의 노래[1]

이어령

내가 지금 방황하고 있는 까닭은

사랑을 시작했기 때문입니다

내가 지금 헤매고 있는 까닭은

진실을 배우기 시작했기 때문입니다

내가 지금 멀리 떠나고 있는 까닭은

아름다운 순간을 보았기 때문입니다

지금 집으로 돌아갈 수 없는 것은

사랑을 알고 진실을 배우고

---

1   이어령, 『어느 무신론자의 기도』, 열림원, p.131.

아름다움을 보았지만
나에게 믿음이 없는 까닭입니다

나의 작은 집이 방황의 길 끝에 있습니다
날 위해 노래를 불러줘요. 집으로 갈 수 있게
믿음의 빛을 주어요
개미구멍만 한 내 집이 있기에
나는 지금 방황하고 있어요

'냉정과 열정'을 오가며 견뎌 오고 걸어왔던 삶이 있었기에 이제는 여느 것도 이겨 낼 수 있을 만큼 세월이 흘렀다 믿었건만, 다시금 두려움이 마치 깊고 높은 너울처럼 밀려오고 끝없는 방황이 몸서리치게 다가오는 날들이 아직도 남아있음을 느낄 때가 있다.

사랑이 채워지면 자유로워지리라 믿었건만 되려 아파하는 일, 진실을 알아 갈수록 고뇌가 깊어지는 밤, 아름다움을 알기에 물러서는 법도 배우는 지난(至難)함들 …. 그러나 방황하는 것, 의미를 찾아 헤매는 것은 개미구멍만 한 안식처라도 지닌 사람이 누릴 수 있는 사치인지도 모른다.

그럼에도 밀려오는 허무함들이 분명 내 앞에 버티고 있을 때 있고, 그 앞에 굴복하지 않기 위해 안간힘을 다하는 몸부림조차 '오늘은' 소중하게 느껴진다.

1. 덧없음 …

"허무로다, 허무! … 허무로다, 허무! 모든 것이 허무로다!" (코헬 1,2)

열정을 다해 살아가는 투쟁과 같은 삶에서, 어느 순간 찾아드는 '허무주의(Nihilism)'는 희망과 용기를 앗아간다. '도무지'라는 부사어 속에 숨겨진 한숨. 변화될 수 없는 상황이 감옥처럼 옥죄어 드는 경험.

1-1 허무(虛無) …

그래서 혹자는 허무를 가리켜 '뜨거운 열정으로 타는 목마름을 참고 일으킨 혁명의 불꽃이 스러지는 곳에 어김없이 엄습해 오는' 덧없음과 무상감[2]의 고통이라 진단하였다.

"연극이 끝나고 난 뒤 혼자서 객석에 남아 조명이 꺼진 무대를 본 적이 있나요? … 끝나면 모두들 떠나 버리고 무대 위엔 정적만이 남아 있죠. 고독만이 흐르고 있죠~!"[3] 했던 가사처럼 어떤 성취를 이루고 나서 다가오는 멜랑콜리(melancholy, 우울), 절대적인 것을 찾아 나서는 과정 가운데에 들어선 허무가 가져오는 가치 괴멸의 설움,[4] 혹은 삶의 비애(悲哀)와 무상, 비관과 학대, 불안과 체념이 공존하는 패배에 대한 체험들이 가져다주는 부정의 정서라 하겠다.

결국 허무주의는 내가 지닌 '최상의 가치를 박탈하는' 상처의 다른 이름이다.

1-2 돌아보기 …

"生從何處來(생종하처래)

死向何處去(사향하처거)

生也一片浮雲起(생야일편부운기)

---

2   참조: 김진, 『철학의 현실문제들』, 철학과현실사, 2007, p.118.
3   '샤프'의 '연극이 끝난 후'(1980년 대학가요제 은상 수상곡) 가사 중에서.
4   참조: 김진, 위의 책, p.119.

死也一片浮雲滅(사야일편부운멸)

浮雲自體本無實(부운자체본무실)

生死去來亦如然(생사거래역여연)"[5]이라 했다.

『출가』라는 책의 '나를 찾아 떠나는 여행'이란 장에 위 대목이 나온다.

역(譯)을 하면 다음과 같다.

'삶은 어느 곳에서 흘러나오며, 죽음은 어느 곳으로 흩어져 간단 말인가. 삶이란 곧 한 조각의 뜬구름이 일어나는 것에 불과하고, 죽음이란 그 한 조각 뜬구름이 소멸하는 것에 지나지 않을진대, 뜬구름이란 본디 그 자체로 알맹이가 없는 것이어서, 삶과 죽음도 또한 그러지 아니한가 하리라.'

허무의 극단(劇團, 과연 그런가?)인 죽음 앞에서 삶은 사라지고 마는 것일까? 아니면 누군가의 가슴속에, 삶 속에 녹아 여운을 남기는 것일까?

2. Who am I? & What am I?

2-1 Individual? Dividual?

'나'는 개인(個人)인가, 분인(分人)[6]인가?

나의 삶을 영위해 가면서 나는 단지 '더 이상 나누어질 수 없는 개인 [individual = in(not) + dividual(나뉠 수 있는)] 인가? 곧 하나인 자아, 여기에 한 인간의 본질이 있고, 주체성이 있고, 가치고 있다[7]고 요약할 수 있는…?

그러나 기실 단 하나뿐인 '진정한 나' 따위는 존재하지 않으며, 외려 대

---

5   삼소회, 『출가』, 숲리, 2003, p.162.

6   참조: 히라노 게이치로, 『나란 무엇인가』, 이영미 역, 21세기북스, 2015, p.9.

7   히라노 게이치조, 위의 책, p.12.

인 관계마다 다르다는 여러 얼굴, 곧 내가 관계를 맺는 모든 이에게 기억되는 나의 분인(dividual)이 모두 '진정한 나'이고, 이 사람의 됨됨이(개성)는 이 분인들의 구성 비율에 따라 결정[8]된다고 한다.

다시 말해 누군가의 기억과 공유한 추억 속의 '나'도 분명 부정할 수 없는 나이다. 따라서 내가 만나온 모든 것—사람을 비롯한 나를 포함하여 둘러싼 세상 모든 것—안에서 스스로 걸어오며 새긴 좌표들이 결국 '나는 누구이며, 무엇인가?'에 대한 응답이라 하겠다.

2-3 What am I?

첫 번째 질문 "Who am I?"는 의미 그대로 나의 표면적인 신원에 대한 질문이다. 내 이름은 무엇인지, 나의 연장[9]—나의 신체, 가족관계, 취미 등 신상 프로필에 등장할 만한 것들—에 관한 1차적인 설명에 관한 물음이다.

그러나 두 번째 질문 "What am I?"는 직업, 내 삶을 지탱시켜 주는 것과 관련된 것, 내가 지향하는바, 나는 무엇이고 싶은가에 대한 목적적 의미, 나는 무엇을 해야 하는가에 대한 반성 등이 깃들인 다른 차원의 질문이다.

■ 떠돌이가 아닌 '순례자'

그렇다면 정작 나는 누구이며 어떻게 걸어가고 싶은가?

나는 '떠돌이'가 아닌 이 세상의 '순례자'로서의 여정을 오늘도 계속해야 하지 않을까?

떠돌이와 달리 순례자는 내가 어디서 왔는지, 어디를 향해 나아가고

---

8 히라노 게이치로, 위의 책, pp.14-15.
9 데카르트가 사유에 반(反)하여 설명하는 물질적 실체의 개념.

있는지, 또 내가 지금 디디고 선 곳이 어디인지를 아는 사람이다. 그리고 순례라는 긴 여행의 목적에 걸맞게 짐이 가벼워야 하고, 어느 것에도 매이지 않는 자유로움의 의미를 깨달은 사람, 그러므로 획일화된 세상의 고정관념이 가져다줄 수 없는 '참 행복'을 기꺼이 찾아 나서는 사람이다.

■ 가출자(家出者)가 아닌 출가자(出家者)

나는 삶이라는 여행을 하면서 집이 싫어 떠난 가출자이기를 원하지 않는다. 글자 하나의 순서 차이처럼 보이나 자신이 심겨진 '삶의 자리'에서 그곳을 살아가면서도 '싫어서 떠나려는 마음을 품는 사람'과 '지향이 있어 방향을 찾는 사람'의 발자국은 전혀 다른 자취를 남기는 법이다. 진정한 '출가자'는 단지 떠남 자체에 의미를 부여하는 것이 아니라 매일, 매일의 순간들을 목적지향대로 살아가는 것을 핵심으로 여기며 살아가는 사람이다.

그러기에 자칫 허무(虛無)의 구렁에 기울어질 수 있는 삶을, 유채색의 향연(饗宴)을 채색하며 희망으로 극복하는 사람이다.

3. 좌절과 허무에 대한 철학적 산책

3-1 희랍의 비극정신 — 소크라테스의 합리주의에 대한 니체의 비판

니체(Nietzsche)는 유럽 사회에 허무주의가 팽배하게 된 원인을 서구 철학정신을 지배하고 있는 합리성에 두었다.[10] 그는 찬란했던 철학이 퇴락한 계기를 소크라테스의 윤리적 합리주의가 희랍의 비극에 미친 영향으로 보고 있었다.

---

10 참조: 김진, 앞의 책, p.121.

소크라테스는 합리성을 바탕으로 도덕철학을 정초한 사람이다. 그는 덕과 지식을 동일한 것으로 간주하면서 덕이 있는 사람이 행복하다고 역설[지행합일(知行合一)]했다. 이에 대해 인간성에 대한 낙천주의와 이성주의로 물든 소크라테스의 사상이 실제적으로는 삶의 근원이 되는 비극정신을 축출[11]하는 결과를 가져온다고 비판했던 것이다.

니체는 인간에게 있어서 자신이 겪어 내어야 할 고통 자체가 삶을 돌아보게 하고 성장시키는 매우 중요한 요소라고 보았고 삶에 생동감을 더해 주며 디오니소스적인 열정을 지니도록 해 주며 때로 그 고통을 극복한 자신에 대한 자기도취의 매력을 상승시킨다 여겼기 때문이다. 곧 차가운 이성 중심의 철학[공감적 질문 앞에서 '그래서요?'라는 차가운 반문(反問)처럼]은 합리주의에 치중하게 만들어 삶에 대한 열정, 뜨거움을 사라지게 만든다. 그곳에서 간직해 온 눈물은 메마르고, 감정은 사막화된다.

3-2 도덕적 가치변혁 — 니체(Nietzsche)의 허무주의

니체는 덕(德)을 지칭하여 유기체가 자기 생존과 보존을 위해 필수적으로 요구하는 기능(?)으로 보았다. 곧 그에게 있어서 도덕이란, 위의 소크라테스처럼 합리적 이성으로 추론하는 행복에 이르는 길이 아니라, 특정 집단과 계급의 자기 보존을 위한 정당화의 수단이며 이데올로기로 천착된 것으로 간주하였다. 도덕이란 실로 그 가치 배후에 비도덕적 욕구를 깔고 있는 것으로 보았기에 그에게는 '도덕이야 말로 가장 비도덕적인 것'이다.

이 경우 도덕은 소위 '노예도덕, 군주도덕'이라 칭한다. 니체는 유대인들을 비판하면서 그들은 신적 영웅들의 행위를 정당화하기 위한 수단으로

---

11 참조: 김진, 앞의 책, p.122.

도덕을 사용하고, 가난하고 힘없는 자들을 착한 사람이며 구속 대상이라 규정하는 동시에 고귀한 사람들을 신의 뜻에 거스르는 저주의 대상으로 비판하였다. 이로써 군주도덕에 속하는 적극적 가치들을 노예도덕의 가치들로 전도되었음을 지적하였다.

따라서 그에게 있어서 모든 지상적 가치는 권력의 의지가 발현된 특수한 경우에 불과한 것으로 여겨졌다.

3-3 그리스도교적 가치의 몰락 = "신은 죽었다!"

다시 말해 니체는 유럽을 덮은 허무주의는 그리스도교 문명―지상적 가치를 배척하고 초월적인 천상의 것을 제시하는 최상의 가치―이 몰락하여 근본적인 가치 상실과 혼란을 초래한 데서 비롯된다 지적하였다.

그는 이 '허무주의의 극단'을 짚으면서 『즐거운 학문』(1982)에서부터 『짜라투스트라는 이렇게 말했다』, 『권력에의 의지』 등의 저술에 이르기까지 "신은 죽었다!"라고 표현했다.

이는 신, 하느님의 존재 자체가 소멸되었음을 뜻하는 것이 아니라 '우리가 신(神, Gott)―지상적 가치를 벗어난 초감성적 세계에 속한 모든 것―을 죽였다'라는 의미로서 노예적 덕목으로 도덕을 강조하던 당시 세태에 대한 비판을 반영[12]한 것이다. 그는 십자가 위에 달렸던 예수 그리스도가 무엇을 의미하는지 사람들이 이해하지 못하고 있다면서 신의 죽음에서 인간의 위대한 승리를 보게 된 것, 그것이 허무주의에 이르는 길이라 지적하였다.

---

12 참조: 김진, 앞의 책, p.127[필자는 이를 도스토엡스키의 『카라마조프가의 형제들(Bratya Karamazovy)』에서 구원을 위해 찾아온 예수 그리스도를 자신들의 도덕적 신념과 가치판단에 방해가 된다는 이유로 감옥에 가두는 장면과 같은 맥락으로 본다].

3-4 니체의 허무주의의 극복 ― 초인의 철학

흔히들 니체 철학의 핵심을 '힘에의 의지', '권력에의 의지'라는 말 속에서 찾는다. 그는 힘의 추구를 삶의 본질로 파악하면서, 강한 것에 반항하고 약한 것을 흡수하려는 관계 속에서 자신을 정립해 나가며 나아가 스스로를 신적 존재로 확장하려는 모습이 사람에게 있음을 강조하였다.

이에 '하느님이 죽은(우리가 하느님을 죽인)' 자리에 강력한 힘을 가진 사람[초인(超人)]을 내세웠다. 여기서 '초인'은 전통적 가치를 파괴하고 변혁을 시도하면서 힘에의 의지에 충실한 지상적이며 현세적인 삶을 살려는 사람을 일컫는다. 이러한 신념에 바탕을 두는 사람은 '신은 죽었다'는 사실에 현혹되거나 흔들리지 않고, 현실 속에서 다가오는 모든 고통을 감내하고 극복[13]하여 허무주의로부터 자유로워질 수 있음을 주창했다.

디딤돌 하나

- 내 삶의 현재 만족도는?
  (1~10점―1: 전혀 불만족 / 10: 최상의 만족)
- 그 이유는?

- 현재 내 삶의 의미를 찾아가고 있는가(허무와 희망의 경계 사이에서 나는 어떤 끈을 붙들고 세상을 바라보는가)?

---

13 참조: 김진, 앞의 책, pp.130-131.

4. 극단적 허무가 주는 슬픔

4-1 **허무주의의 극단** …

『젊은 베르테르의 슬픔(Die Leiden des jungen Werthers)』—'젊은 베르터의 고뇌'라고도 알려짐—은 1774년 출판된 독일의 문호 괴테(Johann Wolfgang von Goethe)의 서간체 소설이다.

가질 수 없는 사랑 '로테'를 잊지 못하는 '베르테르'의 귀족 사회의 폐해에 대한 절망과, 그리움의 고통 끝에 슬픈 자살로 생을 마감하는 줄거리를 담은 이 소설은 괴테의 첫 성공작으로서 무명작가였던 그를 유명인 반열에 올려놓은 작품이었다.

당시 유럽의 많은 젊은이가 소설 속에 묘사된 주인공 베르테르처럼 옷차림을 하고 다녔다. 이 작품을 읽고 베르테르의 자살을 모방하여 자살한 사람도 2,000여 명으로 추정된다.

이에 착안해 1974년 사회학자 필립스(David Philips)는 유명인이 자살하고 나서 그것을 모방한 자살이 확산하는 현상을 '베르테르 효과'라 명명[14] 했다.

우리나라에도 SS(smile syndrome, screen syndrome),[15] 곧 화면에서 보여 주는 밝고 화사한 모습과 달리, 환호성이 사라진 일상 속의 우울과 불안을 극복하지 못하고 갑작스럽게 자살로 삶을 접는 이들을 미디어 보도를 통해 접한다. 특히 그 당사자가 대중에게서 누리는 인기나 사회적인 영향력

---

[14] 참조: D. P. Philips(1974), The influence of suggestion on suicide: Substance and theoretical implications of Werther effect, *American Sociological Review*, pp.39, 340-354.

[15] 저명인사나 연예인 등 여러 분야에서 대중에게 노출된 사람들이 화면상에서 보여 주는 모습과 달리 사생활을 비롯한 화면 외 공간에서 겪는 외로움이나 일상과의 괴리감을 극복하지 못하는 심리적, 정신적 공황이나 우울 등을 말한다.

이 클수록 실제로 그 내용을 접하는 이들이 겪는 충격의 강도는 더욱 큰 법이고 심지어는 모방 자살을 비롯한 허무의 확산은 더욱 가속화되는 경향[16]을 보인다.

자살의 원인에는 개인이 처한—정치·사회·경제적·심리적·정신적·영적·관계적—상황의 다양성이 존재하기에 단정 지을 수는 없다 하더라도 '자살공화국'이라는 가장 슬프고도 씁쓸한 오명[17]까지 쓸 만큼 개인과 사회 전반에 걸쳐 삶의 정체성의 확립과 의미의 구상, 그리고 서로에 대한 관심과 환기(喚起)가 어떻게 이루어지고 있는가는 숙고를 거듭해야 한다.

4-2 허무의 부정적 선택

리빙스턴(Gordon Livingston)은 "나쁜 일에 빠져드는 데에는 시간이 걸리지 않지만, 거기에서 벗어나는 데에는 상당한 인내가 필요하다. 좋은 것일수록 그것을 얻는 데에는 긴 시간이 필요한 법이다"[18]라고 지적한 바 있다. 부정적인 그늘에만 갇혀 있을 때, 몇 발자국만 옮기면 그늘을 만든 '햇볕'을 만나지 못한다. 오히려 그 그늘의 어둠 속으로 자신을 후퇴시킨다.

리빙스턴은 이 같은 부정적인 기울어짐의 극단에 선 자살에 대하여 다음과 같이 언명하였다. "자살은 자신을 사랑하는 사람들을 영원히 저주하는 행동이다. 그것은 가까운 사람들과의 사랑만으로는 세상을 살아갈 수 없다는 선언이며, 그들이 사랑할 수 있는 가능성과 희망을 빼앗는 것이며 동시에 자기 파괴 행위에 함축된 이기주의와 분노를 드러내기 때문이

---

16 참조: 유정화, "한국에서 베르테르 효과에 대한 연구: 유명인의 자살이 일반인의 자살에 미치는 영향", 고려대학교 보건대학원, 2008.
17 이승규, "동반자살 시도 4명 입건 … 씁쓸한 자살공화국의 자화상", 민주신문, 2016.4.8.자.
18 고든 리빙스턴, 『너무 일찍 나이 들어버린, 너무 늦게 깨달아버린』, 노혜숙 역, 리더스북, 2005, p.50.

다."[19]

요컨대 자살은 가장 이기적인 폭력의 끝점이라 하겠다. 누구도 자신의 삶에 영향을 미칠 수 없다는 단절의 선언, 자신의 어떤 모습에도 불구하고 사랑하고 믿어 주는 이가 지니게 될 상처에 대한 닿을 수 없는 거리감, 더 이상 관계가 나아가거나 변화할 수 없는 회생 불가능성만을 남겨 주기 때문이다.

극단적인 허무가 영혼을 휘감을 때, 그때면 잠시 멈추어 서자. 나를 힘들게 하는 사건이나 사람들을 대하는 것은 '물러서서 그 현실 속에서 자신의 감정을 분리하는 것'[20]이 우선적이다. 한 발 물러설 때 비로소 보이는 것에는 어둠만이 아니라 빛도 존재함을 깨우쳐준다. 앞서서 어둠의 빛의 대적점이 아니라, 함께 상존(相存)하는 초대라고 하지 않았던가!

5. Turning Point

5-1 과연 삶은 허무한 것인가?

언젠가 다가올 '죽음'으로 인한 영원한 종지(終止)가 이루어지는 지점에 불과한 것인가?

영화 〈반지의 제왕〉의 한 대목을 보면, 인간인 왕 '아라곤'을 사랑하기에 운명의 갈림길 앞에 서는 엘프족 '아르웬 운도미엘'의 선택과 관련된 장면이 등장한다. '아르웬'의 아버지 '엘론드'는 불멸의 생명을 지닌 엘프족이 인간과 사랑하여 혼인을 할 경우, 영원한 생명의 축복은 정지되고 여느 인간과 똑같이 죽음에 다다를 것을 경고하며 설득에 나선다. 그리곤 미

---

19 참조: 고든 리빙스턴, 위의 책, p.26.
20 참조: 나네테 버튼 몬젤루조, 『자존감의 모든 것』, 문종원 역, 성바오로, 2015, p.302.

래의 환영(幻影)을 통해 '사랑함에도 불구하고 이별할 수밖에 없는' 인간의 고통을 보여 준다. 사랑하는 왕의 죽음 앞에서 홀로 남은 여인의 운명을 받아들일 수 있겠느냐는 뼈저린 슬픔. 사랑하는 이의 상실(喪失) 앞에서 감당할 수 없는 상처 앞에서 어떤 선택이 가능한가. 그러나 그녀는 아버지가 감춘 환영의 나머지 부분인 왕과 그녀 사이에 출생한 새로운 생명─아기의 모습─을 확인한다. 비록 인간의 운명은 지상에서의 마지막 앞에선 불가항력적이지만 사랑하는 이의 영(靈)과 삶은 생명을 통해 이어진다는 것 ⋯. 그 앞에서 기꺼이 사랑으로 달려가는 그녀의 운명적 선택의 결말을 아름답게 보여 준다.

죽음을 넘어선 곳에 희망이 있고 그 너머를 지향하는 영원한 사랑에 대한 갈망은 그렇게 이어질 수 있다는 것, 그리고 그것은 혼자만의 것이 아니라 사랑하는 사람들과의 관계 속에 축복으로 충만해지는 것이라는 ⋯.

5-2 다시금 바라보아야 할 관계성

삶의 의미는 그 의미를 짓는 사람에게만 주어진 단독적인 것일까?

삶이란 절대 혼자만의 꿈이 아니다.

다시금 나와 관계를 이루고 있는 모든 이들과 모든 것에 눈길을 돌려 보자.

홀로 있음이 아니라 나의 행복은 그 관계성 안에서 주어진다.

내가 진정으로 추구하는 것이 허무하지 않으려면 그처럼 구체적인 행복의 초대에 주목하고 응답하자.

리빙스턴은 이렇게 말하였다.

"우울하지 않다고 해서 행복한 게 아니라, 삶에서 의미를 찾고 기쁨을 느낄 수 있어야 진정으로 행복한 것이다."[21]

언제나 나를 둘러싼 환경이나 여건이 행복을 보장할 만큼 충족되지 못할 때가 많다. 오히려 주어진 그곳에, 그것에 나의 자유의지와 삶에 대한 희망을 채색할 때 빛나는 작품이 된다.

5-3 멈추다, 그리고 용서하기

나는 어떤 태도를 견지하는가?

고든 리빙스턴은 "과거를 아예 무시하는 태도와, 과거에 빠져서 허우적 거리는 태도의 중간쯤 어딘가에 우리가 멈춰야 할 지점이 있습니다. 우리 가 저지른 불가피한 실수들을 포함해서 지난 일들로부터 무언가를 배우 고 미래를 위한 계획을 세울 수 있는 지점 말입니다. 필연적으로 이 과정 은 용서를 요구합니다"[22]하고 말한 적이 있다.

부정적인 무채색의 조각들을 품에 안는 것이 상처가 될까 두려워, 아예 잊어버리고─사실을 잊어버릴 수 없음에도 잊어버린 것처럼 의식을 주입 하고─살아가는 '망각형 태도'를 통해 나 자신의 어려움들을 회피하려 하 는가. 아니면 옛 과오와 넘어짐 안에 갇힌 채 의미 없는 자맥질만 반복하 고 있는가.

"지나간 것은 지나간 대로 그런 의미가 있죠!"[23]라는 노래 가사처럼, 과 거는 이미 지나간 것이어서 나의 영향력이 미치지 못하는 것에 있으며 동 시에 그 사후에서야 돌아볼 때 '의미'를 발견하게 되는 결과론적 사상(事 狀)들이다. 그 모든 것을 끌어안고 견뎌온 현재의 나를 사랑하는 일, 그리 고 걸어 나가야 할 나의 미래지향적 발걸음을 열어주는 일, 그래서 나를 자유롭게 해주는 일, 용서(容恕)가 필요하다.

티벳의 정신적 지도자 달라이 라마(Dalai Lama)는 '용서'를 다음과 같이

---

21 고든 리빙스턴, 앞의 책, p.82.
22 고든 리빙스턴, 앞의 책, p.230.
23 전인권, 〈걱정 말아요, 그대〉 노래 가사 중.

정의하였다.

"용서는 단지 우리에게 상처를 준 사람들을 받아들이는 것만을 의미하지 않는다. 그것은 그들을 향한 미움과 원망의 마음에서 스스로를 놓아주는 일이다. 그러므로 용서는 자기 자신에게 베푸는 가장 큰 자비이자 사랑이다."[24]

그리고 용서의 당위와 필연성에 대하여 다음과 같이 부연하였다. "용서는 값싼 것이 아니다. 그리고 화해도 쉬운 것이 아니다. 하지만 용서할 때 우리는 누군가에게 문을 열 수 있다. 지난 일에 대해 마음의 문을 꼭꼭 닫아걸고 있던 누군가가 그 문을 열기 위해서는 무조건 용서해야 한다."[25]

6. 희망을 향하여

6-1 희망

모든 사람은 저마다의 희망을 가지고 있다.

희망은 억압적인 상황과 저주 속에 감추어져 있는 은밀한 것이며 현재 순간의 어두움을 물리치는 신비한 힘을 가지고 있다.[26]

여느 꽃이 싹을 틔워 떡잎을 열고 줄기를 뻗으려면, 자신을 억압하고 눌러 대는 저 무거운 흙과의 사투(死鬪)를 벌여야 한다. 싹은 어둠 속에 가려지기 위해서가 아니라 움트기 위해 있는 것이다. 이렇듯 생명을 향한 갈망을 포기하지 않을 때, 무거웠던 흙은 방해가 되는 상처가 아니라 체내에 스며드는 양분이 된다. 행복은 어둠을 물리칠 수 있는 긍정의 가능성과 목

---

24 달라이 라마, 빅터 챈, 『용서』, 류시화 역, 오래된미래, 2014, p.57.

25 달라이 라마, 빅터 챈, 위의 책, p.75.

26 참조: 김진, 앞의 책, p.138.

표의식, 곧 실현 가능성을 품은 희망에서 시작된다.

6-2 허망한 희망과 참된 희망, 그리고 행복

그러기에 희망은 분명 '기대'의 의미를 내포한다. 그러나 여기서 아무것도 하지 않으면서 미래에 낙관적인 기대를 하는 것은 이른바 '허망한 희망'이며 '기만'[27]에 다름 아니다.

최선의 노력과 헌신 그리고 기다림 끝에 완성되는 귀결, 그곳에 희망이 실현되는 과정이 놓이고 비로소 유목적적인 행복의 가능성이 열린다.

여기서 충족되는 행복은 어쩌면 살아 있는 모든 인간의 마지막 바람—구원을 품은 영원한 차원에 이르기까지—이라 해도 과언이 아니다. 그러기에 아리스토텔레스는 행복을 가리켜 '인간의 모든 행위가 목적으로 삼는 것, 원하는 것을 이루는 것'[28]—곧 행복이야말로 살아가는 이유이며 근거이고 원천—이라고 정의했다. 아퀴나스(Thomas De Aquino)도 행복에 관한 8가지 논항—부, 명예, 존경, 권력, 육체적 선, 쾌락/정신이나 영혼의 선(기쁨), 창조된 것—을 열거하면서 진정한 행복은 잠시 지나가는 전자의 것이 아니라, 영원을 향한 후자에 있음을 보여 주었다.

7. 희망을 향한 몸부림

행복을 가져다주는 희망이란, 결국 반대급부의 부정적인 현실—실망, 좌절, 포기 등을 가져다주는 억압과 상처, 부자유스러움 등—과의 관계성 안에서 더욱 빛을 발하는 역설을 품고 있다. 이토록

---

27 참조: 김진, 앞의 책, p.139.
28 참조: 김형철, 『철학의 힘』, 위즈덤하우스, 2015, p.59.

부여잡아야 할 희망에 대하여 역사 속에서 모든 이들은 그야말로 자신의 삶의 긍정의 가능성을 향해 끊임없이 말을 건네고 몸부림쳐 왔다.

7-1 그리스적 희망

■ 희망에 대한 새로운 시선

'희망'의 의미가 고대 그리스에서 일반적으로 '미지의 미래 속에서의 우연성을 신뢰하는 망상'이라는 부정적 인식이 팽배했는데, 이에 대하여 소포클레스(Sophocles)[29]는 처음으로 희망에 관하여 "주관적 관심에 의하여 이끌어진 미래의 적극적인 가능성에 대한 신뢰감"이라고 적극적으로 해석하였다. 투키디데스(Thucydides)도 희망을 '위험한 상황에서의 위안'으로 바라보았고, 플라톤은 '미래 사실과 관련된 영혼의 활동—'요구'와 '미리 즐거워함'—으로 규정하면서 죽음을 넘어서 참된 이데아를 지배하는 불멸의 세계를 관조하도록 돕는다고 보았다.[30]

■ 판도라의 상자

희망에 관한 그리스 신화 '판도라의 상자'는 신과 인간 사이의 제사의 제물의 부위에 대한 의견 대립으로부터 시작된다. 이때 신과 인간의 중재로 나섰던 프로메테우스가 창자를 얹어 보기 흉하게 만든 살코기와 기름진 비계로 아름답게 둘러싼 뼈만을 골라 신 앞에 내밀자, 겉보기만 좋은 비계를 택한 후 내용물을 알고 분노한 제우스는 인간으로부터 불을 빼앗아 버린다. 그러나 프로메테우스는 다시 불을 훔쳐 인간의 문명과 문화생활을

---

29 그리스의 3대 비극 시인 중 한 명으로 치밀한 구성, 완벽한 기교, 정교한 대화를 통해 인물의 비극적 상황을 탁월하게 그려 냈다. 주요 작품으로는 〈오이디푸스〉, 〈안티고네〉, 〈엘렉트라〉 등이 있다.
30 참조: 김진, 앞의 책, pp.139-140.

할 수 있는 지식을 전해 준 벌로, 날마다 독수리가 그의 간을 파먹도록 하는 형벌에 처해진다.

그러나 이것으로도 분노를 풀지 못한 제우스는 인간에게도 재앙을 내리도록 결심한다. 제우스는 아름다운 여인 '판도라'를, 밀봉되고 그 안에 재앙이 담긴 상자(그릇)와 함께 프로메테우스의 동생 에피메테우스에게 보내어 유혹하게 한다. 결국 호기심에 못이긴 에피메테우스가 그 상자를 열었을 때, 그곳에 가득 찬 질병·재앙 등이 재빨리 쏟아져 나왔고 이에 놀란 그가 급히 뚜껑을 닫았을 때 갇혀 버린 것이 '희망'이었다.[31]

이 신화가 상징하는바, 아직 가두어져 드러나지 않은 희망은 가능성일 뿐 확실성을 지닌 것은 아니어서 우리의 희망과 불안이 공존[32]하게 되었다 한다.

7-2 히브리적 희망 — 그리스도교의 본질

현재와 미래에 대한 불안의 이미지를 담고 있는 그리스적 '희망'과 달리 성경의 배경이 되는 '히브리적'인 희망의 관점은 '미래적 사건 속에서의 확실한 성취를 약속'—필연성·확실성을 지닌 것으로 선포—하고 있으며, 이 희망은 시간이나 완성의 '기다림'이라기보다—올바른 하느님과의 관계, 하느님 역사 안에서의 하느님과 인간의 관계 회복이라는 의미의—'화해'의 차원으로 이해된다.

31 참조: 전봉이, "다자이 오사무의 『판도라의 상자』一考擦一성서를 통한 희망의 메시지", 韓國日本學術合會 第4回 國際學術發表大會 Proceedings, 2006.7, pp.649-652.
32 참조: 김진, 앞의 책, p.142.

■ 구약성경

위의 맥락에서, 구약에서는 '희망'의 의미를 '이스라엘 백성을 해방시키는 하느님의 화해와 구원의 메시지'로 해석하면서 신과의 절대적 화해 그리고 그에 따른 현실적 삶의 축복까지 포함하여 받아들인다. 또 이스라엘이 겪는 현재적 사실에서 미래에 완성될 하느님의 계획에 담긴 가능성을 지향한다.

■ 신약성경

신약에서의 '희망'은 하느님의 강생(incarnation), 대속적인 죽음, 부활의 역사적 사건을 통해 제시되는데 구약과 달리 오려 미래적 현실로부터 현재의 가능성을 지향하고 있다.

7-3 나는 무엇을 희망해도 좋은가?(I. Kant)

칸트에게 있어서 희망에 대한 물음과 응답은 '도덕으로부터 종교로의 이행' 가운데 요청된다. 그는 도덕적 행위는 한 개인의 행위가 도덕법과 일치할 때 이루어지는데, 바로 이 도덕적 행위에서만 정당한 희망[33]을 기대할 수 있고 그에 따른 행복도 충족될 수 있다 보았다. 그런데 여기서 순수한 도덕적 가치를 충족하는 것이 불완전한 인간의 짧은 인생으로 불가능하기에 영원의 불멸과 함께 진정한 도덕적인 노력에 상응하는 행복을 새로운 세계에서 보장해 줄 하느님을 믿지 않을 수 없고 따라서 종교적 가치를 인정할 수밖에 없다[34]고 주창했다.

---

33 누구에게 보편타당하고 올바른 방법으로 받아들일 수 있는 길대로 행위하는 것이 바람직하며 그 내용도 바른 것이라고 판단하였다.

34 신적인 존재로부터 도덕적 존재로서의 가치가 시작되는 것이 아니라, 이성적인 도덕에 대한 요구를 충족시켜 줄 하느님이 필요하다고 보았다(철학적인 요구로부터 '요청된' 신).

7-4 희망은 좌절될 수 있는가?(E. Bloch)

블로흐는 이 세상이 악한(?) 하느님에 의해 창조[35]되었다고 보았다. 여기서 궁극적 희망은 악한 하느님에 의해 창조된 악한 세상으로부터의 탈출에 있다 하겠는데, 이는 새롭게 다가오는 선한 하느님에 대한 믿음과 실천적인 연대 의식으로 키워 나갈 수 있다고 주장했다. 그리고 미래 세계의 역사는 이 세상을 만든 악한 하느님과 도래하는 세계를 약속하는 선한 하느님과의 절대적인 대립과 투쟁으로 전개될 것이라 예측[36]했다.

7-5 희망의 신학(Jürgen Moltmann)

몰트만은 신약성경 "우리 주 예수 그리스도의 아버지 하느님께서 찬미받으시기를 빕니다. 하느님께서는 당신의 크신 자비로 우리를 새로 태어나게 하시어, 죽은 이들 가운데에서 다시 살아나신 예수 그리스도의 부활로 우리에게 생생한 희망을 주셨고…"(1베드 1,3)에 바탕을 두고, '미래에 대한 하느님의 약속(예수 그리스도의 부활과 그 사실을 바탕으로 한 새로운 삶)'으로서의 예견된 미래의 희망을 제시한다.

그는 현실적 경험과 지식이 모순되는 곳―예를 들면 십자가의 죽음으로 인한 상처와 절망과 부활의 기쁨이 동시에 상충되는 것―에서 오히려 희망이 싹트는데, 이는 신앙 또는 믿음을 전제로, 경험적 사실을 초월하여 '탈출'에 가담하는 것이라 하였다.

바오로 사도의 신학에 근거하여 '하느님 나라'는 '이미 와 있으나' '아직 완성되지 않은' 채로 주어져 있다고 알고 있다. 우리는 이 '이미―아직' 사이에서 긴장을 유지하며 '희망'의 끈을 놓지 않아야 한다는 것이다.

---

35 하느님의 악하심이 주된 내용이 아니라, 악이 팽배한 사회현상에 대하여 이 악이 어디서 왔는가에 대한 미완의 대답을 표현한 것으로 본다.
36 참조: 김진, 앞의 책, p.149.

8. 희망은 여기에 …

8-1 시선(視線)의 전환

눈앞에 가뭄으로 갈라진 땅이 펼쳐질 때, 그 갈라진 땅에서도 돋아나는 새싹을 보라!

희망이 사라진 곳처럼 보이는 바로 그곳에서도 땅속에 내린 뿌리는 '살아 있음'을 포기하지 않는다.

"넘어지지 않고서야 언제 일어서야 하는지를 어떻게 알겠느냐? … 그러한 순간과 나날을 거친 끝에 결국 너는 강인해질 것이고… 바로 그것이 네가 받을 선물이란다."[37]

"삶에 용감히 맞선다고 해서 성공이 보장되는 것은 아니란다. 하지만 두려움에 굴복하고 삶을 외면한다면 확실하게 실패를 보장받는 셈이지."[38]

"산꼭대기를 향해, 해돋이를 향해, 희망을 향해 내디딘 가장 연약한 한 걸음이 가장 맹렬한 폭풍보다 훨씬 더 강하단다."[39]

위의 담화들은 조셉 M. 마셜의 글에 등장하는 어느 할아버지가 손자에게 삶의 지혜, 희망에 대한 깨달음을 연륜과 경험, 극복의 여정 가운데 회상하며 들려주는 대목들이다. 넘어지는 그곳이 일어서는 곳이 되는 것. 그래서 다시금 연약한 한 발짝이라도 내딛는 일.

---

37 조셉 M. 마셜, 『그래도 계속 가라』, 유향란 역, 조화로운삶, 2008, pp.29, 31.
38 조셉 M. 마셜, 위의 책, p.82.
39 조셉 M. 마셜, 위의 책, p.166.

8-2 그러기에, 희망하자!

희망이란 나무는, 허무라는 거친 흙과 싸워 줄기를 뻗는다.

희망은 허무의 땅 위에서 짙은 눈물을 쏟은 후에 얻는 가장 아름다운 결실이다. 내가 멈추어 설 때 희망이 있는 곳이 허무가 되지만, 내가 다시 걸음을 옮길 때 허무한 그곳은 희망의 출발점이 된다.

제5장

신(神)의 존재(存在)

어느 무신론자의 기도[1]

이어령

어느날

나는 당신의 제단에

꽃 한 송이 바친 적이 없으니

잘 기억하지 못하실 겁니다

그러나 하느님

모든 사람이 잠든 깊은 밤에는

당신의 낮은 숨소리를 듣습니다

그리고 너무 적적할 때 아주 가끔

당신 앞에 무릎을 꿇고 기도를 드립니다

---

1   이어령,『어느 무신론자의 기도』, 열림원, pp.147-148 중 일부.

하느님 어떻게 저 많은 별들을 만드셨습니까

그리고 처음 바다에 물고기들을 놓아

헤엄치게 하셨을 때

저 은빛 날개를 만들어

새들이 일제히 날아오를 때

하느님도 손뼉을 치셨습니까

아! 정말로 하느님

빛이 있어라 하시니 거기 빛이 있더이까

사람들은 지금 시를 쓰기 위해서

발톱처럼 무딘 가슴을 찢고

코피처럼 진한 눈물을 흘리고 있나이다

모래알만 한 별이라도 좋으니

제 손으로 만들 수 있는 힘을 주소서

얼마나 보았고 얼마나 알고 있고 얼마나 경험해 보았으며 얼마나 많이 만나 보았는가!

삶과 죽음 앞에서도 한없이 작아지는 나약한 존재, 사랑의 목마름 앞에서 정작 서로의 마음속 하나 알아보지 못했던 나, 허무의 소용돌이 가운데서 수없이 넘어짐을 반복하던 나.

모래알만 한 작은 창조물 하나도 이 손으로 빚어낼 수 없는 '나'라는 존재가 다 보지도 못한 세상을 아는 것처럼 모든 것을 경험치 못했어도 그런 것처럼 제한된 만남 속에서도 본질을 이야기하려 한다.

'나'의 있음이 있기 전부터 이미 시작되어 온 주변의 모든 것들로부터, 초라하리만큼 작은 존재로서 부끄럽지 않도록 그렇게라도 항변(抗辯)을 거듭해야만 위로가 되는 걸까.

1. Temporary(잠시적인) vs. Permanent(영원한)

　　　　　끝없이 펼쳐진 무한의 공간 앞에 서면, 우거진 수풀 사이의 거대한 관목 앞에 서면, 바위 틈새로 오가는 수많은 살아있는 무엇 앞에 서면, 그토록 세상을 움켜쥘 듯 살아온 '나'의 점유(占有)가 얼마나 보잘것없어 보이는지!

이토록 '한없이 작은', 그래서 시작과 소멸 역시 보이지 않을 듯한 미물(微物)로서 세상을 향한 외침과 몸부림을 지쳐대나 보다.

"Adamus…". 흙에서 와서 흙으로 돌아갈 숙명, '잠시적인 운명 지향성'이 일깨워 주는 겸손함.

이처럼 '세계' 앞에서 한없이 미소한 존재로서의 '나'이지만 '나'의 존재 없이는 주변의 모든 것들은 그저 무의미한 물질계의 구성물들일 뿐이다. '내'가 마주하고, 다가서서, 인식하게 될 때 비로소 세상은 '유의미(有意味)'하게 된다. 그럼에도 엄연한 '세상의 주체'로서의 '나'이면서도, 상기한 미소함을 받아들일 수밖에 없는 것은 불가피한 운명의 한계가 명확하게 주어지기 때문이다.

이 '미소함—주체적 존재' 사이의 미묘한 긴장과 갈등이 존재의 의의에 대한 탐구를 더욱 심화하고 목마르게 하는 것을 경험해간다. 마침내 내가 '무엇이지 않을 수 없고' '무엇이고픈' 희망을 간직하는 것, 나아가 물질적 존재로서 명멸하는 것에서 더 이상의 나아감이 없는 '멈춤'이 아니도록 영원을 향해 희망하고 갈구하는 본성을 마주한다.

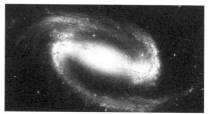

이 본성은 이미 나에게 내재(內在)되어 있는 것으로 삶의 과정을 통해 영원을 향해 가슴을 열도록 초대받고 언젠가는 필연적으로 다가올 '근본'에 대한 의문을 던지고 탐색해갈 때 확인된다.

그리고 그 궁극의 도착점에 '신(神)'을 의문하고 찾으며 대화를 시도하는 것은 결코 외면할 수 없는 가장 주요한 과제이며 소명(召命)이다.

2. 당신은 어디에? ─ 신의 존재에 대한 담론

사람이 일생에 가장 크게 영향을 끼치는 것은 세 가지가 있다고 한다. 첫째는 배우자를 선택하는 일, 둘째는 직업을 선택하는 일 그리고 셋째는 세계관(世界觀)[2]을 선택하는 일이라 한다. 한편 생의 가정생활과 행불행을 결정짓는 한 사람의 선택, 사회생활의 질(質)을 결정할 직업에 대한 고민 그리고 그 사람이 이고 사는 하늘이 바뀌는 세계관의 선택[3] 중 어느 것 하나 중요하지 않은 것이 없다. 이 가운데 세계관은 자신의 삶을 영위하는 길이 되는 가치관(價値觀)과의 상관성 나아가 종교

---

2   세계관은 우주와 세상을 바라보는 관점을 말한다. 곧 우주를 본래 있었던 것으로 보느냐 창조주 하느님의 피조물로 보느냐를 결정짓는 것이며, 그 결과 이 세상에서의 삶을 어떻게 사는 것이 바람직한 것이냐, 동물처럼 막 살 것이냐 아니면 인간의 품위를 유지하면서 고상하게 살 것이냐 하는 노선(路線)을 택하는 것이다(차동엽, 『여기에 물이 있다』, 에우안젤리온, 2005, p.21).

3   참조: 차동엽, 위의 책, p.21.

관과도 깊은 연관을 맺고 있다.

'신(神)' 혹은 '종교(宗敎)'에 대한 질문을 던지면 사람의 삶에 있어서 가장 핵심적이며 본질적인 가치에 대해 대면하는 것임을 알면서도 현실적 삶과는 동떨어진 주제라 외면하거나 혹은 다음과 같은 비판의 잣대를 들이대는 경우를 자주 경험한다.

2-1 종교는 사람들이 만들어 낸 환상이다(?)

의외로 많은 지식을 소유하거나 사회적 지위를 확보한 사람들 혹은 그 반대의 경우도 종교는 필요치 않다고 생각하는 이들을 많이 만난다. 종교는 그저 '심약한 사람들의 의지처'에 불과한 것으로 치부한다.

아이티(Haiti)의 강진(强震)이나 일본의 쓰나미처럼 거대한 자연의 힘 앞에 무력한 인간이 공포에서 벗어날 것을 호소하던 것이 체계를 갖추어 종교로 발전했다고 말하기도 하고, 혹자는 종교는 일종의 미신(God Delusion)[4]에 지나지 않는다고 폄하하기도 한다.

2-2 종교는 다 거짓이야 — 민중의 아편(?)

혹자는 종교야말로 "고통스런 현실의 삶에서 무책임하게 도피하기 위해 천국(天國)이라는 신기루를 만들어 놓고 무지몽매한 민중을 호도하는 것이며, 거짓 위로와 거짓 평화를 내세워 환각에 빠뜨리는 '민중의 아편'이

---

[4] 영국의 동물행동학자, 진화생물학자 및 대중과학 저술가이며, 무신론자의 대표, 철저한 인본주의자, 회의주의자, 과학적 합리주의자 및 브라이트 운동 지지자로 널리 알려진 리처드 도킨스(Richard Dawkins)의 서명(번역 서명:『만들어진 신』)이기도 하다.

다!"[5]라고 신랄한 비판을 가하기도 한다.

2-3 꼭 믿어야 해? ─ 이렇게 살아도, 저렇게 살아도 한평생

혹자는 살아가기도 분주한 세상 속에서 종교적 가치의 무용함을 내세워 무관심을 표현하거나 비판하기도 한다.

3. 인간의 본질(Essence) ─ 종교성(Religiotas)

3-1 Homo Religiosus(종교적 인간)

종교(宗敎)나 신(神)에 대한 수많은 비판에도 불구하고, 인간 본성에 깃들어 있는 필연적인 종교성을 부정할 수는 없다. 이에 헤이(Davis Hay)는 "종교가 우리에게 내장된 '생물학적으로 자연스러운 현상'"[6]이라고 했고, 벨라(Robert Bellah)도 "종교가 인간이라는 종의 삶의 일부이며, 인간이 자신을 정의하다는 데 핵심적"[7]이라고 단언하였다.

■ 절대자를 갈망하다. "Oh, my God!"

누구나 급할 때 하느님을 찾지 않던가!

심지어 "하늘만은 아신다!" 하며 절대적 표현 안에서 든든한 정의의 보루를 찾는다.

또한 사람은 누구나 간절히 구하는 바가 있는데, 현실적인 어떤 것도 충만한 만족을 가져다주지 못하는 경험 속에서 근원적인 것에 대한─막연

---

5   참조: 차동엽, 앞의 책, p.22.

6   참조: David Hay, *Religious Experience Today: studying the Facts* (London Mowbay, 1990), 9.

7   Robert Bellah, *Beyond Belief* (New York: Harper and Row, 1970), p.223.

할지라도―그리움을 갖고 있음을 스스로 깨닫는다.

어느 코미디 프로그램에서 "소고기 사 묵겠지!" 하는 유행어가 회자되었던 적이 있다. 내가 지금 현세적이든 지상의 것이든 취득하고자 아우성칠 때, "그 다음은?"이라는 질문을 계속 던져 보라는 취지이다. 나는 '과연' 무엇을 추구하며 무엇을 위해 살고 있는지에 대한 진지한 탐색을 하도록 말이다.

누구나 그 맘속에는 올바르고[진(眞)], 착하며[선(善)] 아름다운[미(美)] 삶을 영원히 누리고 싶어 하는 지속적 욕구가 있는 법이다. 이 애착의 이면에 진선미(眞善美)의 궁극적 원천이며 기준인 절대자를 갈망8하고 지향하는 영혼이 깃들어있다.

■ 신(神)이 필요한 인간

사람이 해결을 필요로 하는 문제 가운데 '의-식-주'를 포함한 물질적 문제들은 과학기술의 급속한 발전과 더불어 단순한 욕구 충족을 넘어서 편리성의 첨단에 도달하고 있다. 희로애락(喜怒哀樂)과 같은 정서적·심리적 불안정성을 회복하고자 하는 욕구는 자기 수양을 권장하는 사회 분위기 속에 다양한 프로그램을 접할 수도 있다. 또한 지식 정보화 시대에 뒤처지지 않기 위한 교양이나 각종 기술적 내용들은 학습을 통해 자기계발의 도구로서 적용할 수도 있다.

그러나 생사존망(生死存亡)과 같은 인간 삶의 근원적이며 초월적인 문제는 오직 종교만이 해답을 지니고 있다.

'종교(宗教)'란 말뜻도 '종(宗: 으뜸)'과 '교(教: 가르침)'로서 근본에 대한 가르침, 근본이 되는 가르침이라는 의미를 갖고 있지 않은가?

---

8   참조: 차동엽, 앞의 책, p.24.

곧 이는 인간이 본질적으로 맺는 관계—나 자신, 나와 이웃 그리고 세계, 나와 하느님과의 관계—에 대한 근본적 가르침이라 하겠고, 이렇듯 관계의 근본을 지향하는 발돋움을 종교성, 그 마음을 '종교심(宗敎心, religiotas)'이라 한다.

4. 신앙심(Fidelitas) — 성숙한 종교심의 해제(解題)

4-1 신앙심(信仰心)과 종교심(宗敎心)

'신앙심(信仰心)'은 절대자, 절대적인 것에 대한 보편적 갈망을 일컫는 종교심과는 구별된다. 신앙심은 종교심에서 한 걸음 더 나아간 것으로서, —'종교심'이 '인간의 일방적인 찾아 나섬'이나 '독백', 곧 '자기 외적 존재에 기대고자 하는 인간의 본능적 행위'를 일컫는 데 반해—'하느님(절대자)과의 관계' 안에서 그 계시와 은총의 부르심에 '구체적이며 인격적으로 응답'하는 것을 말한다.[9]

4-2 자연종교(自然宗敎)와 계시종교(啓示宗敎)

종교는 그 출발점에 따라 '자연종교'와 '계시종교'로 구분된다.

자연종교는 출발점을 사람이며 '종교심'에 둔 것, 곧 인간이 자연(우주만물)을 보고 종교심의 발로에서 인간 스스로 만든 종교를 말한다[예: 토테미즘(totemism),[10] 애니미즘[animism: 정령(精靈)신앙],[11] 무속·미신(迷信), 범신론

9 　참조: 차동엽, 앞의 책, p.29.

10 　형제-자매 혈연관계를 의미하는 오지브와족(알공킨족 인디언)의 단어 오토테만에서 유래한
　　것이다. 토테미즘은 한 사회나 개인이 동물이나 자연물(토템)과 맺는 숭배관계 또는 친족 관
　　계를 포함하는 다양한 관계를 의미한다(Daum 사전).

11 　라틴어 '아니마'(anima), 즉 영혼 또는 생기를 뜻하는 말에서 온 애니미즘은 생기론(生氣論),
　　유령관(有靈觀)으로 번역된다. 원시민족의 신앙 형태의 한 가지로서, 자연계의 모든 사물에

(pantheism, 汎神論),[12] 넓게는 불교 등].

이에 대하여 계시종교는 출발점이 하느님이며, 하느님의 계시[13]에서 생겨나 사람에게서 '신앙심'—구체적이며 인격적인 응답—을 요구하는 것이다.

디딤돌 하나 ▶ 　　나의 신관(神觀)

- 나의 신 존재에 대한 생각(믿음/없음/불가지론 등)은 어떤 입장
  에 서 있는가?
  + 나의 신관(神觀, 신에 대한 관점)?

- 이 생각의 배경은?

---

5. 신의 존재에 대한 오랜 증명

　　　　　　　신앙과 신앙심의 출발이 되는 주체와 내용은 하느님과 그의 계시라는 점을 밝혔다.

서양철학의 흐름 가운데 고대 그리스를 중심으로 한 철학은 만물의 생멸에 관여하는 자연의 이치와 우주에 관심을 기울이는 '자연철학'이었다면 점차 물질의 차원에서 벗어나 '정신철학'에로 플라톤과 아리스토텔레

는 생명이 있는 것으로 보고, 그것에 영혼 관념을 인정하여 인간처럼 의식·욕구·느낌·생각
　등이 있다고 보는 설이다.
12　일체 만유가 신이며, 신은 일체 만유라고 하는 종교관, 철학관.
13　계시(啓示)란 하느님이 인간에게 무엇인가를 드러내 보이는 것이다. '자기를 현시하다
　(αποκάλυφσις)'에서 유래되었다.

스에 이르러서 '형이상학'으로 심화되면서 인간의 의식이 점차 불안한 세계를 벗어나 영원불변하고 무한한 것을 동경하고 의존하게 되었음을 보여 주었다.

그에 이은 중세철학은 그리스도 강생과 부활 이후 형성된 그리스도교의 정통적인 신앙을 수호하고, 이단과의 논쟁에 맞서 진리를 규명하려는 노력이 이어졌는데 이를 교부[14]철학이라 칭한다.

교부철학의 뒤를 이은 스콜라 철학에서 대두된 가장 중심적인 문제가 곧 신앙과 이성의 문제이다. 여기서 스콜라란 '학교'를 의미하며, 따라서 스콜라에서 연구하던 신학, 철학자들에 의해 세워진 '대학 중심의 체계적인 철학'을 뜻하는 것으로 쓰였다. 그러나 학문적 내용을 일반인들에게 해명할 수 있는 필요성이 제기되었는데, 이때 등장한 초기 스콜라 철학자가 안셀무스이다.

5-1 안셀무스(Anselmus, 1033-1109)

■ 믿음과 지식

안셀무스는 믿음의 내용을 이성에 의해 설명하려는 입장, 믿음의 내용에 한해서는 이성의 개입을 거부하는 입장을 취했는데, 특히 후자에 있어서 확고한 믿음이 우선임을 강조—믿기 위해 아는 것이 아니라 알기 위해 믿는 것—하였다. 그러므로 계시의 내용을 알기 위해 신앙의 내용을 믿고 다음에 이해할 것[15]을 강조하였다.

---

14 '교회의 아버지'란 의미의 교부(敎父)는 그리스도교 신앙을 옹호하며 진리를 지켜나간 4세기경까지의 인물들을 일컫는 말로서, 그 조건은 ① 고대성, ② 정통성, ③ 생활(신앙과 도덕)의 모범 등을 갖추고 있어야 했다.

15 안셀무스는 신앙의 신비—신, 삼위일체, 성변화, 부활 및 자유의지에 관한 그리스도교의 가르침에 대한 절대적인 신뢰를 가졌다. 그럼에도 그것들을 충분히 알기 위하여 이성을 이용하였다. 그의 좌우명은 '이해를 추구하는 신앙'이었다(참조: 로버트 C. 솔로몬, 캐슬린 M. 히긴

■ 신 존재 증명: 존재론적(ontological) 증명

안셀무스는 신의 존재 증명을 위해 신(神)의 관념으로부터 출발하였는데 신의 실재를 증명하는 선험적(先驗的)[16]인 것, 지성 속의 존재는 실재 속에서도 존재해야 한다고 다음과 같이 합리적으로 설명하였다.

신은 바로 "최고완전자"인데, 이는 우리의 지성 속에서만이 아니라 실제적으로 존재해야 한다. 지성 속에서뿐만이 아니라 실제적으로도 존재하는 것이 더욱 완전하기 때문이다.

그러므로 신이 참으로 최고완전자라면 필연적으로 실재하지 않을 수 없는 것이다.

↔ 안셀무스의 이 같은 증명에 대하여 가우닐로(Gaunilo)는 '사람은 사고(思考) 밖에서도 실제성이 없는 많은 오류나 틀린 관념을 생각 속에 품을 가능성이 있다'고 반박하였다. 그러나 그도 "최대의 존재", "최고 존재"인 신의 경우만은 가능하고 필연적이라고 인정하였다.

■ 존재론적 신 증명의 전 단계

안셀무스는 위 내용을 다음과 같은 논리적인 설명으로 뒷받침하였다.

· 모든 사물은 완전성에 있어서 동등하지는 않다.
· 완전성을 가진 것은 절대적 완전성에 관여하여 완전성을 차지하고 있다(分有).
· '좋다'라는 것도 절대적인 '좋은 것'에 관여하는 것이다.
· '선 자체'야말로 완전선(完全善)을 의미할 수밖에 없다.
· 따라서 모든 실재보다 탁월하고 월등한 실재가 있을 수밖에 없다.

스,『세상의 모든 철학』, 박창호 역, 이론과 실천, 2007, pp.258-259).

16   a priori―경험적인 것에 앞서 이미 주어진 것.

5-2 **토마스 아퀴나스**(Thomas De Aquino)

아퀴나스의 논증은 신의 현존을 증명하고자 하는 대개의 논증들이 몇 가지 선험적 개념들만 가지고 전개된 반면, 세계의 일반적인 특징들에 대한 관찰로부터 혹은 무엇보다 세계가 존재한다는 사실 자체로부터 논의를 시작한 소위 우주론적(cosmological) 논증으로 알려져 있다.[17]

그는 인식에 있어서 경험을 통해 얻는 사실이 있음을 인정하고, 경험의 내용인 감각적 대상을 가져온 원인을 소급하면서, 우연한 존재들—존재하거나 움직이기 위해서 자신 아닌 다른 것에 의존하는 존재들—에 대한 이성적 분석에 기초를 두며[18] 다음과 같이 신 존재를 증명하였다.

- (운동으로부터) '부동(不動)의 원동자(原動者)', '부동(不動)의 동인(動因)': 스스로는 움직이지 않으면서 다른 모든 것을 움직이게 하는 것이 신이다.
- 제일(第一) 동력인(動力因): 우연한 사물들의 운동은 그들을 움직인 다른 사물 안에 인과적으로 의존하고 있다.[19] 그러므로 세계 자체는 이런 우연적인 것으로서 궁극적인 원인의 결과에 지나지 않는다. 곧 세계에서 보이는 모든 현상의 원인/결과의 연쇄를 밀고 나가면[20] 이 역행을 무한히 계속할 수는 없으며 결국 최초의 원인, 신(神)에 도달할 수밖에 없다.
- 필연유(必然有): 우리를 둘러싼 세상 사물들은 사실 존재하지 않을 수

17　참조: 팀 크레인 외, 『철학, 더 나은 삶을 위한 사유의 기술』, 강유원 외 역, 유토피아, 2008, p.366.
18　로버트 C. 솔로몬, 캐슬린 M. 히긴스, 앞의 책, p.264.
19　로버트 C. 솔로몬, 캐슬린 M. 히긴스, 앞의 책, p.264.
20　참조: 최재식 외, 『철학의 전환점』, 프로네시스, 2012, p.231.

도 있었기 때문에, 세상에 무언가가 존재하고 있는지를 설명하기 위해서는 '의당 필연적인' 존재, 신(神)을 가정해야[21] 한다.

- 최고 완전자(完全者): 만유(萬有)는 저마다 상대적인 완전성의 차이를 지니고 있다. 이에 그 단계보다 갈수록 상위로 올라갈 수 있는데, 계속 올라가면 최고 완전자인 신(神)으로부터 흘러나온다고 할 수밖에 없다.[22]

- 목적론적 논증(teleological argument)/설계 논증: 이는 전 우주가—그리고 그 우주의 사물들이—질서 있게 어떤 목적을 향해 움직이고 있다는 사실로 미루어 완벽한—인체나 자연의 구조가 얼마나 복잡하고 섬세한가!—설계자로서의 긍극 목적인 최고 예지자인 신이 존재해야 한다는 것이다.

5-3 둔스 스코투스(Duns Scotus, 1266-1308)

■ 토마스 철학에 대한 인정과 비판

'신앙(믿음)의 진리와 이성(앎)의 진리는 서로 모순되지 않는다'는 점에서 토마스와 동일한 맥락을 유지한다. 그러나 신의 존재나 속성, 영혼의 불멸성은 이성적으로 논증할 진리가 아니라 계시된 것이라 보았고, 신학은 철학에 종속되지 않고 고유한 원리를 지닌다는 점을 주지했다.

---

21 이슬람 철학자 이븐 시나(980-1037)는 이 논증과 같은 맥락으로 "우연적인 존재들은 결국 필연적인 존재로 귀결되어야만 한다"라고 주장했다(참조: 팀 크레인 외, 위의 책, pp.368-369).

22 신플라톤주의(Neo-Platonism) 철학자인 플로티노스(Plotinos)도 세상의 만물은 완전한 하느님으로부터 흘러나와, 영적인 천사—사람—동물—식물 순(順)으로 완전성의 차이가 있으며, 저마다 그 차별된 완전성으로 하느님의 속성을 분유(分有)하고 있다고 설명했다. 이에 각 단계의 불완전한 존재들은 하느님처럼 완전하길 갈망하여 끊임없이 상승 운동을 해야 한다 했는데, 이로써 완전성에 도달하는 과정을 '해탈(解脫)'이라 불렀다.

■ 신 존재 증명: 본체론적, 존재론적 신 증명 *부정신학(否定神學)

스코투스(Scotus)는 "모순되는 개념은 생각할 수 없다"는 논리적 식견을 유지하면서, 전지전능하시고 완전신이 존재 않는다면 그 자체가 개념적으로 모순이므로 신—만물에 영향을 미치는 최초의 존재—이 필연적으로 존재하는 것이라 주장했다.

그는 완전하고 절대적이며 전지전능한 신의 본성은 무한성을 내포한 것인데, 이 무한성이야말로 가장 단순하다 것과 다름 아니라고 결론지었다.

이는 곧 부정신학(표현을 초월)[23]—하느님을 있는 그대로 설명할 수 없어 모순이 되지 않는 하느님을 설명하는 차원에서—과, 상징 신학(어떤 것, 다른 것이 아닌 것)[24]—하느님에 대한 설명의 언어가 내포하는 의미를 더욱 넓고 깊게 적용한다는 점에서—의 영향을 받은 데서 연유한다.

5-4 칸트(I. Kant)의 신(神) · 영혼불멸(靈魂不滅)

칸트는 신(神) 개념을 상기한 학자들이 신에 대하여 직·간접의 논증을 통해 존재를 증명하는 것 자체를 목적으로 삼았던 것과는 다른 차원에서 접근하였다. 그는 신의 존재 증명과 의미 파악보다는 인간에게 주어진 조건을 통해 어떻게 궁극적인 행복—도덕적 행복—에 다다를 것인가 하는 연구를 선행(先行)했다.

그는 행복은 선인에게 주어져야 하고 불행은 악인에게 돌아가는 것이

---

23 하느님의 속성에 대하여 긍정적인 언어로 설명하는 것은 하느님의 무한한 본성을 인간이 다 이해할 수도 꿰뚫을 수도, 언어로 다 표현할 수도 없기 때문에 오히려 하느님의 속성에 반하는 어떤 것이 '아니다'라고 접근[부정(否定)의 방법]해야만 하느님에 대하여 보다 정확히 접근할 수 있다고 하는 입장을 말한다. 예: 하느님은 악한 분이 아니시다. 하느님은 모르는 부분이 없으시다 등.

24 상징(symbol)은 '어떤 사물이나 기호, 행동 등이 자연적·물리적으로 가진 속성과는 다른 새로운 의미가 부여되는 것'을 뜻한다. 예: 반지는 결혼을, 국기는 그 국가를, 유품은 떠난 사람의 삶을 드러낸다.

마땅하다고 일반적인 기준[25]에서 생각했다. 그러나 세상의 현실, 그 현실의 질서는 우리의 염원이나 자연스런 인식과는 달리 전도되어 있는 수가 다반사이다. 이에 가치 전도 문제를 칸트는 『실천이성비판』의 변증론(辨證論)에서 이 문제의 해결을 다음과 같이 꾀하고 있다.

■ 최고선

칸트는 먼저 최고선(最高善)—이는 최상선(最上善)과 완전선(完全善)을 아울러 갖춘 상태이다—의 개념을 도입함으로써 이 문제의 해결을 시도하였다.

· '최상선'이란 '최고선'이 실현되기 위해 먼저 실현되어야 할 선(최고선 성립의 첫째 조건)으로, 의지와 도덕법칙이 완전히 일치하는—하고자 하는 마음과 '해야 한다'는 당위성이 하나가 되는—경지[26]이다.

그는 인간이 지닌 이성적이면서도 감성적이라는 '존재의 이중성' 때문에 언제라도 애착심에서 행위를 할 가능성을 가지고 있으므로, 도덕은 반드시 명법(命法)의 형식—~해야(만) 한다—으로만 가능할 뿐, 스스로 최상선을 구현하기는 어렵다고 보았다.

그러나 최상선의 실현은 필연적으로 요구되는 이념이다. 우리는 이를 위해 무한히 노력해야 하는데, 이러한 무한한 노력을 가능케 하기 위해서는 인간의 생명이 죽음으로 단절되어서는 안 되며 인격성이 무한히 존속해야 한다. 즉 '영혼(靈魂)의 불멸성(不滅性)'을 전제함으로써만이 가능한 것이다.

그러므로 영혼의 불멸성은 도덕법칙과 불가분하게 결합된다.

---

25 칸트는 '마땅히 그래야 하는 것', 곧 보편타당하고 당위성을 띤 도덕적 가치를 우선시했다.
26 孔子가 說한, '七十而 從心所欲 不踰矩'의 경지.

·'완전선'이란 도덕과 행복이 일치하는—보편타당한 도덕적 실천과 나의 행복이 내적으로 하나가 되는—경지[27]이다.

그러나 이는 인간에게 도덕성과 애착심 사이에 양자택일이 있을 뿐이므로 인간의 힘으로써는 결코 도달될 수 없다. 도덕성은 애착심을 물리치고 오로지 도덕법칙에 따름으로써만이 가능한 것이다.

인간이 행복을 목적으로 해서는 안 되지만, 도덕적 실천에 행복이 주어져야 한다는 것이 우리의 필연적 염원이다. 이에 도덕과 행복의 일치를 가능하게 하는 전지전능의 신의 존재를 전제하지 않을 수 없다.[28]

그러므로 신의 존재 상정은 도덕적으로 필연적이다.

■ 실천이성(實踐理性)의 요청(要請)

위에서 '최고선'을 설명함에 있어—'최상선'을 위한—'영혼의 불멸성'과 —'완전선'을 위한—'신의 존재'를 필연적으로 전제하지 않으면 안 되었는데, 이처럼 도덕의 성립을 위하여 필연적으로 가정하지 않을 수 없는 것을 칸트는 '실천이성의 요청'[29]이라 불렀다. 그는 이 요청을 절대적인 것으로 생각한다. 여기서 '영혼의 불멸성', '신의 존재'는 종교적 개념이다.

그러므로 칸트는 종교에서 도덕의 기초를 찾으려 한 것이 아니라, 오히려 도덕에서 출발하여 종교를 요청한 것, 즉 도덕은 종교에 의해서 그 완성을 볼 수 있다는 것이다. 그 두 개념을 요청할 수밖에 없었던 것은 인간

---

27 즉 최상선을 구현한 인격이 그 덕에 알맞은 행복을 누리는 상태를 말한다(김태길, 『윤리학』, 철학과현실사, 2010, p.144).

28 신의 존재는 이론적으로는 가설에 불과하나, 실천적으로는 신앙이다. 그것은 순수이성에 근원을 둔 이성적인 신앙인 까닭에, 칸트는 이를 '순수한 이성신앙'이라고 부른다(김태길, 위의 책, pp.144-145).

29 실천이성의 요청, 즉 도덕의 성립을 가능케 하는 데 절대적으로 필요한 조건으로서 칸트는 '영혼의 불멸성'과 '신의 존재' 외에 '의지의 자유'를 들고 있다. 이들은 이론적으로는 도저히 증명될 수 없으나, 전제되지 않고서는 완전한 도덕은 결코 성립될 수 없다.

이 '유한자'로서 최고선을 현실적으로 실현할 수 없기 때문이지 그 개념을 전지전능하여 인식하기 때문은 아니다.

그러므로 칸트에 의한 신(神)은 신 자체로서의 탐색의 결과라기보다, 철학적으로 '요청(要請)된 신(神)'으로 이해하는 것이 합당하겠다.

6. 신의 존재에 대한 논쟁

신 존재에 대한 오랜 논쟁에도 불구하고, 현대에 들어오면서 더욱 다변화되고 복잡성을 띤 사상과 현실의 흐름들 속에 여전히 신 존재에 대한 뜨거운 논쟁은 이어지고 있다.

6-1 만들어진 신(God Delusion) ― 리처드 도킨스(Richard Dawkins)

저명한 동물행동학, 분자생물학, 집단유전학, 발생학 등 다양한 분야의 권위 있는 과학자로서 무신론(無神論)[30]의 대표자로 불리는 리처드 도킨스는 저서 『만들어진 신』에서 다음과 같은 굵직한 사유를 예로 들면서 신 존재에 대하여 통렬하게 반박하였다.

■ 종교 없는 세상에 대한 희망

그는 종교가 없다면 자살폭파, 9·11 테러, 십자군, 마녀사냥, 화약 음모 사건, 인도 분할, 이스라엘과 팔레스타인 사이의 분쟁, 세르비아와 크로아티아와 보스니아의 대량 학살, 유대인에 대한―'예수 살인자'라는 이름의 ―박해, 명예 살인, 거짓 예언자 등 인간 역사 내에 발생한 부정적인 사건

---

30 도킨스의 말을 빌리면 무신론자는, '자연적이고 물리적인 세계 너머에는 아무것도 없고, 관찰 가능한 우주의 배후에 숨어 있는 초자연적인 창조적 지성은 없다고, 몸보다 오래 사는 영혼은 없다고 믿는 사람'이라 한다(참조: 리처드 도킨스, 『만들어진 신』, 김영사, 2007, p.27).

들이 없었을 것이라며 이 같은 종교로 인해 발생한 문제들―그는 '종교의 채찍질'이라 표현했다―이야말로 신 존재와 종교를 부정할 수 있는 근거[31]라 본다.

■ 신 존재도 회의적으로 분석될 하나의 가설이다

그리고 그는 신의 존재와 관련된 각종 논증들―예를 들어 생물체의 환원불가능한 복잡성, 신의 설계 등―의 취약점을 열거하면서, 신 존재 자체도 하나의 증명 불가한 가설로 치부하였다.

■ 신의 설계는 모순

또한 그는 다양한 종(種)의 생물의 출현과 설계된 듯한 생물 설계는 하나의 환각에 불과하며, 창조나 설계보다는 다윈(Charles Dawin)의 '자연선택설'이 훨씬 설득력이 있다[32]고 강조했다. 이브 파갈레(Yves Paccalet)도 자신의 생명을 가리켜 "나는 이미 골백번도 더 활용되었던 분자들의 구성물에 대한 용익권자에 지나지 않는다. … 원자를 공부하는 원자 덩어리가 되었다. 세포를 탐구하는 세포들의 집합이 되었다"[33]하고 신의 설계와 무관한 자연적 유물론을 피력한 바 있다.

■ 종교는 다른 것(이론, 철학)으로 대체될 수 있다

그리고 생명에 관한 것 외에도 세계에서 접하는 모든 현상적 사건들은 결국 우주의 이해를 위해서 다른 이론들이나 지성에 의지한 사상과 철학들이 종교의 자리를 충분히 대신할 수 있다고 확신했다.

---

31 참조: 리처드 도킨스, 위의 책, pp.7-8.
32 참조: 리처드 도킨스, 위의 책, pp.8-9.
33 이브 파갈레, 『신은 아무것도 쓰지 않았다』, 이세진 역, 해나무, 2012, p.11.

■ 가장 명석한 자들 대부분이 종교 회의론자들이다

그는 아울러 지식을 소유하거나 과학적 탐구에 밝은 소위 '명석한 이들' 가운데 대부분이 전통적인 신앙에 회의를 갖고 있다는 점, 신앙이나 종교가 삶에 실질적인 영향을 미치지 못한다는 데 동의한다는 점에서도 종교의 존립 의의는 상쇄된다고 보았다.

이상의 도킨스의 견해를 뒷받침하여, 퍼시그(Robert M. Pirsig)[34]는 "누군가 망상에 시달리면 정신이상이라고 한다. 다수가 망상에 시달리면 종교라고 한다"[35] 하며 종교에 대해 극렬한 비판을 가했다.

6-2 신의 언어(The Language of God) — 콜린스(Francis S. Collins)

앞서 도킨스는 명민한 과학자들이 종교나 신앙에 대한 회의를 품거나 거부하는 것만으로도 종교는 충분히 의심의 여지가 있다고 주장했다.

그런데 『신의 언어』의 저자인 콜린스는 세계적인 권위를 지닌 유전학자이자 과학자로서, 생명의 암호가 숨겨진 DNA를 연구하고 나아가 인류 역사상 최초로 〈인간 게놈(genome) 프로젝트〉를 총지휘하여 10년 만인 2003년 인간의 몸을 구성하는 31억 개의 유전자 서열을 해독, 게놈 지도를 완성하기까지, 오히려 종교적 신념과 신앙의 힘에 더욱 주목하게 되었다.

■ 영적 시각으로 끌어올려진 과학의 시선

인간 몸을 구성하는 유전자 해독에 관련된 초안이 발표되던 날 빌 클린턴이 전한 연설은 과학적 시각을 영적 시각으로 끌어올렸다는 평가를 받

---

34 『선(禪)과 오토바이 관리 기술』의 저자.

35 원문: "When one person suffers from a delusion, it is called insanity. When many people suffer from a delusion it is called Religion."

았다.

그 골자는 "오늘 우리는 하느님이 생명을 창조할 때 사용한 언어를 배우고 있습니다. 우리는 하느님이 내려 준 가장 신성하고 성스러운 선물에 깃든 복잡성과 아름다움과 경이로움에 그 어느 때보다도 큰 경외심을 느끼게 되었습니다" 하는 대목이었다.

콜린스는 이 연설에 덧붙여, "오늘은 전 세계에 경사스러운 날입니다. 지금까지 오직 하느님만이 알고 있던 우리 몸의 설계도를 처음으로 우리가 직접 들여다보았다는 사실에 저는 겸허함과 경외감을 느낍니다"라고 언급하였다. 그는 이어 "인간게놈 서열을 관찰하고 그 놀라운 내용을 밝히는 일은 내게 경이로운 과학적 성취이자 하느님을 향한 경배의 시간이었다"고도 술회한 바 있다.[36]

그는 과학과 신앙 간의 관계에 대하여 "하느님에 대한 믿음은 전적으로 이성적 선택일 수 있으며 신앙의 원칙과 과학의 원칙은 상호보완관계에 있다. 또 신의 영역은 가슴으로, 머리로, 영혼으로 탐색해야 하며, 머리는 양쪽 영역을 끌어안을 방법을 찾아야만 한다"[37]고 입장을 표명하였다.

상기한 것처럼 대립되는 신의 존재에 대한 시각을 보다 심화하면서 이슈가 되는 화제를 중심으로 신 존재 의의에 대한 숙고를 거듭해 보고자 한다.

7. 신의 존재에 관한 중요한 질문 1st — 과학과 신앙의 간극

'신이 없다'는 입장에 선 대부분의 사람들은 신앙의 이성적 근거들을 철저히 파헤쳐 보면 무신론을 확고히 하고 믿음의

---

36 참조: 프랜시스 S. 콜린스, 『신의 언어』, 이창신 역, 김영사, 2009, pp.7-8.
37 참조: 프랜시스 S. 콜린스, 위의 책, p.10.

무용성(無用性)을 증명할 수 있으리라 기대한다. 과연 그럴까?

신앙(信仰)은 사실 막연히 뜬구름을 붙드는 것이 아니라 계시에 대한 구체적인 응답 속에 이성(理性)을 배제하지 않는 깊은 숙고를 바탕으로 하기 때문이다.

7-1 인간이기에 갖는 도덕법

인간이면 누구나 '옳고 그름'에 대해―가치에 접근하는 방법이나 그 적용에 따라 결과가 다를지라도―보편적인 생각을 갖고 있음을 부정할 수 없다. 이는 어느 피조물에게도 적용할 수 없는 인간에게만 해당하는 법이다.

옳고 그름에 대한 분별, 그리고 양심적 응답은 어디로부터 흘러나오는 것일까? 생래적(生來的)으로 가슴에 새겨진 걸까? 누군가 주입식으로 가르쳐 주지 않아도 어린 동생을 보호하고 달래 주는 어린이의 마음, 어려운 처지에 있는 이들에 대한 연민과 봉사, 낳고 길러 준 이에 대한 효성, 복잡다단한 관계 속의 예의 등…. 심지어는 자신에게 돌아오는 이익이 없어도 기꺼이 다른 이를 위해 희생을 감수하는 이타적인 실천까지.

루이스(C. S. Lewis)는 "만물을 통제하는 힘이 우주 밖에 존재한다면, 그것은 우주 안에 있는 어떤 실체로 우리 앞에 모습을 드러낼 수 없을 것이다"[38]라고 역설한 바 있다. 즉 우리 내부에서 영향력을 발휘하거나 명령을 내려 행동을 통제할 때 표면적으로 신의 존재가 드러나지 않기에 약한 우리는 의심―부정적이며 극단적이지 않은 어쩔 수 없이 발생하는 의심―에로 기울어진다는 점이다.

틸리히(Paul J. Tillich)는 이 점을 지적하면서 "의심은 믿음의 반대가 아니

---

38 C. S. Lewis, *Mere Christianity* (Westwood: Barbour and Company, 1952), p.21.

다. 그것은 믿음을 구성하는 요소다"[39]라고 정확하게 지적한 바 있다. 곧 다가오는 의심의 기제들을 통하여 오히려 깊이 자문하고 숙고함으로써 신앙은 빛을 발할 수 있기 때문이다.

또한 동시에 이토록 우리 안에 높은 수준의 도덕법이 자리하는 것은 사실 보이는 주체인 나를 넘어선 신성하고 정의로운 신 존재에 대해 자극을 주는 것에 다름이 아니다.[40]

■ 신은 단지 욕구 충족을 위해 만들어진 희망사항이 아닌가?

신의 존재가 실제인가? 혹은 모든 문화에서 공통적으로 나타나는 신에 대한 의지의 마음, 곧 의미 없는 삶에 의미를 부여하고 죽음의 고통을 제거해 주리라는 인간의 보편적이고 근거 없는 갈망[41]에 대한 투사의 결과일까?

그럼에도 분주하고 각박한 삶의 한가운데서 영원에 대하여 갈구하고 영적이며 영원한 신적 존재를 찾는 것은 강렬한 욕구—Lewis는 이를 '다른 어떤 만족보다도 더 탐나는, 만족되지 않는 욕구'라 말했다.[42]—임엔 분명하다.

거대한 우주 앞에 서서 하늘을 바라볼 때, 삶과 죽음이 뒤섞인 조화로운 음악의 연주 안에 머무를 때 …, 도무지 현실적이고 물질적으로만 해석할

---

39 P. Tillich, *The Dynamics of Faith* (New York: Harper & Row, 1957), p.20.

40 "인간은 양심의 깊은 곳에서 법을 발견한다. 이 법은 인간이 자신에게 부여한 법이 아니라 오로지 인간이 거기에 복종하여야 할 법이다. 그 소리는 언제나 선을 사랑하고 실행하며 악을 피하도록 부른다. 필요한 곳에서는 마음의 귀에 대고 '이것을 하여라', '저것을 삼가라' 하고 타이른다. 이렇게 인간은 하느님께서 자기 마음속에 새겨주신 법을 지니고 있으므로… 양심은 인간의 가장 은밀한 핵심이며 지성소이다. 거기에서 인간은 홀로 하느님과 함께 있고 그 깊은 곳에서 하느님의 목소리를 듣는다"(『사목』, 16항).

41 참조: 프랜시스 S. 콜린스, 앞의 책, p.41.

42 C. S. Lewis, *Surprised by Joy* (New York: Harcourt Brace, 1955), p.17.

수 없는 주제들이 얼마나 많이 널려 있는가!

혹여 신은 인간이 바라는 희망 사항에 불과하다고 단정하면, 정말로 실제로 신이 존재하지 않는 걸까? 그저 실현 가능성 없는 물거품에 불과한 망상일까?

우리는 하이데거(Heidegger)의 말처럼 '기투(既投)된' 이곳에서 내가 알지도 못한 모든 것들의 혜택을 입으며 성장해왔고 살아가고 있다. 콜린스(Collins)의 말처럼 '세상 어떤 경험으로도 충족할 수 없는 욕구를 내 안에서 발견한다면, 원래부터 다른 세계에서 살도록 만들어졌으리라는 말 외에 적합한 설명이 없을 것'[43]이다.

신성한 것을 원하는 갈망, 우리가 경험하는 보편적이면서도 도무지 알지 못할 자연스런 이 목마름 자체가 우리 너머의 무언가를 향하도록 가리키는 키나 바늘[44]이 아닐까?

7-2 종교라는 이름으로 저지른 해악

앞서 도킨스(Dawkins)가 '종교의 채찍질'이라 지적했던, 종교라는 이름으로 행해진 해악들은 그의 말대로 신 존재를 부정할 수 있는 근거가 되는 것일까?

교황 요한 바오로 2세는 2000년 3월 12일 바실리카 성당에서 집전한 '용서의 날 미사(The Day of Pardon Mass)'에서 진리를 추구하기 위해 믿지 않는 이들에게 행한 박해(십자군 원정, 마녀사냥, 신대륙 원주민 대한 침략의 방조), 그리스도교의 분열,[45] 유대인에 대한 박해, 이교도와 사회적 약자(사랑, 평화,

---

43 참조: 프랜시스 S. 콜린스, 앞의 책, p.44.
44 참조: 프랜시스 S. 콜린스, 앞의 책, pp.44-45.
45 1054년 정치적·교의적 차이가 시발(始發)이 된 동방-서방 교회의 분열, 16세기 종교혁명에 의한 개신교(protestant)와의 분열.

인권, 타 문화와 종교 등)를 업신여김, 여성의 존엄성과 타 인종에 대한 차별, 인간의 기본 인권과 관련된 죄 등 교회의 이름으로 부당하게 지은 죄들에 대한 참회를 공식적으로 드러내었다. 그리고 프란치스코 교황은 2015년 7월 9일 볼리비아를 방문한 자리에서 볼리비아 원주민과 운동가들에게 "식민시대에 로마가톨릭교회가 저지른 죄, 그리고 소위 '아메리카 정복'의 이름으로 원주민에게 행해진 모든 죄에 대한 겸허한 용서를 구한다"고 밝혔고, 이어진 12일에도 남미 순방 시에 과거 식민 시대에 가톨릭교회가 저지른 잘못에 대해 깊이 사죄하였다.

필자는 이 같은 가톨릭교회의 참회를 진심으로 환영하였다. 과오를 돌아볼 줄 아는 겸허하고 진정한 반성이야말로 종교로서는 참으로 고무적인 일이었다 평가하고 싶고, 또한 보다 충실한 미래를 향한 디딤돌이 될 수 있기 때문이다.

비단 종교의 해악에만 집중할 것이 아니라 종교라는 이름으로 행해진 무수한 선익(善益)들도 간과해서는 안 될 것이다. 하느님을 따르기에 진리에 서서 자신을 내어놓은 성인(聖人)들, 사회의 혼란 가운데서 정의의 햇불을 들었던 오스카 로메로 대주교, 김수환 추기경, 가난한 이들을 위하여 혼신을 다한 이태석 신부, '의지할 곳 없고 얻어먹을 수 있는 힘조차 없는' 이들을 가족으로 맞아들여 구원에로 이끌도록 평생을 내어놓는 꽃동네 수도자들을 비롯하여, 시대의 영적·인간적 이정표가 되어 준 수많은 성직자·수도자들을 떠올려 보라!

가톨릭교회의 기도 가운데 '성모송(聖母頌)'의 말미에는 "저희 죄인을 위하여 빌어 주소서!"로 끝맺는다. 이는 완벽한 이들, 거룩한 이들로 채워진 천상의 교회가 아니라, 불완전성의 모순을 지닌 '죄인', 나약한 인간들로 구성된 공동체임을 드러내는 것이다.

영적 진실이라는 순수하고 깨끗한 물이 녹슨 그릇에 담겨 있다[46] 하여,

번쩍이는 황금이 못난 질그릇에 담겨 있다고 하여, 그 깨끗한 물이 상하거나 황금의 빛깔이 훼손되는 법은 없을 것이다.

신앙의 진실을 상처 입히는 폭력이나 미디어를 통해 전달되는 종교계의 위선들…. '인간'으로서 저지른 죄의 허상(虛像)으로 인해, 과연 종교 역시 '아편'과 같은 가치로 평가되어야 하는 것일까?

7-3 자애로운 신이 왜 세상의 고통을 내버려 두는가?

이 땅 위에서 전혀 고통 없이 살아가는 이들을 만날 가능성은 얼마나 될까? 아직 그리 많은 생애를 살지 않아서인지는 모르나, 아직 필자는 그런 이를 만나본 적이 없다.

누구나 자신의 자리에서 겪는 고통을 감당할 때, 루이스(Lewis)의 다음과 같은 탄식 어린 갈등을 겪게 될 것이다. "하느님이 선하다면 피조물에게 완벽한 행복을 안겨주고 싶을 것이고, 하느님이 전지전능하다면 원하는 바를 실현할 수 있을 것이다. 그러나 피조물은 행복하지 않다. 따라서 하느님은 선하지 않거나 전지전능하기 않거나 아니면 둘 다이다."[47] '왜 우리 삶이 기쁨의 정원이기보다 눈물의 계곡일 때가 많은가?'[48] 하는 공통적인 의문이 파고드는 것이다.

공분(公憤)을 자아내고 무력감과 슬픔 속에 휘청거리게 했던 커다란 사건들 앞에서, '과연 신은 무엇을 하고 있는가? 왜 침묵하고 있는가?'라며 하늘을 향해 무수히 던졌던 반문(反問)들. 그러나 돌아오는 응답이 없는 것 같을 때의 회의(懷疑).

이러한 딜레마 속에서 몇 가지 점을 새롭게, 냉정하게 바라보자.

---

46 참조: 프랜시스 S. 콜린스, 앞의 책, p.46.
47 C. S. Lewis, *The Problem of Pain* (New York: MacMilan, 1962), p.23.
48 참조: 프랜시스 S. 콜린스, 앞의 책, p.51.

■ 우리 고통의 상당 부분의 원인이 우리에게 있다는 점

전쟁이나 테러, 각종 범죄나 악용되는 물품, 사람 간에 발생하는 비극적 상황들…. 그 원인들을 결국 인재(人災)라고 하듯이, 모두 신에게로 화살을 돌릴 수는 없다. 우리 양심에 새겨진 법, 곧 도덕법의 선을 무너뜨린 것은 인간의 책임이 아니겠는가.

■ 자유의지를 주었다 빼앗는 신(?)

어쩌면 이 명제 자체가 모순이다. '빼앗을 수 있다'라는 표현이 이미 부적절하다. 우리가 직접 몸과 마음으로 엮어 가야 하는 이 세계—물질계—에는 엄연한 자유의지를 발현할 수 있는 가능성과 그에 따른 질서가 엄연히 존재[49]하기 때문이다.

영화 〈브루스 올마이티(Bruce Almighty)〉[50]에서는 하느님의 능력을 1주일 간 지니게 된 한 남자의 이야기를 통해, 신의 능력을 통해 지닌 기적의 힘을 불완전한 인간이 사용하게 됨으로써 위의 질서와 뒤섞이게 되어 벌어지는 대혼란의 장면을 의미 있게 담아내기도 했다.

여기서 '인간이 신의 섭리를 헤아릴 수 있겠는가?'하는 근본적인 문제와 함께 '모든 것에 관여하여 움직일 수 없어 받아들여야 하는 사건에 대하여 어떻게 해석해야 하는가?' 하는 난제가 새로운 의미를 도출해야만 할 것이다.

성공회 사제이며 물리학자인 폴킹호른(John Polkinghorne)은 사람이 원인이 되는 '도덕적 악'과 분리하여 지진, 쓰나미 등 자연재해를 '물리적 악'으로 간주하였다. 비록—인재와는 다른 차원에서 해석해야 할—물리적 악

---

49 프랜시스 S. 콜린스, 앞의 책, p.50.

50 2003년 짐 캐리, 모건 프리먼 주연의 코미디/판타지 영화. 신의 능력을 갖게 된 남자의 좌충우돌 상황을 다룬다.

의 원인과 이유에 대하여 신과의 관련성하에서 결론을 내리긴 어렵다. 고통의 원인에 대한 어떤 설명이 더 설득력 있는가 하는 문제보다 사실은 그고통에 의미를 부여하며 살아가야 할 숙제가 펼쳐져 있음을 인식해야 한다. 분명한 것은 이 고통의 결과론적인 면에서 우리의 성장 또한 배제할수 없다는 점이다.

7-4 이성적인 사람이 어떻게 기적을 믿을 수 있는가?

상기한 바와 같이 어느 고통의 시점을 지날 때 그 해결을 위해서 갈구하든, 아니면 어떤 상황의 변화 안에서 평상적인 것과 다른 것을 발견하든 '기적'의 의미는 예사롭지 않게 다가온다. 사실 기적은 '초자연적인 사건이 불가능하다'[51]는 전제로는 인정할 수 없다.

루이스(Lewis)의 표현을 빌리면 "기적이라 불리는 모든 사건은 보고, 듣고, 만지고, 냄새 맡고, 맛보는 우리 감각에 맨 마지막에 호소하는 사건"[52]이다.

아마도 기적에 대하여 부정적인 견해를 갖는 것은 맨 마지막에 호소하기에, 곧 기적 자체가 존재하나 실제로 발생할 것으로 보는 '사전 확률'은 현저히 낮기 때문일 것이다. 그러나 엄연히 기적은 존재하며, 필자도 여러 상황이나 경로를 통해서도 직·간접의 체험을 맞아들일 때가 있다.

이에 기적에 대하여 이성적으로 원천적인 차단을 할 것이 아니라 긍정의 가능성과 의미의 여지(餘地)를 남겨 두는 '건강한 회의주의'의 태도가 필요하다.

기적은 꼭 필요한 경우에 일어난다. 가톨릭 신앙 안에서 기적은 단순

---

51 이는 단지 어쩌다 보니 발생할 수 있는 우연적 사건으로 바라보는 태도이다. 이는 결국 '모른다'는 선언과 다름이 없다.
52 C. S. Lewis, *Miracles: A Preliminary Study* (New York: Macmilan, 1960), p.3.

한 이적(異蹟)이라기보다, 하느님의 현존을 드러내고 믿음을 더욱 견고하게 성장시키기 위한 사랑의 섭리의 결과로 이해한다. 그러므로 만물과 맺은 관계의 하느님의 신성성을 더욱더 심오하게 드러내는 도구가 아닐까?!

8. 신의 존재에 관한 중요한 질문 2nd
― 인간 존재에 관한 심오한 질문들

　　　　　　　　　　앞 단락에서 신 존재 이해의 걸림돌이 될 수 있는 과학과 신앙의 간극을 좁힐 수 있는 몇 가지 전제를 제시했다. 그러나 하나의 풍광에 머무르는 자연의 섭리 가운데에서도, 실제로 신에게 다가서고 이해하려는 시도를 유일하게 할 수 있는 인간 존재와 신과의 관련성을 숙고하지 않는다면 가장 핵심적인 주제를 놓치는 것이다.

8-1 **우주의 기원**

■ 빅뱅(Big Bang) 이론

현대 과학의 힘을 빌릴 때 우주는 대략 140억 년 전 생성된 것으로 보고 있다. 우주는 특정 순간에 탄생하여 현재까지 계속 팽창해 왔다는 이론이 지속적으로 제기되었지만, 정작 받아들여진 것은 1929년 허블(Edwin P. Hubble)이 도플러 효과[53]를 이용해 여러 은하의 빛을 발견하고, 주변 은하

53　'도플러 효과'는 1842년 오스트리아의 물리학자 도플러(Christian Dopler)가 발견한 것으로, 어떤 파동의 파동원과 관찰자의 상대 속도에 따라 진동수와 파장이 바뀌는 현상을 가리킨다. 소리와 같이 매개체를 통해 움직이는 파동에서는 관찰자와 파동원의 매개체에 대한 상대 속도에 따라 효과가 변한다. 예를 들어 구급차나 소방차가 지나갈 때 사이렌 소리의 높이가 높아지다가 갑자기 낮아지는 현상을 경험한 적이 있을 것이다. 이는 소리를 내는 음원이나 소리를 듣는 관찰자가 움직일 때 들리는 소리의 진동수가 정지해 있을 때 들리는 소리의 진동

가 우리 은하에서 멀어지는 속도를 측정하면서부터였다. 그에 의해 점차 모든 은하가 우리 은하에서 멀어진다는 사실이 발견되었는데, 이로써 후속적인 실험들이 이어지면서 우주는 원래 한 덩어리였다가 '빅뱅(대폭발)'을 겪으며 탄생되었다는 결론에 동의하기에 이른다. 그 예로 1965년 펜지어스(Amo Penzias)와 윌슨(Robert W. Wilson)이 대폭발 뒤에 이어지는 잔광과 같은 우주 자체의―폭발 순간에 물질과 반물질이 소멸하면서 일어나는―극초단파 잡음을 측정하였던 것, 그리고 또한 우주 곳곳의 수소와 중수소, 헬륨 가운데 특히 중수소의 비율이 일정하다는 것은 우주의 모든 중수소가 한순간의 대폭발로 인한 높은 온도에서 생긴 것이라는 주장도 설득력 있는 증거로 받아들여졌다.[54]

이 같은 우주의 시작―무한에 가까운 고밀도의 우주와 크기도 없는 순수한 에너지로 시작한 사실―에 대해 물리학자들은 동의하나 정작 대폭발의 시작 순간을 해석하지는 못하고 있다. 단 그 폭발 이후 100만 년 간 팽창과 냉각을 거듭하는 가운데 중력에 따라 물질이 결합되고, 질량이 생겨났고, 핵의 융합이 이루진 것으로 미루어 짐작할 뿐이다.

이에 대하여 많은 이들은 어느 순간에 '빛과 에너지가 번쩍하면서' 급격하게 시작된 인간의 역사와 관련하여 세계의 기원에 대한 성경적 관점이 과학적 관점과도 상이하지 않다는 점에 동의하고 있다.

결국 자연의 시작이 분명했다고 결론내릴 저 너머에 초자연적 힘, 곧 신의 존재를 상정할 수밖에 없다는 콜린스(Collins)의 의견에 필자도 깊이 박수를 보낸다.

여기서 인간이란 결국 우주먼지로 만들어진 존재인가? 먼지로 만들어

수와 다르기 때문이다(참조: 김은기, 『손에 잡히는 바이오토크』, 디아스포라, 2015).

54 참조: 프랜시스 S. 콜린스, 앞의 책, pp.69-70.

진 내가 신을 찾고, 대화하며 신께로 나아갈 수 있을까? 신이 없다면?

■ 인류지향적 원칙(Anthropic Principle)

우주적인 관점에서 무엇보다 놀라운 것은 형성된 세계가 인류가 탄생하며 삶을 꾸려가기에 참으로 적합한 환경으로 설계되었다는 점이다. 이에 대하여 콜린스는 다음의 몇 가지 측면을 제시하였다.

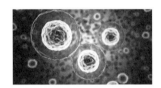

· 다중우주설(multiverse): 우리 우주는 기적적이지 않다. 다만 시행착오를 거친 흔치 않은 산물이라고 보는 가설이다.
· 우주는 하나일 뿐이며, 이 우주가 그것인데 어쩌다 보니 지적 생명체를 탄생시키기에 적합한 특성을 모두 갖추었다. 그러기에 우리는 운이 아주, 아주, 아주 좋은 사람이다.
· 우주는 역시 하나일 뿐이며, 이 우주가 그것인데 모든 물리상수와 물리법칙을 정확히 조절해 지적 생명체를 탄생시킬 조건을 갖추는 일은 우연이 아니며, 결국 우주를 맨 처음 창조한 바로 그 존재가 개입한 결과이다.[55]

이상의 견해를 조합할 때, '나' 같은 인간을 탄생시키려는 하느님의 의도적인 행위가 분명히 작용한 결과가 아니겠는가.

8-2 미생물 & 인간

이 세계, 우주 안에서 발생한 생명 앞에서, "생명이 어떤 원리로 움직이

---

55   참조: 프랜시스 S. 콜린스, 앞의 책, pp.79-80.

는가?" 하는 현상적인 문제에 관한 분석은 과학의 문제이다. 이에 대하여 "내가 왜 여기에 있는가?" 하는 것은 과학적 분석을 넘어선 철학적, 신학적, 영적 문제까지 확장된다.

밀러(Stanley Miller)와 유리(Herold Urey)는 물과 유기화합물을 섞어 원시 상태의 지구로 추정되는 환경을 복원한 뒤, 전기 방전을 이용해 아미노산과 같은 기초적 생물을 소량 만들 수 있었다.[56] 마치 모든 생명의 기원이라 부르는 단세포생물 '코아세르베이트(coacervate)'[57]의 형태를 띠었을 것이다.

그러나 합성 아미노산에 생명의 중추적인 요소를 어찌 삽입할 수 있겠는가? 과학의 발달이 진행되어도 생명의 기원—RNA, DNA—앞에 어떤 설득력 있는 설명을 할 수 있겠는가?

이에 대해 콜린스는 "우주를 창조할 때 신이 의도적으로 자신과 긴밀한 관계를 맺을 인간을 만들었다면, 그리고 생명이 생성되는 과정에서 요구되는 복잡성이 우주에 존재하는 화학물질의 자기결합 능력만으로는 달성될 수 없다면, 신이 개입해 이 과정을 시작하지 않았겠는가?"하고 심오한 질문을 던졌다.

그러나 콜린스는 아직 과학이 풀지 못하는 문제에 신의 신성한 행위를 끌어들이려면 세심한 주의가 필요하다고 지적했으며, 신의 존재에 관한 한 반대편에 섰던 도킨스도 자연계를 명확히 이해할 수 없을 때, 불필요한 신학적 주장으로 파멸을 초래하지 않으려면 신을 끌어들여 현재의 수수

---

56 참조: 프랜시스 S. 콜린스, 앞의 책, p.95.
57 코아세르베이트는 '모여 조립하다' 또는 '군생하다'라는 의미의 라틴어 'coacervare'에서 유래했다. 코아세르베이트는 지름이 1~100㎛ 정도 되고, 삼투압의 성질을 가지고 있으며 물 분자에 의하여 둘러싸여 있다. 이 경계는 주변 용액으로부터 단순한 분자를 선택적으로 흡수할 수 있다. 코아세르베이트가 효소를 가둘 수 있으면, 원시적인 물질 대사 기능을 수행할 수 있다.

께끼를 해결하려는 태도—'빈틈을 메우는 신(틈새 숭배)'[58]—를 경계해야한다고 날카롭게 비판한 바 있다.

8-3 다윈의 종의 기원 — 그리고 창조적 진화

신의 존재를 두고 첨예하게 대립하는 과학과 신앙 사이에서, 특히 인간 존재를 중심에 두고 끊이지 않는 논쟁은 다름 아닌 신의 개입에 의존하는 창조론(創造論)과 자연적 현상의 결과로 파악하는 진화론(進化論) 사이의 갈등이었다.

그런데 진화론자의 대표자로 알려진 다윈(C. R. Darwin)이 저서 『종의 기원』을 마무리하면서 "이 생명관에는 장엄함이 깃들어 있다. 창조자는 태초에 소수의 또는 하나의 형상에 여러 가지 힘을 불어넣었고 지구가 중력이라는 고정된 법칙에 따라 계속 순환하는 동안, 처음에는 아주 단순했던 형상들이 이후로 차차 가장 아름답고 경이로운 형상들로 끝없이 진화해 왔다. 이 진화는 지금도 계속된다"[59]고 언명했던 점은 놀라운 일이다.

필자는 '자연선택'에 기반을 둔 순수 진화론을 주창했던 다윈에게서 어떤 심경의 변화가 생겼는가 하는 점에 주목하였다.

---

58 참조: 프랜시스 S. 콜린스, 앞의 책, pp.97-98.
59 C. R. Darwin, *The Origin of Species* (New York: Penguin, 1958), p.456.

이는 도킨스가 지적한 '틈새 숭배'—곧 불가지론에 대한 탈출구를 신에게서 찾는 위험[60]—를 절충이 아니라 극복하는 차원에서, 새로운 관점으로 보도록 하는 단초가 될 거라 본다.

이에 콜린스는 게놈 프로젝트(genome project)를 진행하여 얻은 결과—유전자의 해독—에 대해 심중의 결론을 다음과 같이 언급하였다.

"나는 생명의 본질에 관해 많은 것이 밝혀졌다고 해서 실망하거나 환멸을 느끼지 않는다. 아니, 오히려 그 반대다. 생명이란 얼마나 경이롭고 정교한가! … 생명체의 모든 요소가 지닌 미적 호소력과 장엄함은 또 어떠한가! 하나의 메커니즘으로서의 진화는 진실일 수 있으며 진실임에 틀림없다. 하지만 그것은 총지휘자인 신의 본질에 관해서는 아무런 언급도 하지 않는다. 신을 믿는 사람들이라면 경외감이 커지면 커졌지 줄어들 이유가 없다."[61]

과학적 연구를 거듭할수록 오히려 증대되는 신의 위대함에 대한 감탄과 탄식!

그는 연구 결과 종(種)들에게서 발견되는 게놈의 유사성에 주목하였다. 진화단계에서 밀접히 연관되는 게놈의 유사성의 반복은 창조를 배제한 진화의 산물이 아니라, 오히려 신이 훌륭한 설계를 반복 사용한 증거임이 명백한 것으로 이해했다. 이는 진화론과 창조론의 상충되는 대립각에서 과학과 신앙의 우위를 논하는 것이 아니라, 진화 과정 전체를 주도하신 하느님의 창조 계획 안에 끌어안는 작업이 된다.

---

60 도무지 과학적으로 알 수 없는 부분에 대해서만 신의 섭리라고 미뤘다.
61 프랜시스 S. 콜린스, 앞의 책, p.111.

9. 신의 존재에 관한 중요한 질문 3rd
— 과학에 대한 믿음, 신에 대한 믿음

마치 창세기의 세계관·우주관과 과학적 사실의 탐구에 바탕을 둔 갈릴레이(Galileo Galilei)의 관계처럼 이 세상의 과정 전체가 창조에 기대고 있는 것인가 하는 문제와 또 창조에 소요된 시간에 관한 문제, 곧 창조와 진화 사이에 끊임없는 논쟁은 코페르니쿠스적 전환에 걸맞은 새로운 시각으로 과학과 신앙의 관계를 재조명하게 만들까?

9-1 **무신론**(無神論, atheism) — **불가지론**(不可知論, agnosticism)(과학 〉 신앙)

과학이 우위에 있다는 입장에 설 때, 무신론 내지 불가지론에 기울어진다.

■ 무신론

혹자는 무신론을 하느님 또는 신 존재에 대한 믿음의 없는 '소극적' 형태와 신성 자체의 존재를 부정하는 확신을 지닌 '적극적' 형태로 나눈다.[62]

도킨스의 주장을 요약하면 '진화는 인류의 생물학적 복잡성과 기원을 설명하기에 부족함이 없으니 신이 개입할 필요가 없다. 종교는 반이성적인 것이다. 그리고 종교라는 이름으로 심각한 해악이 길러졌다'는 것이다.

그러나 앞서 신 존재에 관한 질문으로 던진 내용들에 대하여 그는 어떻게 응답할 수 있을까?

진화론의 출현이 창조적 계획을 부정할 수는 없다는 점, 이성적 주장으로 신 존재를 직접적으로 증명할 수는 없어도 신에 대한 믿음이 지극히 타

---

62 프랜시스 S. 콜린스, 앞의 책, p.165.

당하다는 증명들이 있다는 것, 종교적 악행으로 신앙의 진실을 의심할 수 없다는 점 등에 대해서 말이다.

■ 불가지론

이는 '신의 존재를 인식하기란 불가능하다'는 신조를 말한다. 적극적 불가지론은 '신 존재 인식의 절대 불가'를, 소극적 불가지론은 '지금으로서는 불가능하다'는 입장을 띤다.

다윈과 어느 무신론자와의 대화 중에 "불가지론자는 그럴 듯해 보이는 무신론자일 뿐이고, 무신론자는 공격적으로 보이는 불가지론자일 뿐이다"라고 했다는 말[63]은 매우 적절해 보인다.

9-2 창조론(과학 〈 신앙)

■ 젊은 지구 창조론(?)

창조론자 중 일부는 성경 창세기 1, 2장의 창조 내용을 자구적으로 해석하여, 실제 창조에 걸린 시간을 6일간으로 계산—지구 나이가 1만 살이 되지 않음—하였고 지구상의 모든 종(種)이 신의 창조적 행위로 탄생했다고 믿었다. 또 이들은 변이와 자연선택으로 인한 종 내의 변화 중 '소진화'는 수용하되, 한 종에서 다른 종으로의 '대진화'는 부정하는 경향을 지니며 심지어는 진화가 거짓이라 주장한다. 그리고 DNA 연구로 드러난 유기체들의 유연관계는 단지 하느님의 특별한 창조행위를 반복한 결과일 뿐 중시하지는 않는다.[64]

---

63 프랜시스 S. 콜린스, 앞의 책, p.171.
64 참조: 프랜시스 S. 콜린스, 앞의 책, pp.175-176.

■ 신은 위대한 사기꾼?

젊은 지구창조론은 과학적 창조론의 기반이 몹시 취약했는데, 이로써 과학적 증거의 압도적 위력에 대한 반발로 모든 증거는 하느님이 우리를 꾀어 믿음을 시험하고자 고의로 계획한 것이라고 주장하는 수법을 쓰기도 한다.[65]

그들에 따르면 정말 과학은 위험한 것인가? 그러나 실제로 그들의 견해는 오히려 하느님 계획에 따른 소중한 창조의 과정과 피조물들에 새겨진 위대한 업적을 가림으로써 신앙에도 위해가 될 것이다.

9-3 **지적 설계론**(Intelligent Design, ID) – 과학에 필요한 신의 도움

'지적 설계'는 주로 '환원 불가능한 복잡성(irreducible complexity)'[66]이라는 개념에 의미를 부여하게 되었다.

이 이론은 '무신론적 세계관을 확산하는 진화론을 저지할 것, 진화는 자연의 미묘한 복잡성을 설명치 못하는 근본적 결함이 있음, 환원 불가능한 복잡성이 있는 진화과정에 지적 설계자의 개입이 있었을 것'이라는 것을 전제로 한다.

그러나 '지적 설계'는 실험과 관찰을 통해 틀을 갖추고 증명해야 하는 과학 이론으로는 자리 잡기는 어렵다는—곧 초자연적 존재가 개입해 복잡성이 생기게 된 경위 설명에 어려움을 겪는—한계와 치우침[67]이 있고, 또 신을 과학적 이해가 불가능한 '빈틈을 메우는 신'으로 전락하게 하여 이른

---

65 참조: 프랜시스 S. 콜린스, 앞의 책, p.179.
66 여러 부분이 모여 하나의 복잡한 생물적 기능을 수행할 때, 그 여러 부분 중 어느 하나만 제거해도 전체 기능이 마비되는 생물 조직체계를 가리키는 말(프랜시스 S. 콜린스, 앞의 책, p.184).
67 참조 : 프랜시스 S. 콜린스, 앞의 책, p.190.

바 '못마땅한 창조자' 내지 '어설픈 창조자'를 빚어내는 맹점이 있다.

9-4 바이오로고스(생명이 된 말씀, 살아있는 말씀)(과학과 신앙의 조화)

콜린스는 다시 한 번 '과학적 진실과 영적 진실 사이에 그 어떤 모순도 발견할 수 없었다. 진실은 진실이다. 진실은 진실을 반증할 수 없다.'고 강조했다.

그는 상기한 바와 같이 게놈을 연구하면서 공통의 조상에서 변이를 거쳐 생물이 탄생하기까지 과정을 발견할 때, 그 생물 간의 유연관계가 보여주는 증거에 경외감을 느끼며 이는 전지전능한 존재가 세운 거대한 계획이라 받아들였음[68]을 밝혔다.

그는 이런 관점을 '유신론적 진화'라는 말에 녹여내었는데, 이를 정리하면 다음과 같다.

- 우주는 140억 년 전 무(無)에서 창조되었다.
- 이 우주의 여러 특성은 생명체에 적합하다.
- 생명 탄생 후 자연선택으로 다양성과 복잡성을 지니게 되었다.
- 진화 시작 후 초자연적 존재의 개입의 필요성이 후퇴하게 되었다.
- 인간도 이 과정의 일부로서, 유인원과 조상을 공유한다.
- 진화론적인 설명을 뛰어넘어 정신적 본향, 영적 본성을 지향하는 것은 인간만의 특성이다. 도덕법의 존재와 신을 추구한다는 것이 그 예가 된다.

이상을 전제로 하면 얼마든지 가능성 있고, 지적으로 만족스러우며 논

---

68 참조 : 프랜시스 S. 콜린스, 앞의 책, pp.200-201.

리적으로 일관된 통합체가 탄생한다. 그것이 공간, 시간의 제약을 받지 않으며 우주를 창조하고 관장하는 자연법을 만든 신(神)이다.[69]

이처럼 우리 앞에 우연처럼 보이는 모든 것은 그것을 통해 계시하는 신의 초대라고 하겠다.

10. 상충이 아닌 보완과 관상(contemplation)

이상의 내용을 정리하면서 신의 존재와 과학적 이성의 관계는 서로 대립되며 반대되는 극단이 아니라, 과학은 신앙을 더욱 폭넓게 이해하도록 도와주고, 신앙은 과학의 약점을 보완하면서 더욱 깊은 영적 발돋움을 하도록 보완해 주는 양 날개와 같다는 것을 알 수 있었다.

헨리 나웬(Henri J. M. Nouwen) 신부(神父)는 "자기 삶의 지평선에 아침을 가져오고 자기를 새로운 세계로 인도해 가는 비전에서 힘을 얻고 있는 모든 인간 안에 '그'는 존재하고 있다."고 말했다.

"신(神)은 뇌 속에 갇히지 않는다."[70]고 하지 않겠는가! 나에게 다가오는 모든 것, 모든 사건과 사물, 관계적인 일상 가운데서 신의 존재에 대한 마음의 한 간(間)을 열어 보라!

이성의 차가움으로 세상을 분별하되, 그러나 뜨거운 가슴과 연민의 시선으로 작은 것에 주목하라!

매순간의 호흡에서 … 존재의의에 물음을 지녀라!

그리고 생(生)에서 걸어왔던 신발을 잠시 벗고 '불붙은 떨기나무'(탈출

---

69 프랜시스 S. 콜린스, 앞의 책, p.202.

70 서명(書名): 마리오 뷰리가드·데니스 오리어리,『신은 뇌 속에 갇히지 않는다: 21세기를 대표하는 신경과학자의 대담한 신 존재 증명』, 김영희 역, 21세기북스, 2010.

3,2) 앞에 서 보라. 곧 나의 분주한 일상 속에서 '님'을 찾아 고요 속에서 귀를 기울이라[피정(避靜)]. 그리고 그 내면에서 부르짖는 사랑의 음성에 화답하라.

그곳에서 비로소 신의 현존(現存) 속에 교감(交感)을 얻는다. 그러므로

· 사랑하라 … Love in action! "말씀을 실행하는 사람이 되십시오"(야고 1,22).
· 체험하라 … Open mind! "너희가 내 형제들인 이 가장 작은이들 가운데 한 사람에게 해 준 것이 바로 나에게 해 준 것이다"(마태 25,40).
· 돌아보라 … Reflect! "행복하여라, 마음이 깨끗한 사람들! 그들은 하느님을 볼 것이다"(마태 5,8).

제6장

선(善)과 악(惡)의 싸움

유다를 위한 세족식

이용도

유다여, 처음부터 나는 눈물이었다. 너를 잘 알면서도 너를 사랑하
는 것은
나의 깊은 슬픔과 고통이었다. 비수로 심장을 찌르는 아픔,
너를 내 가슴에 품기 위해 오랫동안 기도했었다.

나는 지금 네 앞에 무릎을 꿇었다. 너의 반
역의 발을 내 가슴으로 끌어안았다.
맑은 물로 너의 발을 씻긴다. 뜨거운 눈물
흘려 너의 욕망을 씻긴다.
나는 너를 사랑하기로 결정하였다.
유다여, 너의 두 발이 어디를 다녀왔는지 알고 있다.
누구를 만나 어떤 이야기를 나누었는지 알고 있다.
내가 오늘 어떤 일을 당할지를 알고 있다.

이제 밤이 더 깊어지면 너의 입맞춤으로 나는 결박당하고,
돈을 세며 뒤돌아선 너를 향해 나는 두 팔을 벌려야 할 것이다
떡을 떼며 축복하던 두 손, 죽은 자를 살리던 두 손,
바르톨로메오의 눈을 만지며 자캐오의 등을 토닥이던 두 손,
요르단강 맑은 물에 몸을 담고 죄와 악으로 물든 영혼들을 씻기던
두 손,

다시는 상한 심령, 가난한 마음들을 어루만지지 못하도록
십자가에 꽝꽝 못박히게 될 것이다.
자꾸만 가난한 자들을 향해 걸어가던, 네가 그토록 가로막았던 두
발 또한
십자가에 못박혀 더 이상 걸음을 걷지 못하게 될 것이다.
이 안타까운 가슴을 세상을 향해 내밀고 나는 천천히 절망하며 죽
어가야 할 것이다.
너와 세상을 향해 피는 흘러 십자가를 적시고 흘러 이 땅을 적시게
될 것이다.

그러므로 나는 지금 너의 발을 씻긴다. 너와 세상을 씻긴다.
넉넉하게 고통을 이긴 후 너를 사랑하노라고 말하는 것이 아니라
고통을 앞둔 두려움에 피눈물 젖어, 너에 대한 분노에 젖어,
한없이 작아진 마음과 몸을 와들거리면서도
나 아니면 아무도 사랑해줄 수 없는 너를 끝까지 사랑하기로 결심
하고
너의 배신을 떨리는 가슴에 끌어안는다.

사랑하는 자여, 너는 나의 눈물이다.

발은 씻어 회개되어도 씻겨지지 않는 너의 은밀한 양심,

내가 아프게 이 길을 걷는 이유이다. 이렇게까지 사랑하지 않으
면 안 되는 이유이다.

눈물에 젖어, 아픔에 젖어 나는 너를 사랑한다.

첫 만남의 환희(歡喜), 설렘과 기대, 땀과 눈물을 뒤섞은 동행(同行), 함께
이겨낸 시련과 고뇌의 흔적… 이토록 휘몰아치는 온갖 감정을 '만감(萬感)'
이라 할 것이다.

모든 것을 쏟아 주었는데, 이젠 멀어지는 이, 아니 죽음으로 몰아넣는
이의 발을 씻는다. "무엇이 너를 이토록 만들었는가? 무엇이 너의 마음을
사로잡아 가장 소중한 것을 잃게 만들었는가? 무엇이 그토록 맑게 빛나던
너의 눈동자를 앗아 갔는가?" 아마도 수많은 말들이 가슴속에 폭풍처럼
휘몰아치지만 연민(憐憫)의 침묵(沈默) 속에 그 발을 씻기우려 허리를 숙였
을 거다.

모래바람이 날리는 길을 걷던 발, 채 치워지지 못한 악취가 진동하는 거
리를 쓸어 온 발을 보듬는 건, '종 중의 종'이 하던 일이 아니던가. 그러나
죄인이 되고 상처가 될 발을 끌어안는 건 사랑 때문이리라.

저 어둔 가슴 한 구석에 아직은 꺼지지 않은 심지처럼 남아 있을 선
(善)한 양심(良心). 네 영혼을 살리고자 전하는 마지막 호소이리라.

손수 초대하고 함께하였던 제자 유다의 배신을 목전(目前)에 두고, 사랑
과 번민이 뒤섞인 '인간으로서 신, 신으로서 인간' 예수의 몸짓을 그리며
묵상(默想)에 잠겼다. 그야말로 분노가 아닌, '찬란했던 선성(善性)'을 망각

하고 무채색으로 자신의 영혼을 덮어가는 이에 대한 '가엾음'이요 한없는 아가페(ἀγαφη)의 눈빛을 읽어 낼 수 있었다.

혹자는 예수에 대한 유다의 배반을 향해 그렇게 이야기한다.

신(神)이 존재한다면…, 그렇다면 하느님은 모든 것을 아는데, 어찌 유다의 악행(惡行)을 방관하고 있었는가 하고. 왜 전능한 분이 인간의 선택을 결정짓지 않느냐고! 인간의 자유의지 앞에 오히려 무력한 신은 아니냐고! 전능하고 전선(全善)하신 분이 창조한 세상 속에, 선한 하느님의 모상(模像)이라는 인간이 살아가고 만들어 가는 세계의 모습엔 왜 이리도 불합리하고 부적절한 '어둠'이 만연한지! 선한 창조 아래 악(惡)은 어디서 태어난 건지!

이렇듯 앞뒤가 조응하지 않는 모순(矛盾)을 끌어안으면서 살아가는 '현존재(現存在)'로서, 애타는 울부짖음이면서 살아 있음을 드러내는 고민들 앞에 질문을 던지고 감추어진 신비에 다가서고자 한다.

1. 선(善)과 악(惡)

'선과 악'이라는 인간 본성과 연관되며 세상의 현실과도 연결된 심오한 주를 명확한 이해를 전제로 그 장(場)을 펼치기는 너무나 막연하다.

1-1 이미지 vs. 이미지

그 전에 '선과 악' 하면 먼저 하나의 이미지로 다가오지 않는가.

'선(善)'에 관하여는, '거룩함, 순결함, 귀여움…' 등의 느낌이나 '천사 같다'라는 표현, 혹은 가까이하고 싶고 함께하고 싶은 '긍정적 이미지'를 떠올린다. 반면 '악(惡)' 하면 '두려움, 불결함, 혐오감' 내지 '악마 같다' 그리고 피하고 싶은 부정적 이미지로 상반된 개념을 생각하게 된다.

1-2 죄 ― 그리고 기울어짐

'성경'(창세기)과 '가톨릭교리'에서 인간은 창조 때부터 '신적 모상성(imago Dei)'에 바탕을 둔 '본질적인 선함'을 지니고 있다고 설명한다. 세상의 창조에 이은 마지막(엿새 째 되는) 날 사람을 창조한 다음 "보시니 손수 만드신 모든 것이 참 좋았다"(창세 1,31)는 말은 단지 그래서 '기쁘다'는 감상이 아니고 앞으로 계속 그렇게 <u>조화롭게, 본래의 목적에 맞게 존재하라고 '축복'했음을 의미</u>[1]하는 것이었다.

이는 피조물 각각의 고유성, 선성, 완전성에 대한 보증이며, 세상의 악함, 타락은 하느님에 연유하지 않는다는 것, 현실적인 좌절, 죄의 상황 속에서도 희망의 근거가 있다는 것을 내포한 것[2]이다.

그러나 소위 '뱀의 유혹'과 그에 반응하는 인간의 '넘어짐'은 '관계적 차원'이 다른 국면으로 전개되는 가능성을 보여 준다.

뱀의 유혹 가운데 핵심적인 내용은 인간이 현재 누리고 있는 신적 기원에 대한 감사함을 상실케 하는 데 있다. 이는 인간에게 있어서 하느님과 같은 지위를 누리지 못함에 대한 상대적 비교를 심어 주는 것이었고 신에 대한 피조물로서의―완전성에 대한 불완전함에 대한 불만―박탈감에 따라 행복을 잃게 만드는 것이다.

인간의 창조 때의 본성적 모습을 '직립인간'으로 제시한 바 있다. 여기

---

1 차동엽,『여기에 물이 있다』, 에우안젤리온, 2005, p.220.

2 참조: 차동엽, 위의 책, p.220.

서 '서 있다'는 것은 자신의 본질에 대한 당당함과 자존감의 확인, 있는 그대로의 모습으로 그리고 떳떳하고 온전하게 친교(親交)를 이루는 모습을 의미한다. 그리고 남성(Adam)과 여성(Hwa), 곧 모든 인간 존재가 알몸으로 대면하는 것은 스스로를 감춤 없이 서로 앞에 서도 부끄럽지 않은 온전한 일체감을 설명하는 것이다. 그러므로 '넘어짐'은 신의 창조 의의에 대한 불만과—완전성을 온전히 물려주지 않은 데 대한 반감이 가득 찬—의심으로 본래의 관계가 왜곡되고 단절됨을 보여 주는 것이다.

여기서 모든 것이 채워졌던 충족(充足)과 충만(充滿)의 삶의 자리가 '왜?'라는 의문 속에 왜곡된—자기 중심적인 자유의지의 남용이 깃든—'판단의 시선'을 갖추게 될 가능성을 시사한다.

창세기에서 "너는 동산에 있는 모든 나무에서 열매를 따 먹어도 된다. 그러나 선과 악을 알게 하는 나무에서는 따 먹으면 안 된다. 그 열매를 따 먹는 날, 너는 반드시 죽을 것이다"(창세 2,17)라고 명령한 것은 하느님의 모상성을 띠고 있으나 완전하지 못한 피조물의 속성에 기초한 '불완전한 판단'의 위험성—그로 인한 관계의 단절과 상처적 죄상(罪狀)—을 밝힘으로써 본래적 아름다움을 잃지 말기를 권고하는 인간에 대한 신(神)의—자녀에 대한 사랑으로부터 우러나는—호소라 보아야 할 것이다.

1-3 원죄(Original Sin)

따라서 교리에서 설명하는 인간의 '원죄'는 인간 본성 자체의 악성(惡性)이라기보다 악(惡)으로 기울어지는 '인간의 나약함'이라는 본성의 한 측면을 드러내는 것이라 이해한다.

1-4 불완전함이 내포된 본성 — 같은 인물 찾기/인간의 넘어짐

레오나르도 다빈치(Leonardo da Vinci)의 역작 〈최후의 만찬〉에 얽힌 다

음과 같은 일화가 매우 유명하다.

그가 그림을 완성하는 데 걸린 기간은 1491년부터 1498년까지 대략 7년쯤 된다고 전해진다. 왜 그리도 오랜 시간이 걸린 걸까?

그건 실제 모델을 보고 그린 것이 아니라 순전히 상상에 의해 그려야했기 때문인데, 그는 세상에서 가장 순수하고 아름다움을 가진 얼굴을 찾고 있었다. 그러던 어느 날 예수의 얼굴을 대신할 만한 아름답고 선한 청년을 만나게 된다. 그는 자신이 상상하는 예수의 순수함을 표현하기 위해 6개월이란 시간을 정성스럽게 그려 넣었다.

그리고 나머지 제자들의 얼굴까지 그린 후 문제가 생겼다. 예수를 배신한 것으로 알려진 유다의 사악함을 표현할 모델을 구하지 못한 것이었다.

시간이 흘러 로마의 한 사형수를 만났을 때, 그는 비로소 자신이 생각하는 유다의 이미지와 완벽하게 일치하는 것을 느꼈고, 그 이후 작업실에서 몇 달에 걸친 작업 끝에 유다의 모습이 완성되었다.

유다의 모습이 완성된 후 다빈치는 그 사람을 그만 감옥으로 데려가라고 말하는데, 연행되던 그가 갑자기 다빈치 앞에 무릎을 꿇고 질문했다.

"제가 기억나지 않으십니까…?"

"난 당신 같은 사람은 만난 적이 없소!"하고 다빈치가 대답하자 그 사형수가 죄인이 흐느끼며 말했다.

"제가 바로 6년 전 예수의 모델이었습니다."

가장 예수와 닮은 선한 얼굴을 가졌던 한 사람이 사악한 이미지의 유다로 바뀌는 데는 불과 7년의 시간밖에 걸리지 않았다.

1-5 성선(性善)과 성악(性惡)

■ 성경

신약성경에서 바오로 사도는 "나는 내가 해야 하겠다고 생각하는 선은 행하지 않고 행해서는 안 되겠다고 생각하는 악을 행하고 있습니다. 그런 일을 하면서도 그것을 해서는 안 된다고 생각하고 있으니 결국 그런 일을 하는 것은 내가 아니라 내 속에 있는 죄악입니다"(로마 7,19-20) 하고 고백한 적이 있다.

이렇듯 우리는 늘 '의지적인' 선(善)과 '본의 아닌' 악(惡) 사이에서 외줄타기를 해야만 하는 걸까? 어떤 것이 진정한 나의 얼굴일까? 아니면 두 성(性) 모두 나에게 내재한 속성(屬性)인가 아니면 본성(本性)인가?

■ 동양철학(東洋哲學)

이 같은 인간의 본성에 대한 견해는 동양철학에서도 전혀 다른 양상으로 접근하는 예를 찾을 수 있다.

• 맹자(孟子, B.C 372?-289?)의 성선설(性善說)

맹자는 인간의 본성은 본디 착하다 이르며, 이는 인간이 지닌 사단지심(四端之心)—측은지심(惻隱之心), 수오지심(羞惡之心), 사양지심(辭讓之心), 시비지심(是非之心)—에서 확인된다 하였다. 그는 이 사단지심을 모든 인간에게 있어서 잘 발전시켜 나갈 때 '인(仁)·의(義)·예(禮)·지(智)'라는 덕을 갖추게 될 것이기에 먼저 인(어짊)으로 동반(同伴)해야 한다 가르쳤다.

맹자는 악(惡)에 관하여도 원래 선한 인간의 본성과 비뚤어진 환경 사이의 접촉의 소산으로 이해하였고, 그러므로 만인이 성인(聖人)이 될 가능성이 있음을 신뢰하고 대하라 설하였다.[3]

• 순자(荀子, B.C 298-238)의 성악설(性惡說)

맹자에 반(反)하여 순자는 인간의 본성을 악(惡)하다 보았다. 인간이 본성이 본래부터 악하며 악이 인간 본성에 내재한다고 여겼기에[4] 이익과 감각적인 쾌락을 추구하게 된다고 가르쳤다. 이에 교육과 예의(禮義)로써 인간 내면의 악한 경향을 바로잡아 참사람을 만들어내는 것이 교육의 목표라 설(說)하며 '예치(禮治)'를 강조하였다.

■ 어린아이의 선택

아직 신생아 티를 벗지 않은 어린아이들을 대상으로 한 실험을 어느 포털 사이트에서 접한 적이 있다.

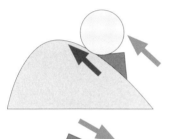
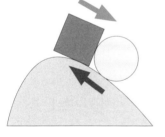

먼저 어린아이들에게 애니메이션을 보여 주고 선택하게 하는 게임이었다.

애니메이션의 ① 첫 장면은, 산을 힘겹게 올라가는 노란색 동그라미의 모습을 비추어 주는 것으로 시작되었다. ② 한참을 끙끙거리며 올라가는 동그라미의 모습이 지난 다음 오른쪽에선 빨간 세모가 등장하여 동그라미가 정상에 올라가도록 도와주곤 함께 방긋 웃음 짓는 장면이었고, ③ 다음 장면은 처음으로 돌아가 다시 올라가려 애쓰는 동그라미를 파란색 네모가 위에서부터 내려와 아래로 밀어내리고선 우는 동그라미를 보고 미운 웃음을 짓는 장

3   참조: 한스 큉, 줄리아 칭, 『중국 종교와 그리스도교』, 이낙선 역, 분도출판사, 1994, p.97.
4   참조: 한스 큉, 줄리아 칭, 위의 책, p.97.

면이었다(물론 동그라미는 울고!).

암전이 된 다음, 선생님은 아이들에게 쟁반에 담긴 모형—파란 네모와 빨간 세모—를 꺼내어 보여 준다. 한 명의 아이도 예외 없이 빨간 세모를 손에 쥐며 활짝 웃는 모습을 보여 주었다.

이 같은 사례는 아직 순수했던 모든 사람의 본성엔 선(善)함으로 인한 기쁨이 악(惡)을 경험할 때의 상처보다 더욱 행복하게 와 닿는 것을 반영해주는 예라 하겠다.

1-6 갈등 — 선악으로 본 인간 존재의 양상

바오로 사도는 윗 구절에 이어 "여기에서 나는 한 법칙을 발견했습니다. 곧 내가 선을 행하려고 할 때에는 언제나 바로 곁에 악이 도사리고 있다는 것입니다. 나는 내 마음속으로는 하느님의 율법을 반기지만 내 몸속에는 내 이성의 법과 대결하여 싸우고 있는 다른 법이 있다는 것을 알고 있습니다. 그 법은 나를 사로잡아 내 몸속에 있는 죄의 법의 종이 되게 합니다. 나는 과연 비참한 인간입니다. 누가 이 죽음의 육체에서 나를 구해 줄 것입니까? 고맙게도 하느님께서 우리 주 예수 그리스도를 통하여 우리를 구해 주십니다. 나는 과연 이성으로는 하느님의 법을 따르지만 육체로는 죄의 법을 따르는 인간입니다"(로마 7,21-25)하고 고백하였다.

이 내용을 살펴보면 선과 악 사이에서 끊임없이 긴장을 놓칠 수 없는 인간 본연의 갈등이 적나라하게 드러나 있다. 선에 대한 선택과 악에 대해 기울어지는 경향 사이에 무기력하게 노출되는 '비참한 인간'의 모습 말이다.

1-7 갈등을 넘어선 새로운 전환을 갈망하다

그러나 위기(危機)란 말을 이렇게 해석하지 않는가.

위기(危機) = 위[위험(危險)] + 기[기회(機會)]

신학적으로는 자신의 내면에서 반복되는 갈등은 오히려 구원의 은총에 대한 갈망에서 비롯되는 것임을 주지한다. 그리고 철학적으로도 이 간절한 회복의지를 통해 자아를 새롭게 발견하고 실현하여 해방에 이르는 단초로 바라본다.

1-7 유혹(temptation)의 몸짓

선과 악 사이의 기울어짐을 획책하는 '유혹'이라는 위기는 그러므로 자신의 정체성을 확립하는 선택의 시간이기도 하며 동시에 부정으로 기울 수 있는 상처적 환경이기도 하다.

■ 유혹의 실체

성경 마태 4,1-11, 마르 1,12-13, 루카 4,1-13에는 40일 동안 단식을 하며 자신의 소명과 정체성을 확인하는 예수에 대한 악마의 유혹의 내용이 등장[5]한다.

그 내용을 요약하면, '당신이 하느님의 아들이라면 돌더러 빵이 되라고 하라는 것, 하느님의 아들이라면 성전 꼭대기에서 몸을 던져 천사들의 보호를 확인하라는 것, 자기(악마) 앞에 경배하면 모든 권세와 영광을 주겠다는 것'이다.

'40일'이나 굶은 이에게 건네는 빵의 달콤한 유혹. 그리고 그 앞에는 '하느님의 아들이라면', '하느님의 아들이니까'라는 전능성(全能性)을 배경으

---

5 이문열의 소설 『사람의 아들』에서는 이 유혹자의 역할을, 진정한 신과 진리를 찾아나서기 위해 예수의 신원과 정체성을 시험하고 확인하려는 인간 '아하스페르츠'에게 맡긴다.

로 깔고 있다.

'그에게는 아무것도 아닐 만큼 미소한 일, 그러면서도 꼭 필요하고 소중한 일, 게다가 '오죽하면'이란 변명 속에 숨을 수 있는 일.'

이처럼 모든 조건이 맞을 수 있는 유혹이 있겠는가. '누가 뭐라고 하지도 않을 일이니까'라는 핑계 속에 묻어 버릴 수 있는 여건이 주어질 때 지금껏 의미를 부여해 왔던 모든 일들을 일순간에 무너뜨릴 수 있는데도 불구하고 자신의 정체성을 망각하게 만드는 '도덕적 해이(moral hazard)'로의 유혹에 얼마나 나약한가!

'하느님의 아들이라면'에 내포된 명예와 자존심에 대한 욕구. '내가 누군데!' 하는 자만심은 사람의 초심(初心)을 흔들어 놓는다. 천사들이 받쳐줄 '메시아'임을 드러내라는 요구 앞에 굴복하여 '내가 무엇인 것'마냥 내세우고 싶은 유혹. 비교우위의 싸움과 자존심에 대한 유혹만큼 사람을 밑바닥에서 흔들어 놓는 것이 또 있을까.

'상대적 박탈감'은 사람이 처해있는 상황을 비굴하고 비참하게 만든다. 갖고 있는 것에 대한 기쁨과 행복을, 갖지 못한 것의 상처에 내어 줄 수 있을까. 그럼에도 채워지지 못한 불만과 소위 '있어 보이고 싶은' 내면적 욕구는 허세와 권력, 부유함에 대한 헛된 갈망에로 끊임없이 끌어당긴다.

■ 생명의 깃발과 죽음의 깃발,[6] 그리고 '세찬 바람'

"보아라, 내가 오늘 너희 앞에 축복과 저주를 내놓는다. … 계명들을 너희가 듣고 따르면 복이 내릴 것이다. 그러나 … 너희가 명령하는 길에서 벗어나 … 면 저주가 내릴 것이다"

(신명 11,26-28).

---

6 '예수회'(가톨릭교회의 성직수도회)의 Ignatius 영신수련의 내용의 일부를 차용했다.

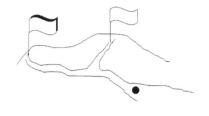

그림에서 ●는 내가 현재 서 있는 지점을 표시한다. 그리고 나는 흰 깃발(생명의 깃발)을 품에 안는 것이 목표이다. 그 위치에서 고개를 들어 언덕을 바라보라! 멀리서 보면 양쪽의 언덕 위에서 모두 흰 깃발이 펄럭인다.

나는 어떤 깃발 쪽으로 발걸음을 옮길 것인가? 축복(흰 깃발)과 저주(검은 깃발)를 어떻게 구분할 것인가?

그림에서 더욱 상세히 보면 좌측의 깃발은 흰색과 검은색 깃발이 2중으로 붙어있다. 잠시 후 '세찬 바람'이 불었다. 그러자 검은 깃발을 가리었던 흰 깃발은 어디론가 날아가고 검은 깃발이 본색을 드러낸다.

나에게 다가오는 유혹도 평소에는 분별이 쉽지 않다. 그러나 진정한 의미를 얻기 위해 시련과 고난을 기꺼이 감수할 때, 고통의 과정을 함께할 때에야 비로소 참된 길이 무엇이며 어느 방향인지를 알게 된다. '친구도 여행을 함께 하면 안다'는 말이 있지 않던가!

그리고 곤궁할 때 친구가 참된 친구(True friend is a friend in need)라 하지 않던가?

■ '좋은 것'들의 유혹

등산을 하는 사람을 생각해 보라. 그는 아침에 가벼운 몸가짐으로 '그 산'의 '정상에 오를 것'을 목표로 하고 발걸음을 옮겼다.

그가 산의 1/3 쯤 왔을 때 어디선가 들리는 맑은 냇물의 소리. 한참을 맑은 물도 마셔 보고 발도 담그고 노래도 부르다 다시 걸음을 옮겼다. 중턱쯤 이르자 바위 틈새에 핀 제비꽃과 흐드러진 꽃무리들이 시선을 빼앗았다. 이내 휴대폰을 꺼내어 사진으로 주워담고, 꽃향기에도 한참을 취해 있었다.

아차 싶었다. 어느덧 어둑어둑해진
하늘. 이렇게 시간이 흘렀을 줄은. 결
국 산에 오르려던 목적을 포기하고 고
개를 떨굴 수밖에.

나는 왜 아침에 일찍 깨어 이곳을 향해 출발했던가? 맑은 물소리가 잘
못했을까? 아름답게 핀 꽃들의 탓일까? 물도 꽃도 다 '좋은 것'이 아닌가!

1-8 참으로 좋은 것 vs. '좋은 것(?) 아니 좋아 보이는 것'

본래부터의 선성(善性)과 그 선성을 유지할 힘을 빼앗아 악성(惡性)으로
유도하는 유혹 사이의 대립.

이 대립을 "'좋은 것'은 '참된 좋은 것'의 적(敵)이 될 수 있다"라는 표현
에 담아내고 싶다.

유혹, 그리고 유혹으로 인하여 매이게 하는 악(惡)은―표면적으로―'좋
은 것'이다. 물소리든 꽃송이든 '좋은 것'이 아니고서야 어떻게 마음을 빼
앗기겠는가. 그렇듯 유혹은 늘 '개별적인 호감(好感)'을 자극한다.

그러나 나의 본성(本性)이 궁극적으로 나아갈 길을 전체적인 안목에서 파
악할 때, 비로소 '부분적이며 개별적으로 좋은 것'은 그 실체를 드러낸다.

곧 '좋은 것'이 '가장 좋은 것'의 '걸림돌'이 될 때, '좋은 것'은 단지 '좋
아 보이는 것'에 불과하기 때문이다.

그래서 유혹을 temptation이라 쓴다. 앞 장(章)에서 상기하였듯이, 유혹
은 'temp' 즉 temporary, 일시적이며 잠시적으로 좋은 것일 뿐이다. 자기
변명도, 자존감과 위신도, 명예와 부유함도 일시적으로 자신을 돋보이는
도구가 될지는 모르나, 나를 기억하는 이들의 가슴속에 남을 삶의 자취와
는 무관(無關)하다.

곧 악(惡)은 잠시적으로 좋아 보이는 유혹의 손짓에 이끌려 잘못 선택한 길에 매임으로써, '참으로 좋은 선(善)'을 망각한 자가당착(自家撞着)이라 하겠다.

2. 선악(善惡)에 대한 철학적 이해

2-1 선(善) ─ 인간에게 바람직하고 좋은 어떤 것

'선(善)'은 물질적, 윤리적 차원을 모두 포함하여 '한 존재의 존재 목적 달성에 이로운 것', 어떤 사물 또는 존재자가 그 기능을 잘 발휘하여 '좋다', '유용하다'고 말해지는 본질적인 속성─이 속성으로 말미암아 하나의 존재자가 비로소 '완전한 것(τέλειον)'이 되게 하는 것─을 의미[7]한다.

- 토마스 아퀴나스(Thomas de Aquino)는 선을 '형이상학적 선(진리), 윤리적 선(도덕적으로 착한 선), 심미적인 선(아름다움)'으로 구분하면서, 이 세 가지 선[진·선·미(眞善美)]은 존재(有) 안에 포함되어 관찰된다고 말했다. 그러므로 악(惡)이란 '있어야 할 선의 결핍'[8]으로 이해했다. 그가 심화하고 체계화하였던 선의 특징 및 의미를 요약하면 다음 과 같다.
- 선의 내적인 특징은 완전함(현실태)이다.
- 선은 존재하는 모든 것들의 동기로서 작용하는 '목적인(目的因)'이며 '목적'이야말로 선의 특징이다.
- 선은 자기 확산(diffusivum sui)이다. 이는 선의 작용에 대한 궁극적 기초인 '통교(communicatio)'의 특성을 가리키는 것으로서 선의 의지와 자유

---

7   참조: 한국가톨릭대사전 편찬위원회, 「한국 가톨릭대사전」 vol.7, 1999, '선(善)' 항목, p.4396.

8   아우구스티누스(Augustinus)가 플로티누스(Plotinus)의 '악은 선의 결핍'이라는 개념을 신학적으로 적용한 내용이었다(각주 13 참고).

를 매개로 하여 자기를 남에게 나누어 주는 것을 말한다.

· 선은 하느님과의 인격적인 관계성이다. 이는 실질적인 선을 가리키는 '사물의 선성(bonitas objecti)'과 구분되어, 윤리적인 선을 가리키는 '형상적인 선성(bonitas formalis)'이다.

이는 '깃발'에서 보았듯이, "윤리적 선은 하느님을 향해 인격적인 결단을 내리는 데 있다"는 사실과 "윤리적 악은 하느님으로부터 등을 돌리는 데 있다"는 상반된 선택 가운데서 '하느님을 향한 이성적인 피조물의 운동(motus rationalis creaturae ad Deum)'으로 파악된다.[9]

그는 이상과 같이 하느님을 제외하고는 어떤 선도 인간을 완전한 행복으로 이끌지 못하며, 인간의 완전한 행복은 '최고 선'으로서의 하느님을 직관하는 데 있다고 보았다.

선(善)의 특질을 부연하여 설명하면,

· 선(善)은 객관적으로도, 주관적으로도 선한 것이어야 한다.

· 선은 올바르고 좋은 것으로 체험하는 자의 인격 안에 수용된다.

· 선은 그 자체가 인식의 대상일 뿐 아니라 구체적으로 체험할 때 그 진가(眞價)를 알 수 있는데, 이런 인격적 체험을 통해 나를 행복에로 이끈다.

· 선을 지향해야 할 의지가 그것을 지향하지 않고 질서를 깨뜨리는 일, 곧 '의지의 반역'을―그리스도교에서는―'죄'로 간주한다.

2-2 악(惡) ― 있어야 할 '선(善)의 결핍'

악은 일반적으로 '선에 반(反)하는 것'으로 나쁜 것, 나쁜 일, 인간에게 해

---

9 참조: 한국가톨릭대사전 편찬위원회, 「한국 가톨릭대사전」 vol.7, 1999, '선(善)' 항목, p.4399.

를 끼치는 일, '있어야 할 선의 결여'인 점에서 선의 결성(缺性) 개념이며 도덕적 중립과 같은 중간 개념이 있다는 점에서 선의 반대 개념[10]이다.

　악은 도덕적 기준에 맞지 않는 의지나 나쁜 행위로서의 '윤리악(倫理惡)', 인간에게 해로운 병, 천재지변, 나쁜 제도나 풍속, 나쁜 사회현상 등을 총칭하는 '자연악(自然惡)', 인간의 자기 존재의 유지와 완성을 방해하는 불행, 슬픔, 고통, 죽음, 병, 추함 등을 일컫는 '형이상학적 악'으로 나눌수 있다.[11]

　■ 악에 대한 용어 & 이해

・Kakos나 Poneros: 전자는 '인간이 책임져야 할 악한 행위'를, 후자는 '인간의 책임을 뛰어넘는 파괴적인 세력'을 뜻할 때 쓰인다.

・malum(L.) יْר (ra, Hb.): 하느님의 뜻에 순종치 아니하는 일, 우상 숭배, 하느님과의 계약을 파괴하는 일 등이나 인간에게 고통과 슬픔, 불행을 가져오는 세력을 뜻한다.

・'악(惡, evil)'과 '잘못(wrong)'의 뉘앙스: 'evil'은 마땅히 본성적으로 있어야 할 '선'의 결여, 곧 '자연적으로 갖추어져 있어야 할 것이 어떤 존재에 결여된 것'이라는 개념(존재적 차원)으로 '선'에 반(反)하는 것이다. 이에 대해 wrong은 옳지 않고 틀리며 진리에 반하는 것, 윤리적으로 말하면 인권의 최종 목적인 하느님께 나아가는 길에서 벗어난 것(윤리적 차원)을 뜻한다.[12]

- 고대 사상의 악: 고대 사상에서는 '악의 기원'을 이루어져야 할 형상(形相)이 완전하게 실현하지 못하게 하는 질료의 조악성에 두었다.

10　참조: 한국가톨릭대사전 편찬위원회, 「한국 가톨릭대사전」 vol.8, '악(惡)' 항목, p.5758.
11　참조: 한국가톨릭대사전 편찬위원회, 「한국 가톨릭대사전」 vol.8, '악(惡)' 항목, p.5764.
12　참조: 한국가톨릭대사전 편찬위원회, 「한국 가톨릭대사전」 vol.8, '악(惡)' 항목, pp.5758-5759.

- 그리스도교에서의 악

그리스도교에서는 '악'은 그 자체로 존재하지 않고 '있어야 할 선의 결핍', 곧 '선'한 것으로 지향된 의지가 어떤 질서를 배반하거나 깨뜨릴 때 발생(Augustinus)하는 것으로 보았다. 이때 죄를 회개하지 않는다면 그로 인해 발생한 악에 대해 벌을 받게 되므로 악도 하느님의 섭리 안에서 해석하였는데, 선과 악이 이원론적으로 존재한다고 보지는 않으면서도 인간 외부에서 오는 근원적인 악의 세력에 대한 관심도 공존했던 것으로 본다.[13]

특히 '원죄를 가져오게 한 세력'을 '악'이라 보는데, 원죄로 인해 '인간의 자유의지로 하여금 하느님의 질서에 반항하고 하느님께 대한 순종을 거부'하게 되었기 때문이다. 그리스도인들은 이러한 죄의 세력을 극복하는 길을 예수 그리스도의 하느님께 대한 전적인 순종과 구속(救贖) 공로의 은총에서 찾는다.

예수 그리스도가 하느님 아버지의 뜻에 순종[14]했던, 그러나 분명한 자유의지로 순종했던 지점이 바로 그것이다.

이에 아우구스티누스는 위와 같은 악과 관련하여 인간의 '자유의지'를 말함으로써 악이 생기는 이유와 극복할 수 있는 가능성을 함께 제시하였다.

그에 따르면, 인간은 생래적(生來的)으로 '자유의지'를 가지고 있다. 그러

---

13 아우구스티누스는 악이란 어떤 자연 사물 같은 적극적인 실체가 아니고 어떤 사태 또는 우연적인 현상에 지나지 않은 것으로 파악했다. 그러한 현상은 자연 사물이 반드시 지녀야 할 완전성이나 본성(natura)의 상실 혹은 결핍(privatio)이기도 하다. 그런데 결핍은 무엇이 있는 데서만 발생하는 것이기 때문에, 선 내지 존재 밖에서는 악이란 존재할 수 없다고 할 수 있다. 그는 악의 실재를 부정한 것은 아니다. 오히려 악이 선 자체와 대등한 근원적 원리로서 존재한다면 절대자로서의 선한 신을 제한함으로써 문제를 일으키게 될 것이고, 악이 실체로서 존재한다면 이를 창조한 신에게 그 책임이 돌아갈 것을 염려하였다. 그래서 세계와 그 안에 있는 사물을 선하게 창조했지만, 이 자연적인 본성에 결핍이 생기면서 나타나는 현상이 악이라고 주장한 것이다(참조: 박승찬·노성숙, 『철학의 멘토, 멘토의 철학』, 가톨릭대학교출판부, 2013, p.181).
14 "저는 아버지의 뜻을 이루려고 왔습니다"(히브 10,9).

므로 선과 악이 있을 때 어떤 것을 택하는가는 전적으로 자유의지에 의한 것이다. 만일 어떤 사람이 악을 택한다면 그것은 '악한 의지'에 의한 선택이며, 악이 완전한 것의 결핍인 것과 마찬가지로 악한 의지 역시 '결핍된 의지'인 것이다. 결국 결핍된 의지를 충만하게 해 줄 수 있다면 악한 의지는 선한 의지가 될 수 있으며, 이는 유한한 인간의 힘만으로는 불가능하기에 신의 은총만이 선한 의지로 만들 수 있다고 믿었다.[15]

결국 악을 이기는 힘은 선에 대한 강한 의지이며, 악은 악으로 극복할 수 없고 선으로 정복해야 하는 것이다.

디딤돌 하나	인간의 본

- 인간의 본성에 대한 나의 견해는 어느 쪽인가(성선/성악)?

- Why?

---

3. 악(惡)? 그리고 …

3-1 용어적 적용의 변화

악(惡)에 대하여 심화된 철학적 개념은 일상 속에서 다양한 문화적 양상 속에 사용되고 있다.

일단 '악' 하면 마귀(devil, diabolus), 사탄(satan) 등의 용어를 떠올리는 것이 일반적이다.

---

15   참조: 강영계, 『철학이야기』, 서광사, 2001, p.107.

그러나 이는 하나의 개념적 용어에 국한되지 않고, 실질적인 존재, 실체로서의 악의 존재로도 드러난다. 미사나 기도회를 진행하거나 영적인 부분을 전달할 때, 혹은 일상의 현장에서도 발현되는 이적(異蹟)과 같은 부마(付魔) 현상들은 현대인들에게 영의 실체에 대한 신선한 충격을 던져 준다.

그리고 앞서 다룬 악의 개념에도 포함되듯, 도덕적 차원에서 용납 불가한 상황이나 사건들에서도 차용되는 악은 사회적 의미가 강화된 측면이라 하겠다. 또는 극복 불가능한 현실에 대해 토로하면서 분노하거나 회피하려는 심리적 표현을 강하게 드러낼 때나 자연적 재해에 대한 저항감을 표현할 때도 악의 개념을 사용키도 한다.

심지어는 어떤 열정적인 감정을 표현할 때―월드컵 때 '붉은 악마'처럼―'악마(惡魔)'의 이미지를 차용하기도 한다.

3-2 이미지의 범람

악(惡)에 대해 묘사하기 위해 더욱 다양한 이미지를 사용하는 것은 어쩌면 갈수록 복잡해지는 사회와 문화 내에서 선과 악의 갈등 상황이 더해지고 첨예하게 대립되는 경우를 더욱 자주 맞닥뜨릴 때, 기대하는 인성(人性)의 회복과 건전한 사회에 대한 요구가 그만큼 높아지는 것이 이유이지 않을까?

여러 미디어들 가운데 다음과 같은 다양한 형태를 통해 드러내는 악에 대한 시선들을 통해 악의 속성을 파악할 수 있다.

- 전형적인 악의 형태: 실체적인 악마의 형상과 악의 지배와 극복의 형상을 적나라하게 묘사하는 영화나 매체―영화 〈콘스탄틴〉, 〈엑소시스트〉, 〈엑소시즘 오브 에밀리로즈〉, 〈더 라이트: 악마는 있다〉 등―들은 악마의 존재성에 대한 종교적 의미뿐만 아니라 실제적 존재에 대한 환기(喚起) 작용을 할 때가 있다.

· 폭력과 극악무도 속의 악성(惡性): 영화 〈악마를 보았다〉 등에서 드러나는 인간의 무차별적인 폭력의 수위는 극단적인 수준—과연 인간의 악행이 어디까지 갈 수 있는가를 경쟁적으로 보여 주듯—까지 이르른데, 사실 뉴스 등을 통해 접하는 현실에서 더욱 실제적으로 확인되기에 심리적으로 영적으로 미치는 악에 대한 부정적인 인식은 깊게 파고 든다.

· 일상 속의 유혹: 영화 〈데블스 에드버킷〉은 더욱 섬뜩하다. 사람의 본성적인 선함을 유혹하는 악의 접근은 상기한 영적인 모습 이전에 가장 일상적인 상황 속에서 다가온다는 설정이 매우 두렵게도 느껴진다.

4. 악은 어디로부터?

4-1 대전제

■ 신은 이 세상과 온 우주 만물을 질서 있고 선한 세계로 창조

신 존재에 관한 논의를 거듭하면서 신은 지혜와 섭리로 이 세상을 창조하였고, 생성된 만물에는 조화와 질서가 있음도 그 뚜렷한 증거라 밝혔다. 신(神)의 선한 의도로 태어난 피조물은 하느님으로 선을 나누어 받고 있음[분유(分有)]도 본다.

■ 창세기

그리고 이 세상의 시원(始原)에 대한 묵상을 담고 있는 창세기에서도 앞

서 언명하였듯이, '보시니 좋았다'라는 반복적 표현, 그리고 특별히 인간을 창조할 때 '매우 좋았다'라는 표현을(창세 1,4.10.12.18.21.31.) 의미 있게 사용하였다. 또한 인간은 하느님의 모상(模像)으로서, 하느님의 뜻을 헤아리고 알아듣고 실천할 수 있는 능력을 지니고 있으며, 이를 하느님도 인간에게 온 우주 만물을 선물로 주어 그것을 다스리고 관리하도록 맡겼다(창세 1,26-28)는 사실로써 부연해 주고 있다.

■ 신약성경에도 …

하느님은 당신 섭리로써 온 우주만물을 그 존재의 궁극적인 목적에 완전한 상태에 도달하도록 이끌고 있으며, 인간은 하느님이 창조한 만물을 자유로이 다스릴 책임을 갖고 있으므로 '하느님의 협력자'(1코린 3,9; 1테살 3,2)가 되며 하느님 나라를 위해 일할 때 선한 행동을 할 수 있다고, 선의 모습을 반영하고 있음을 확인해 준다.

그렇다면 악은 어디로부터 왔는가? 곧 신과 신의 모상인 인간에게 부여된 위의 본성들이 부인할 수 없는 악의 존재와 어떻게 양립할 수 있는가 하는 문제[16]이다. 이는 신에 대한 믿음, 신의 존재와 신성(神性) 자체에 대한 도전으로도 여겨지고 있는 것이 사실이다.[17]

4-2 신의 섭리와 악의 문제

■ 창조의 선성

앞서 살펴보았듯이 모든 것은 '선하고 좋은 것'으로 창조되었기에 창조된 모든 것은 신의 선성(善性)과 배치되지 않는다. 신의 선한 의도가 있기

---

16 참조: 한국가톨릭대사전 편찬위원회, 「한국 가톨릭대사전」 vol.8, '악(惡)' 항목, p.5769.
17 참조: 나이절 워버턴, 『철학의 주요문제에 대한 논쟁』, 최희봉 역, 간디서원, 2011, p.56.

에 피조물 각각의 존재들이 나름대로 신의 섭리와 질서 내에서 가치를 지니기 때문이다. 그러므로 신, 하느님은 이처럼 선을 창조했기에 악의 원인이 될 수는 없다.

■ 죄의 비극

가톨릭교회 교리에서는 악으로 인해 발생하는 '죄'의 1차적 원인을 '자유로운 지능을 가진 천사들의 타락'과 '원죄'에서 찾는다. 인간을 죄로 유인한 원죄—교만과 그로 인한 '자유의지'의 왜곡된 남용—로부터 모든 죄의 비극이 시작되었으며, 유혹에 빠진 인간이 그 결과를 감수해야 했기에 그 결과 죄와 악, 죽음의 고통에 직면하게 된 것이라 본다.[18]

■ 인내하는 신의 사랑

신은, 죄에 허덕이는 인간임에도 불구하고 더 이상 죄의 상태에 불행하게 놓아두지 않고 은총의 도움으로 죄를 피하고 악을 극복하도록 사랑으로 이끌며, 인류 구원 계획을 가지고 인간과의 계약을 끊지 않는 분으로 받아들인다.

4-3 선과 악은 공존하는가? ― 악이 전체 조화에 기여하는가?

위 내용을 바탕으로 한다면, 그야말로 악은 불완전한 존재들의 '지지고 볶음!' 곧 좌충우돌하는 불협화음의 결과가 아닐까.

---

18 교회는, 인간을 짓누르는 엄청난 비참이나 죄와 죽음으로 기울어지는 인간의 경향을 아담의 범죄 사실과 분리해서 이해할 수 없으며, 우리가 태어날 때부터 '영혼의 죽음'인 죄에 물들어, 죄가 우리에게 전달되었다는 사실과도 분리해서 이해할 수 없다고 항상 가르쳐 왔다. 신앙의 이 확신으로 교회는 인격적으로 아직 죄를 범하지 않은 어린아이들에게도 죄의 사함을 위한 세례를 주는 것이다(「가톨릭교회교리서」, 403항).

라이프니츠(Leibniz, 1641-1716)는 세상 안에 악이 있음에도 불구하고 세상의 창조주인 신의 정의로움이 변호될 수 있다고 생각했다. 그에 의하면 신은 순수하고도 무제한적인 완전함으로 표상된다. 이 신은 여러 가지 형태의 피조물을 세상 안에 창조하면서 최선의 가능적 세계가 이루어지도록 단계적으로 각 사물의 완전함 안에 차별을 지어 놓았고, 아울러 종류별로 한계를 지어 놓았는데 이를 '형이상학적 악'이라고 불렀다.[19] 곧 이와 같은 불완전성, 결여된 존재들의 상처가 악을 빚어낸다고 보았던 것이다.

다시 말해 신은 이 세상을 완전한 상태로 만들었다기보다 각 사물들이 자신의 본성을 가지고 보다 완전한 상태로 나아가는 '진행의 상태'로 창조한 것이라 보아야 하겠다. 이러한 계획에 따라 보다 더 완전한 것을 향해 가는 과정 중에 생성과 소멸, 건설과 파괴 등이 이루어지는 과정에서 선과 악도 공존하는 것이다. 여기서 피조물들 중에 지성과 자유의지를 가진 천사와 인간은 자유로운 선택과 더 나은 선에 대한 사랑으로 자신의 궁극적인 목적을 향해 올바른 방향으로 나아가야 할 책임이 있다 하겠다.

4-4 그러면 악은 허용된 것인가?

자유의지를 가진 천사와 인간이 신의 뜻과 일치하여 선을 지향할 수 있다는 것은 동시에 그 뜻을 저버리고 자유로이 죄를 지을 수 있다는 가능성도 열려 있다는 의미이다. 앞서 '죄'란 창조의 질서와 목적을 깨뜨리는 '윤리적인 악'이라는 데 초점을 맞추었는데, 그렇다면 다시금 신이 악의 원인이 될 수는 없다고 말해야겠다. 다만 신은 피조물들에게 허락한 자유를 존중하는 것이다.

그러기에 일찍이 아우구스티누스는 "전능하신 하느님께서는 … 최상의

---

19 참조: 한국가톨릭대사전 편찬위원회, 「한국 가톨릭대사전」 vol.8, '악(惡)' 항목, p.5768.

선이므로, 만일 악 자체에서 이끌어내실 충분한 능력과 선하심을 가지고 계시지 않다면, 당신의 피조물들 안에 어떠한 악도 존재하도록 방치하지 않으실 것이다"하고 언명하였다.

4-5 부정에서 긍정을 길어 올리다!(악은 더 큰 선을 낳는다?)

■ 악에서도 선을 이끌어 내는 신(神)

가톨릭교회는 하느님이 인간의 자유를 소중히 여겨 자유를 잘못 사용하여 저지른 악을 허용하나 악을 그대로 방치하지 않고 악에서도 선을 이끌어 낸다는 내용을 확신한다.

이에 교리서는 "시간이 흐름에 따라, 전능하신 섭리로 하느님께서 당신의 피조물에서 야기된 악의 결과에서(물론 윤리적 악의 결과에서도) 선을 이끌어 내실 수 있다는 것이 드러나게 되었다. … 그리스도의 영광과 우리의 구원이라는 가장 큰 선을 끌어내셨다. 물론 그렇다고 해서 악이 선이 되는 것은 아니다"[20]라고 정리하고 있다.

■ 왜 원죄를 방치했는가?

그렇다면 어째서 성경의 하느님은 첫 인간들이 죄를 짓지 않도록 막지 않았는가?

이에 대하여 대(大) 레오(Leo) 교황은 이렇게 답했다. "그리스도의 형언할 수 없는 은총은 마귀가 질투로 우리에게서 빼앗아 간 것보다 더 훌륭한 것을 우리에게 주었다." 그리고 토마스 아퀴나스(Thomas de Aquino)도 "인간이 죄를 지은 이후에도 더 높은 목적을 향하도록 운명 지어졌다는 것은 불합리하지 않다. 하느님께서는 더 큰 선을 이루어 내시기 위하여 악을 허

---

20 「가톨릭교회교리서」, 312항.

락하신다"하고 말했다.[21]

그러나 고통의 정도나 범위가 지나치게 크거나 극단적인 경우에도 도덕적 향상이나 더 큰 성장을 이루는 몫이라고 말할 수 있을까? 그리고 개별적으로 경험하는 크고 작은 부정(否定)의 사건들이 전체적인 선에 기여하는 것은 '어쩔 수 없는' 악에 대한 정당화의 수단이 되는 건 아닐까?

이런 의문들이 필자에게도 온전히 해결된 것은 아니다. 실제적으로 만나는 이들의 슬픔 가운데서 보다 큰 틀에서의 선(善)을 보라는 이성적 설득보다, 바로 곁에서 함께 흘리는 눈물이 더욱 소중하기 때문이다.

그렇다면 악과 그의 결과인 죄에 대하여 통합적인 시각이 필요하다. 악은 개인적 차원에서는 죄를 짓게 하는 내적 원인이 되어 사람이 자기의 충분한 성장과 완성을 거부[22]하게 만든다. 그러나 악은 비단 개인성만이 아니라 개인이 연결고리가 되는 사회적 영향으로 확산되어 연대적으로 발생케 한다는 점에 주목해야 한다. "많은 죄들이 이웃들에게 직접·간접으로 해를 끼치고 있다. 사랑하지 않는 죄와 불의, 그리고 악 표양과 죄의 협력까지도 결국 다른 사람들에게 해를 가져온다. 사회의 악한 풍조와 악 조건을 조장하고 지속시키는 것, 또는 악에 물든 사회 환경을 극복하려는 투쟁에 소홀히 하는 것 등, 이 모두가 사회적 죄의 범주에 속한다"[23]는 '악과 죄의 연대성'에 대한 지적은 되새겨보아야 한다.

결국 인간의 불완전성과 왜곡된 자유의지의 남용—그렇게 기울어질 가능성을 내포한 경향—으로 인해 발생할 수밖에 없는 악의 현상적 차원이라 할지라도 그것을 신의 선한 의지 안에서 극복되리라는 막연한 희망이나 합리화가 아니라 신의 뜻을 제대로 식별하고 변화에 동참하려 의식의

21 참조: 「가톨릭교회교리서」, 412항.
22 참조: K. H. 페쉬케, 『그리스도교 윤리학』 vol. 1, 김창훈 역, 분도출판사, 1998, p.389.
23 K. H. 페쉬케, 위의 책, p.387.

전환과 몸짓이 절실히 필요하기 때문이다.

디딤돌 둘　　악의 근원/그리고 조화

- 악의 근원은 어디에 있다고 생각하는가?

- '부조리·악' vs. '선과 아름다움'
  이 사이에서 세상을 조화롭게 만드는 방법은 어떤 것이 있을까?

---

5. 변하는 것, 변하지 않는 것

　　　　　　잠시적인 충만으로 포장된 유혹(temptation)과 영원에로 이끌어 줄 진리(permanent truth) 사이에 새겨진 팽팽한 긴장, 그 사이에서 거듭되는 외줄타기를 오늘도 계속해야 한다.

우리는 그 사이에서 '불가피하게 다가오는 고통'과 '악'은 명확히 분별할 힘을 키워야 한다.

늘 '긴장' 속에서도 '분별 있는 선택'을 할 수 있도록 '자유의지'라는 선물을 간직하고 있지 않은가!

이 의지로써 본성(本性)에 대한 응답을 게을리하지 않고, 진정한 가치에 대한 의미물음을 깊이 던지며, 참으로 '나를 나답게' 하는 것이 무엇인가에 대하여 깨어 있어야 하리라! 그리고 과거를 디딤돌로 삼되, 매이지 않는 자유로움을 나의 오늘과 미래를 축복할 해방의 기쁨을 스스로에게 안겨 주자!

나 자신 안에 새겨진 신적 본성에 응답할 것.

심장에 귀를 기울일 것.

제7장

무엇이 옳고 무엇이 그른가?

나를 아름답게 만드는 way

매력적인 입술을 가지려면
친절한 말을 하라.

사랑스런 눈을 가지려면
사람들 속에서 좋은 것을 발견하라.

날씬한 몸매를 원하면
배고픈 사람들에게 음식을 나눠주라.

아름다운 머릿결을 가지려면
하루에 한 번 아이로 하여금
그 머릿결을 어루만지게 하라.
균형 잡힌 걸음걸이를 유지하려면

당신이 결코 혼자가 아니라는 사실을
기억하며 걸으라.
물건뿐 아니라 사람도 새로워져야 하고,
재발견해야 하며, 활기를 불어넣어야 한다.

어떤 사람도 무시되어선 안 된다.

당신의 도움이 손길을 필요로 할 때
당신 역시 팔 끝에 손을 갖고 있음을 기억하라.

나이를 먹으면서 당신은 알게 될 것이다.

당신이 두 개의 손을 갖고 있음을.
한 손은 당신 자신을 돕기 위해.
그리고 나머지 한 손은
다른 사람을 돕기 위해.

　　위의 글은 세기를 넘어 아름다운 여배우로 칭송 받는 오드리 햅번
(Audrey Hepburn, 1929~1993)이 숨을 거두기 1년 전 성탄 때 아들 숀에게 들
려준 이야기로 알려져 있다.[1]
　　자신의 생(生)을 돌아보며 가슴에 새기고 전해준, '길'이 되는 말들.
　　'나를 아름답게 만드는 way(길).'

1　　신용문, 『관계의 숲에서 길을 묻다』, 뒷목문화사, 2013, p.41.

'어떻게 하면 그 정도(定道)를 찾아갈 수 있을까'에 대한 성찰이 담긴 유언.

그 속엔 사랑하는 사람이자 인생의 후배에게 '~하려면/하지 않으려면', '~하라!/~하지 마라'라는 형식을 빌려 전달되었다.

이는 선과 악으로의 기울어짐이라는 불완전성 가운데서 늘 긴장과 갈등 속에 성숙해 가는 여정을 살아가면서, 늘 선택의 지점에 놓이게 되는 나 자신에게 던져야 할 깊은 질문의 방법이며 내용이기도 하다.

1. 마음의 소리 …

1-1 새겨 주지 않은 법

나를 태중에 품었던 어미도, 든든한 사랑을 심어 준 아비도 내 심장을 손수 빚어내진 못했다. 당신들의 생명을 이어 출생의 섭리를 받아들였음에도 그 누구도 나의 영혼을 심어 주진 못했다.

누군가 새겨 주지도, 배워 주지도 않은 나의 영혼 깊은 곳에 이미 원초적으로 조각된 모상(模像)다운 불문율(不文律)이 스며들어 있다.

내가 걷고 있는 길 위에 서서 결정을 해야 할 때, 그러므로 먼저 내 가슴에 귀를 기울이는 시간을 배우라….

인생에서 가장 중요한 질문은, '진정으로' 나를 '행복하게' 해 주는 길이 어디에 있는지, '진정으로' 나를 '좋은 모습으로' 이끌어 주는 것은 어느 향방(向方)인지를 스스로에게 물어보는 것이다. 우연적이며 표층적인 행복과 좋음이 아니라, "진정으로" 행복하고 좋은 길 말이다.

시류(時流)에 떠밀리거나, 사람들의 웅성거림에 매몰되지 않는, 나의 내면의 진솔한 갈망에 말을 건네라!

"고독만이 한계도 없는 내적 세계를 나에게 열어 주며, 또한 나는 이 세게 안에서 비로소 처음으로 존재하는 모든 것과의 교류의 원리를 발견하게 된다"[2]고 하지 않는가!

1-2 느림을 지녀라

나의 갈망을 듣기 위해 감추어진 나의 목소리에 귀 기울이기 위해서는 발걸음을 멈추어야 한다. 분주함으로 포장하여 '참 나'를 대면치 못하게 하는 숱한 '꺼리'들로부터 자유로워지도록 나에게 해방을 줄 필요가 있다.

피에르 쌍소(Pierre Sansot)는 "느림이란 시간을 급하게 다루지 않고 시간의 재촉에 떠밀려 가지 않겠다는 단호한 결심에서 나오는 것이며, 또한 삶의 길을 가는 동안 나 자신을 잊어버리지 않을 수 있는 능력과 세상을 받아들일 수 있는 능력을 키우겠다는 … 확고한 의지에서 비롯하는 것이다"[3]라고 말하였다.

2. 또 다른 시선으로 …

심사숙고한 선택과 결심 그리고 걸어가는 길.

그럼에도 불구하고 확고한 신념이 흔들리는 경험을 하는 것은 나의 확신과 다른 시선과 판단을 만날 때이다. 내심의 뿌리가 깊지 못하다면 혹여 '내가 틀린 것은 아닐까' 하는 불안이 찾아든다.

물론 어느 경우 아집(我執)이 되지 않도록 객관적인 판단을 신중히 해야 할 필요성을 발견하고 과감히 수정해야 될 때도 있다.

나는 어떤 준비가 되어 있는가?

---

2   루이 라벨, 『영원한 현존·나·세계』, 최창성 역, 가톨릭출판사, 1989, p.158.
3   피에르 쌍소, 『느리게 산다는 것의 의미』, 김주경 역, 동문선, 2000, p.13.

2-1 서로의 '다름'을 맞닥뜨릴 때 …

■ 해는 어디에서 뜨는가?

정말 어디에서 뜰까?

어린 시절부터 산골에서 태어나 산속에서만 살던 아이와, 해변에서 태어나 바닷가에서만 살던 아이가 만나면 어떻게 말할까?

"해는 산에서 뜨는 거야!" "아냐, 해는 저 멀리 수평선에서 뜨는 거야?"

저마다 해는 산, 바다, 계곡, 지평선 … 어디에서도 뜬다고 하겠지.

무엇이 정답일까?

사실 당연히 해는—그 사람이 보아 온 곳—어디서나 뜬다.

■ 상대성이론?

'그럼 너도 맞고 나도 맞으니까' 하며 상대방의 모든 것을 인정하며 다툼만 피해 가면 되는 걸까?

■ 절대적으로 옳은 기준은 없을까?

위에서 해는 어느 곳에서도 뜨는 않는다는 것이 정답이겠지. 해가 뜨는 것이 아니라 사실 가만 있는 해 주변을 지구가 자전할 뿐이니까!!

2-2 다름의 근저에도 지향의 뿌리는 있다

모 기업 광고 문구들에 이런 말이 삽입되어 있었다.

"원칙과 신의를 지키며 끝까지 최선을 다하는 것이 보수적이라면, 저희는 보수적입니다."

"모두가 'Yes'해도 'No'할 줄 아는 사람! 모두가 'No'해도 'Yes'할 줄 아는 사람."

2-3 원칙과 소신

혹자는 이 같은 문구들이 시대를 역행하며 성 과와 결과 중심주의적인 세상의 문화로도 맞지 않는 것이라고 혹평할 지도 모른다.

지나친 원칙주의는 '사람의 가치'를 놓칠 수 있 다. 그러나 원칙이 없는 대중 영합주의(populism)는 신뢰성과 지속성을 잃 게 만든다.

여기서 소신의 근거에는 분명한 객관성이 전제될 때 동의를 유발한다. 그리고 그 객관성의 뿌리에는 그 선택의 지향성—무엇을 위한 것인가에 대한 내용—이 뚜렷해야 하며, 그 가운데는 동반하는 사람을 우선시하는 사랑의 기준이 내재해야 한다.

3. 담론 … 그리고 현실(가치의 충돌) — 행복, 자유, 미덕

그렇다면 다음과 같은 문제들에 대한 나의 생각 은 어떠한가? 대표적인 몇 가지 사례들을 통해 접근해 보자.

3-1 우리 집 밥상과 지갑의 문제

문제를 논(論)하기 앞서서 현 상황을 전제로 짚어 보자.

■ 전제: 소위 '월급 빼고 모든 것이 오른다'고 말한다

유가가 떨어져도 국가에 내는 일정 세금 때문에 서민들이 실제로 느끼는 낙폭은 크지 않고 혹은 인상되면 인상분에 비한 하락폭은 더욱 적은 것이 사실이다. 물가의 기준이 되는 품목들을 기준으로 보면 과자 값은 수년 내 25% 인상되었고, 아이스크림 가격은 부지불식간에 도입된 '오픈 프라

이스(open price)'⁴의 부정적 결과로 인한 가격 상승 이후 내려 본 적이 없다. 정작 서민이 주 소비층이 되는 담배 가격의 인상, 등록금 1000만 원 시대에 부모의 등골은 휘지 않는가!

■ 가격 폭리 처벌법은 필요할까?

마이클 샌델(Michael J. Sandel)은 2004년 여름, 허리케인 '찰리'가 휩쓸고 지나간 플로리다 지역의 폭리 논쟁을 예로 들었다.

내용인즉슨, 당시 재난 상황 가운데서 평소 2$였던 얼음주머니는 8$에, 지붕 덮친 나무를 치우는 데는 23,000$을 요구하고, 평소 250$이던 가정용 소형 발전기를 2,000$에, 평소 40$이던 호텔요금을 160$에 지불해야 하는 등, '남의 고통과 불행을 이용해 이익을 챙기는' 행위가 빈번하였다. 이에 가격 폭리 처벌법을 집행하려 하자, 예상 외의 반대에 부딪혔다.

이 법안의 찬성이나 반대 주장을 들여다보면 행복의 극대화, 자유의 존중, 미덕의 추구와 맞물려 서로 다른 각도에서 정의를 바라보고 있음을 알게 된다.

• 찬성 측: 행복이나 자유의 입장 — 분노(미덕의 입장)
폭리의 처벌에 찬성하는 측은 첫째, 어려운 시기에 터무니없는 가격을

---

4 제조업자가 아닌 최종 판매업자가 제품의 가격을 결정하고 표시하는 제도. 이전 법규에서는 제조업체가 일괄적으로 생산 제품 가격을 표기하도록 했다면 오픈 프라이스 제도에서는 최종 판매업자가 해당 제품의 가격을 자율적으로 표기토록 한다. 마찬가지로 이는 수입된 품목에서도 동일 적용된다. 이는 가격을 책정할 때 실제 판매가보다 부풀려 소비자가격을 표시하는 폐단을 근절시키고 최종 판매처에서의 가격 할인경쟁을 유도하여 소비자부담을 덜어 주기 위해 도입되어 1998년 8월 1일부터 시행되었으나 특히 2010년 7월 1일부터 시행된 가공식품 4개 품목(라면, 과자, 빙과류, 아이스크림)에 대해서는 오히려 소비자 혼란과 가격 상승을 야기하여 2011년 7월 22일 폐지되었다(참조: 길벗 R&D 일반상식 연구팀, 『일반상식의 재구성─시사편』, 길벗, 2013, p.59).

부르는 행위는 사회 전체의 행복에 도움이 되지 않는다는 점이다. 실질적으로 경제가 어려울 때 타격을 입는 것은 서민이며 그들에게는 심각한 고통이 되기 때문이다. 그러므로 이때는 가장 어려운 이들―생필품마저 구입하지 못하는 이들―의 고통도 배려의 대상에 포함되어야 한다고 본다.

둘째, 특정 상황에서는 자유 시장이 그만큼 자유롭지 못하다―"강요받는 구매자에게 자유는 없다."―는 것, 곧 불가피한 수요에 대한 가격 책정은 자발적 교환과 다르다는 주장이다.

그러나 여기에 고려해야 할 또 하나의 주장은 더 본능적인 차원, 즉 약탈자에 대한 분노―탐욕은 악덕, 나쁜 태도이며 타인의 고통을 망각하게 할 때는 더욱 그러하다―에 있다. 이는 단순한 감정적 차원이 아니라, 진지한 고민이 더해져야 할 도덕적 주장, 부당함에 대한 항변이라는 점을 간과해서는 안 될 것이다.

• 반대 측: 자유 시장 경제에 맡겨라. 어쩔 수 없는 공급을 위한 방편

위의 주장들에 대하여 경제학자들은 시장 사회로 진입하면서 가격은 수요와 공급으로 결정되었을 뿐 애초부터 '공정가격' 따위는 존재하지 않았다는 입장을 밝혔다. 자유 시장 경제학자인 토머스 소웰(Thomas Sowell)은 '어쩌다 익숙해진 가격수준'은 도덕적으로 대단히 신성한 것이 아니라고 말했다. 친시장 논평가 제프 자코비(Jeff Jacoby)도 비슷한 논리로, "시장이 견딜 만한 값을 요구하는 행위는 폭리가 아니다. 탐욕도 뻔뻔스러움도 아니다. 그것은 자유 사회에서 재화와 용역이 분배되는 방식이다. 그러나 삶이 수렁에 빠진 사람들에게는 특히 화가 나는 일임은 분명하다"고 하며, 결국 화가 난다고 해서 자유 시장을 방해해서는 안 된다는 입장을 견지했다.[5]

---

5   참조: 마이클 샌델, 『정의란 무엇인가』, 이창신 역, 김영사, 2010, pp.13-22.

위의 예를 대하면서—필자의 입장은 분명하지만—다음과 같은 의문을 가졌다.

과연 미덕과 악덕을 분별하는 기준은 어디에 두어야 하는 걸까? '경제의 논리'와 '사람 중심적 사고'가 상충하는 지점에서 어디에 객관적 가치를 우선적으로 두어야 할까?

또 미덕에 기초를 둔 쪽에서는 탐욕에 바탕을 둔 악덕을 정부가 나서서 억제해야 한다는 심판을 주장하고 있다. 그런데 이때 정부가 악덕에 대해 단호하게 대처하여 최소한의 성의를 보여야 된다 생각하면서, 어떤 정치적 역할이 우리에게 선이나 악을 억제하고 규제해서는 안 된다는 정서가 동시에 작용하는—어쩌면 이것이 법의 정신과 질서에 대한 당여하고 정당한 태도일 수 있다—이중성도 발견하게 된다는 점이다.

3-2 범죄자의 인권에 대한 문제

비단 경제 문제뿐 아니라, 미디어에서 보도되는 일련의 사건들 안에 정당하지 못한 형량 내지 다른 이의 평생을 망친 이에 대한 납득이 가지 않는 처벌이 선고될 때, 공분(公憤)을 표현한다. 한동안 대두되었으나 결론이 모호한 '성 범죄자의 신상 공개'에 있어서도 '범죄자 인권의 옹호' 의견과 '피해자 입장에서의 범죄자에 인권에 대한 다른 시각'의 문제는 우리게 도덕적 기준과 그 적용에 있어서 많은 고민을 갖게 한다. 나의 생각은?

3-3 사생활(Privacy)의 실종

심지어 사생활이 공개되어 상처를 입는 연예인이나 소위 '공인(公人)'이라 여겨지는 사람들을 보면 그들이 '알려진 사람'이라는 이유와 '알려져야 할 사람'이라는 차이가 무색할 만큼 대중에게 하나의 가십거리로 치부되고 있지는 않은가! '~카더라'식의 유언비어에 근거한 미디어의 마녀사냥.

그리고 흥행과 유명세, 인기를 바탕으로 인격적인 사람을 소모적인 상품으로 만드는 세태 속에 만들어진 이미지는 홍수를 이루고 그 홍수에 휩쓸린 것 마냥 정보는 왜곡되고 언론에 관한 윤리마저도 혼돈을 반복하고 있는 시대가 아닌가 한다.

디딤돌 하나 정보를 얻는 통로

· 나는 어디서 주로 정보를 얻는가?(서적, 신문, TV, 인터넷, 소문 …)

· 정보를 수용하는 나의 태도는?(있는 그대로 수용/비판적/의미 없이)

· Why? 그리고 나에게 미치는 영향은?

---

4. 옳고 그름에 대한 철학적 접근(1) ─ 의무에 기초한 이론들

의무에 기초한 이론들은 저마다 수행해야 하는 혹은 수행해서는 안 되는 의무들을 가지며 도덕적 행위는 결과 여부에 관계없이 의무를 행하는 것이라 보는 입장이다.

4-1 **그리스도교 윤리**(Christian Ethics)

그리스도교 윤리에서 가장 주요한 기준이 되는 것은 '신의 의지에 대한 순응'이며 그 의무의 원천을 성경, 그 안에 제시된 십계명,[6] 성전(聖傳, 교회

---

6 1. 한 분이신 하느님을 흠숭하여라. 2. 하느님의 이름을 함부로 부르지 말라. 3. 주일을 거룩

법 등 하느님의 뜻과 윤리적 문제에 대한 해석이 포함)에 두고 있다. 여기서 도덕의 본질은 이 계명과 전통에 합당하게 '하라 ~ 하지 마라' 가운데 정리된다. 이 같은 '신의 의지에 기초한 윤리'에 대한 비판도 제기되는데, 그에 대한 필자의 식견도 첨부한다.

■ '하느님의 뜻을 어떻게 분별하는가?' 하는 문제이다.

상대적인 가치관 사이에서 그 시대와 상황에 부응하는 하느님의 뜻을 '식별(識別)'하려는 노력은 현실적 문제를 직시해야 하면서도—신의 계시와 불완전한 인간 사이의 간격이 막대하므로—신중을 요한다.

이에 '식별'은 신앙 자체—그리스도교 신앙이 이미 하느님과 나 사이의 관계적 실체이다—와 마찬가지로 '관계적 실체'로서 '자기를 향한 말씀, 곧 말씀이신 하느님께 응답하기 위해 거쳐 가야 할 길을 열어 보여 주는, 그 말씀을 이해하는 기술'을 의미한다.[7]

앞서 언급한 성경과 성전을 비롯하여 행동에 따른 열매,[8] 인격적 만남의 해석 등에서 행하는 식별은 하느님과 인간 사이의 막대한 간격을 좁혀 주는 도구요 길이 될 것이다.

■ 에우티프론의 딜레마

플라톤은 『에우티프론』에서 도덕이 신으로부터 유래되었다고 믿는 이

히 지내라. 4. 부모에게 효도하라. 5. 살인하지 말라. 6. 간음하지 말라. 7. 도둑질을 하지 말라. 8. 거짓증언을 하지 말라. 9. 남의 아내를 탐내지 말라. 10. 남의 재물을 탐내지 말라.—이상의 10계명 가운데 1~3계명은 하느님에 대한 사랑의 의무, 4~10계명은 이웃에 대한 사랑의 의무를 설명하고 있다.

7   참조: 마르코 이반 루프니크, 『식별』, 오영민 역, 바오로딸, 2011, pp.38-39.

8   행위의 결과가 '사랑, 기쁨, 평화, 인내, 호의, 선행, 성실, 온유 그리고 절제'(갈라 5,22)의 열매를 맺는가 하는 것은 그리스도인으로서의 행위를 분별하는 데 요긴한 도구이다.

가 처한 딜레마에 대하여 다음과 같이 설명하였다.

첫째 신이 특정 행위가 도덕적으로 선하기에 그것을 하도록 명령하거나 그렇게 행하는 것을 사랑한다면—도덕 자체가 선한 것이고 창조하는 것이 아니므로—이는 도덕이 어떤 의미에서 신에게서 독립된 것으로 만드는 것이며, 두 번째는 신이 자신의 명령이나 승인에 의해 옳고 그름을 창조한다면 이는 도덕을 자의적으로 만드는 것이기 때문이라는 것이다.[9] 그러나 신과 도덕 사이의 개념적인 괴리가 아니라, 현존하는 신에 대한 부단(不斷)한 사랑의 관계에서의 귀 기울임과 만남, 응답의 과정이라 받아들이면 어떨까.

여기서 소위 '성전(聖戰)'이라 부르며 테러에 뛰어드는 이슬람 근본주의자들에게 있어서 신의 명령은 어떤 의미로 작용하는지 매우 의문스럽다.

■ 신 존재와 선성의 전제

그리고 이 같은 윤리적 해석은 신 존재와 신성을 인정해야만 논의될 수 있다는 점이다. 이는 하느님 뜻의 식별에도 다시 돌아가는 동어반복이 아닌가 하는 비판이다. 그러나 그 전제 자체가 합당한 것이라면 모든 문제 해결의 열쇠는 주어져 있는 것이 아닐까.

4-2 칸트(I. Kant)의 옳고 그름

■ 칸트의 주요한 질문

칸트 철학의 궁극적인 관심사는 "인간은 도대체 무엇인가?"이다. 그런데 이 물음의 배후에는 "인간은 이성적 존재자다"라는 형식적 규정이 이미 전제되어 있다. 따라서 이 물음의 주도적 관심은 이성적 존재자로서의

---

9   나이절 워버턴, 『철학의 근본문제에 관한 10가지 성찰』, 최희봉 역, 자작나무, 2016, pp.92-93.

인간의 보다 실질적인 다음의 질문들에 요약되어 있다.

- 나는 무엇을 인식할 수 있는가?
- 나는 무엇을 행해야만 하는가?
- 나는 무엇을 희망해도 괜찮은가? (『순수이성비판』 A805, B833 참조)

■ 칸트의 '나에게 가능한 인식의 대상' ─ 보편타당성 & 도덕

"나는 무엇을 알 수 있는가?"라는 칸트의 철학적 물음은 일차적으로 인간으로서의 내가 알 수 있는 것, 즉 '나에게 가능한 인식의 대상'이 무엇인가를 묻는다. 이때 그에게서 문제되는 '앎의 주체'로서의 '나'는 일정한 보편적 앎의 구조를 가진 유적(有的) 존재로서의 인간을 대변하는 주체이며 따라서 '앎'이란 말 역시 우선은 앎의 주체 일반의 '보편타당한 의식 활동'─누구나 알 수 있는 것─을 의미한다.

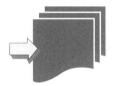

칸트는 누구나 무엇인가에 대해 알 때 위와 같은 과정을 거친다고 보았다. 곧 어떤 사물이나 행위를 '대상'으로 경험하면 그 내용이 나에게 경험 이전에[선험적(先驗的)으로] 지니고 있는 범주[10]에서 찾아 내용을 이해하게 된다는 것이다. 즉 '나는 무엇을 행해야만 하는가?'에 대한 대답 역시 내

---

10 참조: 팀 크레인 외, 『철학, 더 나은 삶을 위한 사유의 기술』, 강유원 외 역, 유토피아, 2008, pp.474-475.

가 취해야 할 행동 양식 가운데 도덕적인 법칙에 합당한 범주에 해당하는 행동을 찾아 행해야 한다고 보았다.

■ 칸트의 도덕법칙의 의식

칸트는 보이는 사물과 달리 보이지 않는 형이상학적 세계의 실체를 우리에게 알려 주는 것—보이지 않아도 분명히 있다는 것을 아는 것—은 우리의 이성 가운데 존재하는 '도덕법칙의 의식'이라 보았다. 그는 그러한 도덕 법칙을—비록 눈앞의 장미꽃을 보는 것처럼 감각적 사실은 아니지만—인간이성이 아무리 부인하려고 해도 도무지 부인할 수 없는 '이성적' 사실—선천적으로 새겨진 것—이라는 것이다.

자연 속에서 자연 존재자로 살고 있는 인간은 다른 한편으로는 사태의 '자연스런' 흐름과는 달리 '마땅히 해야 한다'는 이상에 따라 행위를 한다.

이때 '마땅히 해야 함', 즉 '당위'는 감성적 자연에서는 발견할 수 없는 표상이므로, 그것은 순수한 이성의 이념이라는 것이 칸트의 생각이다.

■ "마땅히 행할 것을 행하라" 일러 주는 이성

이러한 이념에 따라 행위를 규정하는 능력을 칸트는 '실천 이성', '의지'라고 부른다.

순수한 실천 이성은 인간이 인격적 존재자로서 모든 도덕 행위에서 준수해야 할, "너의 의지의 준칙이 항상 동시에 보편적 법칙의 원리로서 타당할 수 있도록, 그렇게 행위하라"는 원칙[11]을 제시하고, "너 자신의 인격에서나 다른 모든 사람의 인격에서 인간(성)을 목적으로 (대하고), 결코 한낱 수단으로 사용치 않도록 행위하라"는 실천 강령을 세운다.

---

11 참조: K. H. 페쉬케, 『그리스도교 윤리학』, vol. 1, 김창훈 역, 분도출판사, 1998, p. 124.

이러한 보편타당한 실천 법칙을 제시하는 순수한 실천 이성은 실천 법칙 아래서, 이에 준거해서 행위를 규정하려고 욕구할 때 순수 의지가 된다. 그리고 이 순수 의지가 순전히 실천 이성이 제시하는 선의 이념에 따라 행위할 때, 그것은 자신이 제시한 규율에 스스로 복종한다는 의미에서 자율적이며, 그 행위의 힘이 스스로에게서 유래한다는 뜻에서 자유롭다.[12]

즉 인간의 도덕적 실천의지는 오로지 이성이 세운 도덕 법칙에 따라 행위할 뿐 그 행위의 동기에서 어떤 자연적 영향도 받지 않는다는 점에서 그것은 자유로운 의지로 이해[13]된다. 그런데 인간의 실천적 행위로서 도덕 행위는 자연 세계에 영향을 미친다. 이는 자연에서 일어나는 사건 가운데 어떤 것은 자연 중의 기계적 인과법칙에서가 아니라 도덕적 실천 의지의 자유 원인에서 일어나는 것이 있음을 말하고 있는 셈이다.

■ 자연의 인과성과 도덕의 당위성

이러한 칸트의 생각은 세계 안의 모든 운동, 즉 자연의 인과성과 도덕의 당위성은 서로 모순됨 없이 합목적적으로 진행될 것―내가 깊이 숙고하고 도덕적으로 보편타당한 법칙에 따라 행동하는 것은 섭리에 어긋나지 않을 것―이라는 반성적인 판단에서 비롯한 것이고, 인간의 선(善)의지조차도 거시적으로 보면 자연 전체의 어떤 기획에 따를지도 모른다는 생각을 반영한 것이다.

곧 자연의 기저에 초(超)감성적인 것이 있다고 전제하고 이것이 자기의 목적(창조의 의도)에 맞도록 자연을 창조한 것처럼 생각한다면, 자연의 인과율도 결국 그 근저에 있는 초감성적인 신의 목적이 간직되어 있을 것

---

12 윤리적 판단은 자유의 상태에서 자율적으로 판단하고 행위한 것에 근거한다. 강제적 환경에 의한 행위는 윤리적 판단에서 제외된다.

13 결국 인간의 자유의지에 의한 선택으로 자신의 삶을 채워 가는 것이다.

이며, 자연은 그러한 신의 목적과 어긋날 수가 없으며, 따라서 합목적적인 것이라고 이해할 수 있을 것이다. 그런데 이런 생각을 주도하는 것은 우리 이성의 또 다른 능력, 즉 특수한 사례들(불충분한 자료)을 가지고 그 특수한 사례들을 보편적으로 포괄하는 어떤 절대자를 그려내는 반성적 이성이다.

■ 비판

사실상 칸트의 도덕설은 매우 체계적이며, 그의 윤리설 또한 커다란 지위를 누리고 있다. 그러나 그의 윤리학이 포함하고 있는 몇 가지 난점들을 짚어 봄으로써, 여러 모로 시도되고 있는 비판들에 귀 기울여 지평을 넓혀 보도록 하자.

- 공허하다: 이론적 틀에 불과하며 실질적 도움이 되지 않는다.

그의 도덕법칙에 의문이 있다. 그의 정언명법(定言命法)[14]에서, "네 의지의 준칙이 언제나 동시에 하나의 보편적 입법의 원리로서 타당할 수 있도록 행위하라"고 하여, 개인의 주관적 행위의 준칙이 보편타당성을 가질 때에만 비로소 도덕적일 수 있다고 보았다. 그에 의하면 모든 사람들이 행위하는 상태를 가정할 때 모순 없이 성립될 수 있는 행위가 보편타당한 행위이며 그것이 도덕법칙에 일치되는 행위라는 것이다. 그러므로 보편타당성은 도덕법칙의 필요충분조건("도덕적으로 행위하라" = "보편타당한 행위를 하라")인 것이다. 그의 정언명법은 이를 정식화한 것에 불과하다.

예: 어린아이가 낫기 위해 꼭 먹어야 하는 약에 대해 사탕이라 속여 약을 먹이는 엄마의 거짓말은 비난 받아야 하는가? '거짓말하지 말아야 한

---

14 마땅히 행해야 할 것을 행하라!

다'는 보편타당한 원칙에 위배되므로?

- 비도덕적 행위도 보편화가 가능한가?

그럼 보편적 법칙으로 의욕할 수 있는 준칙은 모두 의무라고 할 수 있는가? 어떤 사람의 준칙이 의무가 되기 위해서는 자기의 준칙이 행위의 보편타당한 규칙이 될 것을 그 사람이 일관되게 의욕할 수 있다는 것만으로는 불충분하다. 또 보편화할 수는 있지만 보편화되는 것이 바람직하지 못한 준칙이 있다.

예: 무조건적인 자선이나 장기기증을 강요하는 것은 '선(善)을 위해 베풀어야 한다'에는 맞을지라도, 개별적인 상황이 고려되지 않을 땐 의미를 상실한다.

'눈에는 눈, 이에는 이'[15]의 법칙이 보편타당하면 복수는 당연시되어야 하는 것인가?

어떤 규칙이 보편적으로 적용된다는 것이 반드시 그것이 좋은 규칙이라든가, 용인되는 규칙이라는 뜻은 아니다. 그러므로 보편타당성은 도덕법칙의 필요조건이기는 하나 충분조건은 아니다. 칸트가 말하는 '순수이성의 사실'이 진실로 순수이성의 사실이요, 추호도 경험적 요소를 포함하지 않았다는 것이 의심 없는 명제가 되기 위해서는 보다 확실한 근거를 제시할 필요가 있었던 것이다.

- 의지의 자유에 대한 이론에도 의문이 있다.

그는 인간의 의지가 자유임을 직관할 수 없다고 했으나, 사실 도덕이 존

---

15 가장 오래된 법전 함무라비에 수록된 동태복수법으로 원 의미는 그 이상의 복수는 허용하지 않는다는 의미였으나, 적어도 그 정도의 복수는 하라는 의미로 왜곡된 예가 많다.

재한다는 사실을 통하여 의지의 자유를 확신하였다. 그리하여 "도덕은 자유의 인식 근거요, 자유는 도덕의 존재 근거"라고 하였다.

그러나 문제는 우리 의지가 오로지 의무의 법칙을 따를 때에만 자유일 수 있고, 감성의 욕구에 따를 때에는 자유가 아니라고 보는 관(觀)에 있다. 그의 말대로 인간은 이성적이면서도 감성적인 이중적 존재임에 틀림없고, 따라서 이성적 도덕법칙 혹은 감성적 욕구에 이끌릴 수 있는데, 여기서 어느 쪽을 선택하든 거기에는 선택의 자유가 전제되어야 함에도 오직 도덕적 법칙에 따르는 의지만이 자유라고 하는 것은 긍정을 유도하기 어렵다.

또 "너는 해야 하기 때문에 할 수 있다"며 의무의식이 곧 행위의 가능성에 연결될 수 있다고 보는 것은 현실적인 납득이 힘들다.[16]

예: 익사자가 발생하였을 때 '구조하기 위하여서는 물에 뛰어들어야 한다'고 하는 명제와 생명을 걸어야 하는 문제 사이에 개인의 선택 자율권이 있다고 하여 보편타당성에 의해 강요할 수 있는 문제일까?

• 행위의 결과는 무시되어도 되는가?

그의 철학은 의무감으로 채워진 당위적 도덕이 강조된 반면, 감정들에 부여하는 역할이 부적절하다. 또 행위의 환경—자유와 자율—과 행위의 과정이 주요할 뿐 그 결과에 대한 분석과 반성이 부족하다는 맹점이 있다.

예: 의사가 있는데 '마음은 착한데 기술이 부족한 의사'와 '기술은 좋은데 마음이 나쁜 의사'가 있다면, 전자는 본의 아니게 사람을 죽음으로 내

---

16 칸트는 '해야 한다'는 의무의 의식을 '할 수 있다'는 자유의 보증이라고 믿었다. 그러나 의무의 의식이 보장하는 것은 오직 자유의 의식이요 실제로 할 수 있는 것은 자유 그것의 보장은 아니다. 그리고 우리에게 문제가 되는 것은 의식 안에 국한된 자유가 아니라, 외부행동을 포함한 행위 전체의 자유이다(김태길,『윤리학』, 철학과현실사, 2010, p.149).

몰 수 있고, 후자는 악의로 사람을 해할 수 있다. 수술실에서 필요한 의사는 '선한 의지와 최선의 기술'을 병행한 사람이 아니겠는가? 단지 '수술해야 한다'라는 당위성에 생명을 담보할 수는 없는 것이다.

이상에서 칸트의 윤리는 도덕전 선의 개념을 새롭게 규정하고—도덕의 원리를 보편타당한 차원까지 끌어올리고 인간이 부여받은 내재적인 도덕성을 밝히면서—선악 판별 기준의 보편성을 확보하며 그를 뒷받침하는 인간 이해에 관해 설득력 있는 이론을 나름 제시하였지만,[17] 결국 '윤리 자체를 위한 윤리', 보편의 기준을 자신 안에 가두어 궁극적 목적에까지 확장시키지 못한 주관주의(主觀主義)의 약점 등 다양한 비판의 소재를 남긴 것으로 본다.

5. 옳고 그름에 대한 철학적 접근(2) — 결과에 기초한 이론들

'결과주의(結果主義)'는 행위의 옳고 그름을 행위자의 의도에 기초해서가 아니라 그 행위의 결과에 기초해서 판단하는 윤리이론을 일컫는다.[18]

5-1 공리주의(公理主義, utilitarianism—John Stuart Mill, Jeremy Bentham)
■ 최대 다수의 최대 행복

공리주의에서 모든 인간의 궁극적 목적은 행복이라는 가정에 기초—그래서 쾌락주의(hedoism)이라고도 한다—를 두고 행복을 극대화하는 것 그

17　참조: 최재식 외, 위의 책, p.365.
18　참조: 나이절 워버턴, 앞의 책, p.105.

리고 고통을 넘어선 쾌락을 통한 전체적인 조화를 이루는 데 주안점을 두었다. 이들은 '좋다'라는 개념을 '그 무엇이든 최대 다수의 최대 행복을 가져오는 것'—최대 행복의 원리(the Greatest Happiness Principle) 또는 유용성의 원리(Principle of Utility)—으로 정의[19]한다.

다음의 예를 보자.

1884년 여름, 영국 선원 네 명—선장 토머스 더들리, 일등 항해사 스티븐슨, 일반 선원 에드먼드 브룩스, 잡무를 보던 어린 소년 리처드 파커—이 남대서양을 표류하고 있었다. 표류 기간이 길어지고 양식이 떨어지자, 제비를 뽑아 희생이 될 사람을 정하기로 했다. 결국 가장 어린 파커를 희생양으로 택하여 다른 세 명의 사람은 살아남았고, 추후 재판에 회부되었다. 나는 판사라면 이 세 사람에 대하여 어떤 결정을 내릴 것인가?[20]

위의 예에 대한 판단의 기준은 어디에 있는가?

파커를 죽여 얻은 이익이 희생보다 더 컸는가? 이를 경제학적으로는 기회비용(機會費用, opportunity cost)—어느 한쪽을 선택함으로써 포기한 쪽의 가치[21]—에 대한 산출이라 한다. 이 기준—곧 사회적 결과의 합산으로 경중을 평가—으로 죽음을 허용할 수 있을까?

그리고 실제로 이익이 더 크다 해도, 비용이나 이익보다 상대방의 나약함을 빌미로 자신의 안위를 구하는 행위에 대해 정서적으로 받아들일 수 있는가? 오히려 이 같은 반박이 훨씬 타당성 있지 않은가?

'옳고 그름'이란 산술적 가치나 사회적 결과물의 대소에 따른 것이 아니

---

19 참조: 나이절 워버턴, 앞의 책, p.106.

20 참조: 마이클 샌델, 앞의 책, pp.51-52 요약.

21 길벗 R&D, 앞의 책, p.56.

라, 사람의 우선적 가치가 고려되어야 되지 않겠는가!

'꽃동네'의 예를 보라!

'의지할 곳 없고 얻어먹을 수 있는 힘조차 없는 이'들이 생긴 이유는 분명히 사랑해야 할 사람이 사랑해야만 할 사람을 사랑하지 않았기 때문이다.[22] 그들의 발생원인은 그들 개인이 처한 현실 속에서 자기 자신을 추스르지 못한 데서 파생된 원인으로 인한 고통이나, 또한 더 이상 그들을 돌보지 못하고 냉대한 사회(가정으로부터)를 향한 지속적인 증오와 불신의 내적 고통도 수반한다. 또한 그들이 겪는 가정에서의 문제는 사랑해야 할 사람을 사랑하지 못한 데서 파생된 '사랑의 결핍'이라는 보다 큰 사회적인 죄악이나 무관심, 포기의 형태를 고스란히 안고 있는 일종의 표상[23]이라 할 수 있다. 가정 안에서, 사회 안에서 무용(無用)한 존재로 낙인 찍혀 사람 자체의 가치보다 결과주의, 성과주의의 잣대에서 밀려난 이들의 대표적인 사례라 하겠다.

■ 공리주의에 대한 비판

공리주의가 지닌 1차적 문제는, '행복'이라는 달콤한 목표를 제시하기에 매력적일 수 있으나, 실제로 그 행복을 측정하고 비교하기란 쉽지 않다는 점이다.

이에 대해 벤담(Bentham)은, 우리는 모두 고통과 쾌락의 감정에 지배되는데 결국 이 감정은 우리의 '통치권자'로서 모든 행위를 지배할뿐더러 무엇을 해야 하는지도 결정하고 옳고 그름의 기준 또한 그(고통과 쾌락)의 주

---

22 꽃동네사랑의연구소,『꽃동네 영성』, 꽃동네출판사, 2006, p.62.

23 신용문, "꽃동네 사회복지시설에 거주하는 가족대상 상담의 방법에 대한 연구",「복지논총」제7권, 꽃동네대학교 사회복지 연구소, 2012(11), pp.1-29.

권에 달렸다고 주장[24]했다. 그리고 행복의 출처는 문제되지 않고 그저 마음의 즐거운 상태, 쾌락 및 고통의 부재(不在)일 뿐이며, 쾌락들의 강도, 지속성, 더 큰 쾌락을 일으키는 경향성 등과 같은 특징들을 기반으로 양을 잴 수 있다고 주장했다. 그리고 여기에 밀(Mill)은 지적인 고급 쾌락과 육체적인 저급 쾌락을 구별하면서 행복의 계산에서 고급 쾌락이 더 많은 점수를 받는다고 제안했고, 양뿐만 아니라 질에 따라 평가해야 한다고 주장[25]했다.

그러나 필자는 이들의 주장이 그리 설득력을 가지지 못한다고 본다.

먼저 고통과 행복의 주체가 누구인가?

가족을 길거리에 버려두거나 어려움을 함께 하기를 포기하고 외면한 이들에게서, 그들이 비로소 '자유롭다' 하면 그 행복이 남겨진 이의 고통보다 클 때 합당한 것일까?

그리고 어떤 행위의 결정―예를 들어 누군가의 잘못을 시정하는 것이 즉각적인 변화에 초점을 맞출 것인지, 그 사람의 인격의 성장을 위한 장기적인 안목에서 기다림을 선택할 것인지―에 있어서 결과를 중심적으로 본다 해도, 그것이 단기의 결과와 장기의 결과에 따라 다른 결론을 맺을 때는 어떤 기준이 중심이 되어야 하는 것일까?

더욱이 무엇보다 문제의 소지가 있는 것은 결과주의적으로 접근할 때 비도덕적인 행위도 충분히 정당화할 수 있다는 점이다.

거리를 깨끗이 하기 위하여 노점상들에게 폭력을 행사하며 터전을 빼앗는 행위나 개발을 목적으로 소통 없이 밀어붙이는 '달동네' 사람들의 상처 등 전시적인 행정 효과를 위한 희생양은 그저 경제적 가치에 밀려 이슈

---

24 참조: J. Bentham, *Introduction to the Principles of Morals and Legislation*(1789), J. H. Burns and H.L.A. Hart, eds.(Oxford University Press, 1996), chap. 1.

25 참조: 나이절 워버턴, 앞의 책, pp.107-108.

도 되지 못하는 경우에도 공리주의 입장에서 전체적인 사회의 이익을 가져왔으므로 타당하다 말할 수 있지 않겠는가!

5-2 소극적 공리주의(negative utilitarianism)

위와 같은 비판 앞에서 공리주의는 '소극적 공리주의'로 수정하기에 이른다. 이는 모든 상황에서 최선의 행위는 최대 다수에게 불행에 대한 행복의 최대 차이를 낳는 행위가 아니라, 오히려 불행의 전체량의 최소치를 낳는 행위[26]를 목표로 둔다. 그러나 이 역시 결과주의의 방편을 다른 방향으로 돌린 것일 뿐, 실제적 적용에 있어서 그러면 도와주어야 할 불행한 사람들의 기준은 어디에 있는가 하는 별반 다르지 않은 문제에 봉착할 것이다.

5-3 규칙 공리주의(rule utilitarianism)

위의 공리주의가 기준과 적용에 있어서 비판에서 자유롭지 못하자 다시금 수정된 공리주의를 내어놓는다.

'규칙 공리주의자'들은 행위의 결과들을 따로 평가하기보다는 최대 다수의 최대 행복을 낳는 경향이 있는 행위 유형들에 대한 일반적인―예를 들어 '결코 죄 없는 사람을 벌주지 마라'같은―규칙들을 채택한다. 이는 내가 도덕적 결정을 해야 할 상황 속에서 그때마다 해야 할 복잡한 계산을 덜어 준다는 점에선 도움이 될지 모른다.[27]

그러나 규칙의 준수보다 어김이―영적 식별에서 잘못된 것일지라도―더 큰 만족을 준다고 여기는 이들에게는 역시 무의미한 규칙이 아닐까?

---

26 참조: 나이절 워버턴, 앞의 책, p.111.
27 참조: 나이절 워버턴, 앞의 책, p.111.

6. 옳고 그름에 대한 철학적 접근(3) ─ 덕론(德論, virtue theory)

아리스토텔레스(Aristoteles)의 『니코마코스 윤리학』에 기초를 둔 '덕론'의 핵심은 '모든 사람이 잘 살기(εὐδαιμονία, 에우다이모니아, '진정한 행복')를 바란다'는 데 있다. 우리는 다른 것 때문에 추구되는 것보다 그 자체로 추구되는 것이 더 완전하다고 말하며, 다른 것 때문에 선택되지 않는 것이 더 완전하다고 말한다. 따라서 언제나 그 자체로 선택될 뿐 결코 다른 것 때문에 선택되는 일이 없는 것을 단적으로 ─ 무제한적으로, 무조건적으로 ─ 완전한 것이라고 말하는데 무엇보다 이 '행복(εὐδαιμονία)'이 이런 완전한 것으로 보인다.[28]

그러므로 이 행복은 즐거움, 부, 명예로써 채울 수 있는 것이 아니다. 모든 행위들의 목적 연쇄 계열 중에서 가장 상위에 위치하는, 즉 맨 마지막에 오는 궁극 목적, '최상의 좋음'을 행복이라 한 것─위의 공리주의적 행복과는 다른 차원─이다.

그러나 그 행복을 추구하는 방법은 최선을 다해 본래의 기능을 수행해야 하는데 이것을 '목적(τέλος, 텔로스)'이라고 한다. 이때 인간의 목적은 '이성적인 존재로 사는 것'인데 이런 삶을 통하여 행복에 이를 수 있다고 보았다.[29]

이 같은 이성적 삶의 정점을 '중용(中庸)'─덕(德)은 '적절한 상황에서 특정한 방식으로 행위하고 욕구하고 느끼는 경향'을 말하는데 '덕 있는 사람'이란 여러 상황들 속에서 이 모든 덕들을 조화롭게 갖춘 사람을 일컫는다─에 이르는 것이라 강조한다. 덕을 행하기 위해 '덕'하는 습관을 길러

---

28 참조: I. Bywater, *Aristotelis Ethica Nicomachea*, Oxford, 1894.
29 잭 보언, 『철학의 13가지 질문』, 하정임 역, 다른, 2012, p.512.

야 하는데, 실천적 덕과 이론적 덕을 조화롭게 하여 최상의 균형을 유지하며 실천하는 것이 '중용의 덕'이라 하였다.

물론 아리스토텔레스(Aristoteles)의 덕론에 있어서 '잘 살기 위해 필요한 것들'에 대한 기준을 확립하기는 어렵고 덕의 우위를 강조하는 이들이 그 범위를 제한하는 편견의 위험도 있는 것이 사실이다. 그리고 이미 그의 이론에는 인간의 본성에 대한 전제로부터 출발한다는 비판도 많다.

7. '옳음과 그름'에 관한 철학들의 이론화 ― 메타윤리

7-1 자연주의 윤리이론 ― 과학적 사실에서의 추출

자연주의는 윤리적 판단을 과학적으로 발견 가능한 사실들―인간본성에 관한 것들―에서 직접 이끌어 낼 수 있다는 가정에 기초한 이론을 말한다.[30]

■ 사실(what is, 이다)과 가치(what ought to be, 이어야 한다)는 다르다

필자는 이 같은 이론의 반대편에 서 있다. 모든 객관적 사실이 어떤 한 방향을 가리킨다 해도 그것을 뛰어넘는 영적(靈的), 정서적 부분을 더욱 소중하게 다루어야 하기 때문이다.

가령 수술실에 실려 온 환자의 회복 가능성이 단 10%라면? 꽃동네에 맡겨진 이의 회개가 도저히 불가능한 심리적 극단에 서 있다면?

90%의 불가능성 때문에 10%의 가능성은 포기하는 것이―과학적일지라도―합당한가? 수없는 설득과 상담이 무의미하다 해서 구원에로 이끌 노력을 포기해서는 되는가?

---

30 나이절 워버턴, 앞의 책, p.123.

'죽음에 가까이 있다'는 사실과 '죽어야 한다'라는 것은 엄연히 다른 차원이다. 10%가 아니라 단 1%라도 아니 0%라도 살리려고 하는 것이 사람의 본분이요, 사랑의 발출(發出)이다.

■ '그것은 과연 옳은가'의 반복(열린 물음 논증, Open Question Argument)

자연주의의 입장은 실용주의·현세주의·세속주의에 깊은 영향을 줄 수 있다고 본다. 결과적 측정치에 의존하는 공리주의를 보다 이기적으로 해석한 것과 다르지 않다고 본다. 인간 생명의 의미 역시 의학적 도구들이나 확률에 의지해서만 가치를 평가할 수 있게 된다면 인간으로서 겪어내고 극복해야 할 고통과 비참함의 가치는 증발해 버리지 않겠는가!

예를 들어 '안락사(安樂死)'는 '그것은 과연 옳은 것인가'라는 질문을 더욱 심원한 영적(靈的) 시각에서 거듭하지 않은 패착(敗着)[31]이라 하겠다. 질문이 반복되어 제기되지 않는 곳에 인간 본성이 자리할 곳은 없기 때문이다.

그러므로 '열린 물음'은 반(反)자연주의자들의 탈출구만으로 생각할 차원이 아니라, 진지한 자기반성의 길이 되어야 한다.

7-2 도덕적 상대주의

도덕성은 단지 특정 시대의 특정 사회에서 유지되는 가치들에 대한 기술(description)에 불과하다고 보는 도덕 판단의 본성에 대한 메타윤리적 관점이다. 이 관점에서는 오직 특정 사회에 대해 상대적으로만 참, 거짓을 판단할 수 있을 뿐 절대적인 도덕 판단은 의미를 상실하게 되며, 그러므로

---

31 참조: Pius XII, "Trois questions religieuses st morales concement l'analgesie" of 24 Febr. 1957, in *AAS* 49 (1959), pp.129-147; 국제 신경정신성 의약품 대회 중 훈화; 9 Sept. 1958, in *AAS* 50 (1958), pp.687-696.

다른 사회 관습들에도 역시 개입해서는 안 된다는 신념, 그리고 규범적 상대주의(normative relativism)와 결합된다.[32]

어쩌면 상대주의 자체가 모순이다. 상대주의가 옳다고 주장하는 신념 자체가 이미 상대성을 벗어나 있기 때문이다. 자체 모순 속에서 이들은 어떤 이론이나 기준도 절대적일 수 없으므로 보편타당성과 신께의 의탁은 통용될 수 없는 것으로 밀려난다.

그런데 그들이 말하는 '특정' 사회는 어느 범위, 어느 계층, 어떤 부류까지 포괄하는 걸까. 그리고 기준 자체가 상대적이라면 어려운 상황에 직면할 때 어떻게 결정할 수 있을까? 이런 기준이 지배적인 문화라면 공동체나 사회적 가치들에 대한 도덕적 비판 기능은 누가 수행할 수 있을까?

디딤돌 둘　　나의 행위 기준

· 나의 행위 선택 기준은(동기, 결과, 행복 …)?

· 그리고 행동으로 옮겨가는 정도는?

· 선택에 따른 후회 앞에서 … 어떻게 다시 돌아보는가?

7-3 이모티비즘[emotivism, 비인식설(non-cognotovism)]

에이어(Ayer, 1910-1988)는 『언어, 진리 그리고 논리』[33] 6장에서, '모든 윤리적 언명[34]은 무의미하다'고 주장하면서 언명들은 아무런 사실도 말해 주

32　참조: 나이절 워버턴, 앞의 책, pp.128-129.

33　A. J. Ayer(1946), *Language, Truth and Logic*. Dover, In a footnote, Ayer attributes this view to "Professor H. H. Price".

지 않되 단지 표현하는 것은 그것을 말하는
사람의 감정—투덜거림, 한숨지음, 웃음 등—
이 드러나는 것에 불과한 것으로 보았다. 그
저 어떤 사실에 대하여 '우!' 하거나 '와!'하는
표현이 전부인 것이다.[35](마치 야구장의 롯데 쪽에서—상대편의 플레이를 제지할
목적과 함께 응원하는 분위기 속에 '마!' 하고 외치면, LG 측에선—그에 대한 저항감과
역시 응원을 돋우기 위해—'왜?'하고 대응하는 것처럼 말이다.)

이들은 실제로는 도덕적 문제에 관한 의미 있는 논의가 일어난다는 사
실엔 동의하지만, 참가자들이 도덕 판단을 내릴 때 그 논의는 무의미한 감
정표현이 될 거—위의 자연주의와 다르지 않으면서도 더욱 건조하거나
냉소적인 느낌도 얻는다—라 보기에 도덕적인 논증을 불가하며 도움이
되지 않을 것이다.

그리고 심각한 사회문제에 대하여도 변화의 방향이나 대책을 논의하
기보다 그저 '으악!' 하는 감탄사를 발설하는 데 그친다면, 어떤 문제도 해
결하지 못한 채 붕괴를 초래할 수밖에 없을 것이다. 상황을 대하면서 필요
한 면밀한 분석과 대안, 신속한 대응이 그저 무의미한 것으로 치부되기 때
문이다.

8. 현재 & 나아갈 길 …

다시금 이 그림을 떠올려 보자!

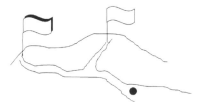

● 지점에 서서 걸어갈 길을 결

34　여기서 말이나 글로써 의사를 분명히 나타낸다. 학설, 이론 등을 총칭한다.
35　참조: 나이절 워버턴, 앞의 책, pp.132-133.

정해야 하는 나에게 수많은 기준이 경쟁을 하고 있다.

'가야 할 길'과 '가지 말아야 할 길' 사이의 줄다리기. 나는 어떤 선택을 하며, 합당한 선택을 하기 위해 무엇을 돌아보아야 할까.

'무엇이 옳고 그른가!'에 대한 열쇠는 결국은 내가 쥐고 있는 것이 아닌가!

8-1 경청

먼저 귀를 기울이라, 모든 것에! 모든 것으로부터 나를 향해 일러 주는 지표들이 이어져 있다.

드라마 〈대장금〉에서 스승인 신주부는 의녀가 되려 매진하는 '장금'에게 다음과 같이 '뼈에 새기고 혈(血)에 흐르게 해야 할' 가르침을 전해 준다.

약재(藥材)와 독재(毒材)가 될 약초를 구분하라는 시험을 낸다. 쩔쩔 매는 동급생들과 달리 거침없이 답을 써내려 간 장금에게 스승은 '불통(不通, 불합격)'의 통지와 함께 '의녀가 될 자격이 없는 사람'이라 몰아붙인다.

스승은 그녀에게 '약과 독을 가르는 것'은 가장 중요한 것을 놓치는 것이라 이른다. '약재'라 하나 그 사람의 체질에 걸맞지 않으면 '독재'가 되고, '독'이라 하나 어느 사람에겐 유용한 '약재'가 되는 것. 그러기에 자신의 알량한 지식(知識)에만 우쭐거리는 의사는 사람을 살리는 의사가 되지 못한다 한다.

그러기에 의사가 되려면 '자연 앞에 겸손하여 각각의 재료들의 뿜어내는 효능을 알기 위해 백방을 뛰어야 하고, 인간 앞에 겸손하여 그 사람이 지닌 모든 것─작은 습관까지─에 밝고 들을 줄 알아야 하며, 병 앞에 겸손하여 적확한 진단인지를 묻고 또 캐물어야 한다'고 말이다.

'귀 기울임!' 겸손이 물든 그 행동에서 분별의 기초가 세워진다.

8-2 분별

진정한 분별은 '신중한 가치 판단'을 통해서 얻어질 수 있다. 어찌 길 아래에 서서 정상(頂上)의 형세를 볼 수 있겠는가. 서 있는 그곳만이 아니라 길의 모양과 굽이를 보고 산의 맥(脈)을 보고 하늘을 보아야 비로소 갈 길을 정할 수 있지 않겠는가.

그리고 그 과정을 통해 지향하는 바는 사람이 목적이 되고, 그의 존엄성이 빛나게 하며, 각자의 삶의 자리에서 생명(生命)을 개화(開花)하도록 해야 함이다.

필자는 앞서 말한 바와 같이 분별의 기준을 둔다. 나의 행동이 나의 신앙, 즉 복음(福音)의 가르침에 부합되는가, 나의 판단과 행동이 교회적 가르침에는 어긋남이 없는가, 나의 선택과 행위가 성령의 열매를 맺는가 그리고 나의 인격적인 차원에서 빗겨남이 없도록 숙고(熟考)를 거듭했는가.

8-3 행동하는 윤리

합리적이며 깊은 분별도 행동이 없이는 공중에 흩어져 사라지는 입자와 다르지 않다. 이론 없는 행동은 무모한 것이고, 행동 없는 이론은 망상으로 그친다.

의도, 지향(Intention) − 행동(Action) = 회피(Squat)

의도, 지향(Intention) + 행동(Action) = 의지(Will)[36]

8-4 성찰과 개선

그리고 지향을 지니고 정성을 다해 이룬 결과를 다시금 돌아보라.

---

36 제임스 C. 헌터, 『서번트 리더십』, 김광수 역, 시대의 창, 2002, pp.128-130.

내가 서 있는 곳.

나를 통해 이룬 이 자리에서 피어난 꽃과 열매들을 보라.

채워짐은 만족이 아니라, 홀로가 아니라 관계성을 맺은 모든 사람들과 사건들의 총합으로 이루어진 것임에 감사하고, 부족함은 다시금 눈물과 땀으로 세워 가야 할 새로운 출발점을 일러 줄 것이다.

언제가 그 자리 위에서 그렇게 걸어온 길을 돌아보자.

내가 선택하고 응답하며 걸어가고 돌아보아야 할 길, 그 삶에 의미를 더하는 몇 구절을 가슴에 새겨 보자.

"당신이 태어났을 때 당신은 울었지만 세상은 기뻐했습니다. 그리고 당신이 죽을 때 세상은 울겠지만 당신은 기뻐할 수 있는 그런 삶을 살아야 합니다."[37]

"자기 삶의 지평선에 아침을 가져오고 자기를 새로운 세계로 인도해가는 비전에서 힘을 얻고 있는 모든 인간 안에 그는 존재하고 있다."[38]

"나눔을 통한 성장과 성숙의 긴장된 떨림, 그 살아 움직이며 이동하는 균형점이 참된 사랑의 자리이고 진정한 진보의 자리입니다."[39]

"영성이 깊어 가는 사람만이 어떤 시련과 고난 속에서도 의연히 주체를 이루어 흔들림 없이 진리의 길을 걸어갈 수 있습니다."[40]

37 제임스 C. 헌터, 위의 책, p.244.
38 헨리 J. M. 나웬, 『傷處 입은 치유자(治癒者)』, 이봉우 역, 분도출판사, 1998, p.33.
39 박노해, 『사람만이 희망이다』, 해냄, 1999, p.68.
40 박노해, 위의 책, p.298.

제8장

자유와 평등

얼마나 먼 길을 걸어야

우리는 사람다워질까

얼마나 먼 바다 지나야

흰 비둘기는 쉴 수 있을까

내 친구야, 묻지 말렴

바람만이 아는 대답을

얼마나 여러 번 올려다봐야

푸른 하늘 볼 수 있을까

얼마나 많이 귀 기울여야

슬픈 이들의 노래를 들을까

내 친구야, 묻지 말렴

바람만이 아는 대답을

얼마나 긴 세월 흘러야

저 산은 바다 될까

얼마나 많은 나날들을 건너야

사람들은 자유롭게 될까

내 친구야, 묻지 말렴

바람만이 아는 대답을

[밥 딜런(Bob Dylan) 노래 'Blowing In The Wind'에서]

‘하늘 길’을 지나기에, 바람은 자유로울까.

매임이 없어 그 다니는 곳곳마다 길이 되는 걸까.

뵈지 않을 만큼 가벼워 어디든 스며들어 잎새의 색깔을 바꾸는 걸까.

그리고 그 바람을 닮아 하늘을 나는 새는, 저 높은 곳에서 보아 ‘길 없는 방황’이 없는 걸까.

바람처럼, 새처럼 어느 길이나 지나고, 어느 곳에나 닻을 내리고 머물고 싶건만, ‘땅’ 위에 있는 ‘인간(人間)’은 ‘인(人) + 간(間)’이어서 ‘사람 사이’의 넓고도 비좁은 길을 찾아 걸음을 옮겨야 한다.

그래서 “생각해 보면 내게는 길만이 길이 아니고 내가 만난 모든 사람이 길이었다”[1]고 했는가.

‘옳다고 믿은’ 길. 그래서 끝까지 가야 하고 가고 싶은 길.

그러나 그 길이 누구에게나 허락된다면 얼마나 좋을까. 누구든 그 길을 가도 좋다고 말해 준다면 얼마나 좋을까. 바람만이 그 답을 알고 있을까.

---

1   신경림, 『바람의 풍경』, 문이당, 2000, p.58.

1. 人人人人人 …

1-1 사람이 … 그리고 '사람다움'

'사람이 사람이면 다 사람이냐, 사람다워야 사람이지!'²라는 뜻이라 했다.

'사람다워야…'라는 말이 때로는 누군가에 대한 평가에 쓰이기도 하고, 때로는 '그랬어야 했다'는 후회 앞에 놓이기도 한다. 그리고 때로는 '그랬으면…' 하는 간원(懇願)과 현실에 대한 상처와 불만 내지는 분노의 표현에도 끌어온다.

1-2 Where am I? Who am I? What am I?

영어에선 '여기가 어딘가?'라는 질문에도 'Where is here?'가 아니라, 어느 지점 위에 있는 주체로서의 '나'가 꼭 등장한다. 장소도 더 넓혀 이 세상도 내가 걸어가면서 만나는 세계라는 관(觀)을 반영한 것이리라. 그러면 그 안에 있는 '나의 신원은 누구이며, 나는 무엇을 하고 있고 해야 하는가?'

이처럼 나 자신에게 깃들어 있는 '의미'를 찾아가는 것, 그것이 곧 '사람다움'이다.

'참 자아(自我)', 즉 '진아(眞我)'를 찾는 과정이 그냥 주어지진 않았다. 아직 가능을 더해 가는 시간인 만큼, 걸어가야 할 여정이 숱하게 남아 있다. 역경도 있겠지. 시련과 갈등도 있겠지. 그리고 그 안에서 수없이 묻고 선택해야 할 고난도 있을 것이다. 그러나 눈물과 아픔으로 건녀 낸 시간은 언젠가 내가 던지는 물음을 외면하는 법이 없다.

부정(否定)의 걸림돌 안에서 비로소 나 자신과 나를 둘러싼 세상의 외연(外延)이 확대되어 깊어진 시선과 영혼으로 대화를 건넬 수 있으리라.

---

2   참조: 신용문,『관계의 숲에서 길을 묻다』, 뒷목문화사, 2013, p.17.

그러기에 꿈을 놓치지 말자. 넘어야 하는 언덕과 산들은 그 꿈을 탄탄하게 다지며 성장시킬 기회이며, 그 가운데 꿈을 완성할 가능성은 더욱 높아진다.

'조건'에 구애됨이 아니라, '자유를 갈망하는' 나를 새롭게 만나 다시금 창조(recreation)하자. '자유의 날개'를 심어 주자.

2. 발을 디딘 이곳 …

"Life is controlled not by conditions but by passions(삶은 환경이나 조건이 아니라 열정에 의해 결정된다)."

나의 내면에서 꿈은 환경에 굴하지 않기를 외친다. '하면 된다', '할 수 있다'라고 용기를 심어준다. 그리고 그렇게 믿는다.

2-1 But …

그러나 하늘은 땅에 뿌리를 내려야 한다. 하늘과 맞닿은 땅에 비가 스미고, 바람이 스치고, 온기를 머금으면서, 땅 위에서 하늘이 갖은 모습으로 태어난다. 내가 지닌 영원한 희구(希求)도 내가 머문 현실을 직시(直視)해야 한다.

2-2 내가 디딘 땅은 …?

인간의 존재론적 특성에 근거한 공동체는 실존
적 자아로서 개인이 자신의 삶과 존재를 달성해 나
가는 생활세계임과 동시에 타자와 더불어 살아가
는 삶의 터전이라 했다. 인간이 더불어 살아가는
공동체는 결코 전체주의적 사회가 아니며, 모든 개
체가 같은 원리와 목표를 공유해야 하는 획일적 집단도 아니다. 분명 공동
체는 보편성과 동일성이 필요하지만, 이 보편성과 동일성은 차이와 개별
성에 기반을 둔다는 것을 전제로 해야 한다.[3]

어떤가? 나의 꿈이 숨 쉴 수 있는가? 나의 꿈이 펼쳐질 비옥한 곳인가?
그리고 그 꿈을 이루어 가며 만나는 이들, 서로의 실현을 격려하며 '함께'
웃을 수 있는가?

3. 가능성(Possibility)과 평등(Equality)

3-1 평등

평등은 흔히 정치의 최종 목표, 추구할 만한 이상으로 여겨진다. 이 같
은 의미를 전제로 두고 평등을 성취하려는 동기는 매우 '도덕적'이다.[4]

즉 '모든 사람이 동등한 하느님의 모상'이라는 가톨릭교회의 관점이나,
인간은 그 자체로 인격이 존중되어야 한다고 주장한 칸트(I. Kant)의 윤리
적 차원이나, 심지어 행복을 최대화하는 길이 모든 사람을 동등하게 존중
하는 것이라 본 공리주의(公理主義)에서도 '평등'이라는 주제는 매우 민감

---

3   참조: 신승환, 『철학, 인간을 답하다』, 21세기북스, 2014, pp.182-183.
4   참조: 나이절 워버턴, 『철학의 주요문제에 대한 논쟁』, 최희봉 역, 간디서원, 2011, p.147.

하며 중요한 사안이다.

그럼에도 실제 현실 속에서 '만인은 법 앞에 평등'할까?

'평등'과—복제인간과 같은—'획일(uniformity)'이 같은 의미로 쓰일 수 있을까? 그리고 내가 만나는 평등은 '모든 면에서의 평등'일까? 아니면 '어떤 면에서의 평등'[5]일까?

3-2 몇 가지 평등

평등에 있어서 가장 현실적인 몇 가지 차원에서 개념을 확장[6]시켜 보자.

■ 재산 분배의 평등(?)

마치 공산주의(共産主義)가 전면(前面)에 드러낸 것처럼, 모든 국민에게 부(富)를 똑같이 재분배하면 평등이 이루어질까? 이는 최대 다수의 최대 행복의 적극적 공리주의 혹은 고통의 최소화에 입각한 소극적 공리주의 차원에 부합된다.

그러나 균등한 분배를 실제로 가능하게 할 수 있는 부분은 균등하게 급여를 제한하는 것과 사용처와 사용 범위의 제한 등 광범위한 차원의 정부의 개입이나 권력에 의한 통제에서 이루어져야 하나 일시적인 미봉책일 뿐 근본적인 해결이 불가능한 것은 자명하다.

공산주의의 폐해에서 보듯이, 저마다의 삶의 자리와 역할의 차이에도 불구하고 같은 수준으로 지급되는 급여 상황은, 더 이상의 자기 성장과 발전에 투여할 의욕을 상실하게 만든다. 그리고 그 사람이 처한 환경—아이를 포함한 부양한 가족 수의 상이, 전체 가족 수에 대한 경제활동 인구의

---

5 참조: 나이절 워버턴, 위의 책, p.148.
6 아래 요목들은 나이절 워버턴의 『철학의 근본문제에 관한 10가지 성찰』에 제시된 주제들을 참고로 하였다.

비율 등—에 따라 소요되는 재화의 요구량은 차별성을 띤다는 점을 간과할 수 없다. 여기서의 평등이, '획일'이 아니라, 최소한 인간 존엄을 지키는 하한선—최저 생계비, 기초 생활수준 보장 등의 차원—을 유지하는 것 이상의 차원에는 이르러야 되리라 본다.

또 하나는, 재분배를 담당할 이의 권리를 어떻게 상정하느냐 하는 문제이다. 자칫 분배의 역할을 맡은 사람의 권리가 '권력'이 될 경우, 기초적인 목적의 와해는 물론 오히려 시작부터 불평등을 안고 가는 것이기 때문이다.

■ 모두가 똑같은 고용기회를 갖다

부의 공평한 분배는 상기한 바와 같이 어렵더라도, 적어도 고용의 기회만큼의 보장되어야 할 것이다.

그러나 여기서 고용이란 무차별적인 직업 보장의 의미가 아니라, 자신이 투여할 수 있는 분야에 대해 적합한 기술, 능력을 가지고 있을 때 기회가 차단되지 않아야 한다는 것[7]이다.

특히 선입견이나 그릇된 판단—성별, 외모, 장애 등—에 의한 기회 박탈은 평등의 가치를 정면으로 위배하는 것이다.

■ '역차별'을 통한 불평등의 시정(?)

일반적으로 '역차별'은 더 평등한 사회로의 진행을 가속시키기 위해 권리를 보장받지 못한 집단의 사람을 채용하여 상습적으로 차별을 받아온

---

7   평등과 자유를 논할 때 반드시 개성과 다양성이 함께 거론되어야 한다. 밀(Mill)은 인간이 타인의 권리와 이익에 해를 끼치지 않는 범위 내에서 개성을 발휘할 수 있기 때문에 고상하고 아름다운 존재가 될 수 있다고 말한다(참조: 김선희, 『철학이 나를 위로한다』, 예담, 2012, p.166).

사람들을 우대하는 것을 의미한다.[8]

예: 여성 차별 해결을 위한 여성 고용의 증대, 제대한 남성들에 대한 가산점 부여에 대한 논쟁 등에 차별과 역차별에 대한 논점이 반영되어 있다.

그런데 이 역차별의 목적은 평등주의적일 수 있으나, 근본적인 원리로서 온전한 평등을 주장하는 이에겐 설득력이 부족할 수 있다. 또한 자신이 권리를 보장받지 못한 집단에 속하지 않는다는 반대의 이유로 오히려 기회가 차단될 수 있지 않을까?

결국 평등을 위한 역차별이 면밀한 검토와 타당성 있는 일정 기준이 없거나 제시되지 않는 한, 또 다른 차별을 초래할 가능성도 배제할 수 없다.

■ 모든 국민의 정치 참여

국민 모두에게 정치적 의사 결정권을 부여하는 방법으로 환영 받는 민주주의는 국가 구성원들이 투표를 통해 참여하는 기회를 얻는 것과 민주 국가가 국민의 진정한 이익을 반영해야 할 의무 양자가 보장되어야 한다. 비록 연령이나 상황적 제한—어린이, 이성의 사용에 어려움을 겪는 사람—에 있는 사람은 어쩔 수 없이 참여가 어려울지라도 대부분 국민의 참여가 보장될 것이 전제되어야 한다.

이에 마르크스주의자들은 투표 절차가 있다 하더라도 정치적 향방에 무관심 혹은 이해가 부족한 상황이거나 왜곡된 정보 전달에 의해 정세 파악이 불가하다든지 하는 투표자의 비전문성 속에, 실제 민주주의는 의사 결정 참여에 대한 환상적 의미만 제공한다고 지적[9]한다. 그리고 〈마이너

8 참조: 나이절 워버턴, 『철학의 근본문제에 관한 10가지 성찰』, 최희봉 역, 자작나무, 2016, p.154.
9 참조: 나이절 워버턴, 위의 책, p.161.

리티 리포트(Minority Report)〉[10]의 주요한 의견들이—적확하고 윤리적으로 명확한 의견이라 할지라도—다수에 의해 묵살되는 것은 참다운 평등을 실현하는 본래의 정신을 구현하는 것이라 보기에는 무리가 있다.

4. 평등의 현실 …

4-1 현대 노동 · 직업계의 특성

■ 당연한 것

사회에서 인정받는 직업상의 지위가 어떻게 되느냐, 사회적 위신이나 수입 정도가 마치 성공 여부의 기준이 되는 것이 당연시된다.

이는 현대사회의 큰 특성—개방사회, 대중사회, 산업(공업) 사회, 소비사회, 정보사회 등 수많은 성격 규정들이 있다—가운데 '자본주의사회'라는 특징이 두드러진다. 이러한 배경에는 인간들은 물론 사회전체의 삶도 의식주 문제 등 경제생활이 기초를 이루고 있다는 판단, 경제생활은 물자의 '생산'을 어떻게 하느냐에 달려 있다는 판단이 깔려 있다.[11]

그리고 이 같은 흐름은 신자유주의—경제 발전을 증진하고 정치적 자유를 보장하기 위한 효과적인 수단으로서 경제적 자유주의(economic liberalism)를 두둔하는 정치 운동—의 세계화로 말미암아 더욱 확산되고 있다. 이는 특히 사회 안전망도 미약하고—우리나라를 포함하여—개인의 물질적인 성장을 중시하는 사회에서는 국민들에게 생존에 대한 불안감을

---

10 스티븐 스틸버그(Steven Spielberg) 감독의 '범죄 예방국(pre-crime)'의 모순—'결정되어 있다'는 것과 '예방할 수 있다'는 것 사이의 모순(참조: 김형철, 『철학의 힘』, 위즈덤하우스, 2015, p.173)—가운데 인간에 대한 신중한 접근에 대해 다룬 SF 영화명.
11 참조: 한국산업사회학회, 『사회학』, 한울아카데미, 2004, p.193.

안겨 주고 민주주의에 대한 불신도 깊어지게 하고 있다.[12]

결국 '얼마나 가졌느냐와 얼마나 생산적이냐, 그리고 그 생산에 얼마나 도움이 되는 존재이냐?'와 같이 모든 것을 경제적 시선으로 판단하는 경향이 농후하다.

■ 노동계, 작업계의 긴장과 갈등

교황 비오 11세(Pius XI)는 회칙 「40주년(Quadragesimo Anno)」[13]에서 당시의 시대적 상황에서 고통을 겪고 있는 가난한 이들에 대한 관심과 우려를 표명하고 가난을 유발한 원인들을 비판하는 가운데 "자본은 노동 없이 있을 수 없고 노동은 자본 없이 있을 수 없다."[14]는 원칙을 재확인하며 이에 임금제도는 "자본주의의 경제 양식"임을 천명하고 있다.

임금은 노동자와 그 가족의 생계유지를 가능하게 하는 중요한 수입원이자 많은 경우에 사실상 유일한 수입원이다.

비오 11세는 위 회칙에서 공정한 임금―상기한 최저임금제의 확보―을 위한 세 가지 원칙을 다음과 같이 제시했다.

· 노동자들에게 지급되는 임금은 노동자 자신과 그의 가족의 생계에 충분하여야 한다(32항).
· 기업과 그 기업의 형편이 고려되어야 한다. 왜냐하면 너무 높은 임금은 기업의 파산을 유도하고, 이것은 노동자 자신에게 불행을 초래한다(33항).
· 임금 수준은 공공의 경제적 복지를 염두에 두어야 한다. 공동선을 고

---

12 참조: 학술단체협의회, 『사회를 보는 새로운 눈』, 한울, 2009, pp.117-118.
13 1931년 5월 15일.
14 교황 Leo XIII 회칙, 「새로운 사태(Rerum Novarum)」, 1891. 5. 15, 14항.

려하지 않고 사리사욕을 위하여 부당하게 임금을 낮추거나 올리는 것은 사회정의에 위배된다(34항).

그런데 실제 노동자들은 늘 '종속적 지위'에서 임금이나 봉급을 받으면서 이 임금으로 인하여 생산 수단의 제공자와 노동 제공자 사이의 엄격한 분리를 체험한다. 과연 노동자들은 자신이 제공한 노동과 삶의 현실에 걸맞은 정당한 대우를 받고 있는가?

■ 노동의 기술화와 합리화

현대의 노동은 극도로 합리화된 생산 과정 안에서 인력에 의존하는 비중이 갈수록 낮아지고, 집적화되고 첨단화된 기계의 작동에 상당부분을 할애한다. 인공지능이 현실화되어 가고, 각 분야에서 자동화 과정 없이 이루어지는 예는 일정 규모 이상의 사업장에서는 거의 없다고 보아도 과언이 아니다. 이처럼 인간이 기계라는 비인격 테두리 속에 기능을 수행하는 생산 요소에 불과하도록 '탈(脫) 인간화', '비인간화'의 물결이 지속되고, 따라서 인간의 노동은 점차 물질적 형태의 상품 제작보다 서비스, 문화상품, 지식 혹은 의사소통과 같은 비물질적인 일에 투여되는 비율도 갈수록 높아지고[15] 있다.

■ 경영의 지배적 방식: 지휘와 통제

앞서서 자본의 창출을 위한 인간의 수단화는 이윤의 창출과 맞물려 더

---

15 참조: 학술단체협의회, 앞의 책, pp.150-151.

욱 강화된다. '일하고 싶지 않은, 그러나 일해야 하는' 약자(弱者)로서의 노동자는 자신의 노동시간과 노동 방식에 있어서의 자율성은 통제 아래 제한되고, 외부적으로는 늘 고용 불안이라는 어려움, 내면적으로는 평등과 존엄에 있어서 최소한의 지위를 지켜내고픈 이중고(二重苦)를 감당해 내어야 한다.

4-2 한국의 산업화와 노동 문제

■ 한국의 산업화 방식

급속도로 성장을 이룬 한국의 산업 이면에는, 식민지 시대의 경험과 전후의 가난을 극복하고자 하는 성장 위주의 전략이 배경으로 작용했다. 더욱이 국가 우위의 국가와 기업 간 관계 속에 성장한 산업 체계를 바탕으로 1차적 생산—농업 등 직접 생산—중심에서, '산업화/공장'의 도시적 생산 중심으로 재편되면서 단기간의 대량생산을 통해 국가경쟁력을 확보하는 방안에 주력했다.

그 결과 과거엔 저가 제품의 다량 생산을 위한 단순 작업의 반복이 중심이 된 노동이었고, 단기간의 교육 훈련 과정을 거친 후 현장에서 요구되는 숙달된 노동력 보충에 급급한 인력의 공급이 이루어졌다.

경제력 확보를 중시하는 사회 분위기에 편승하여 권위주의적인 방식으로 노동력을 통제하였고, 급박한 현실을 타계하기 위한 고학력 저임금은 일반적인 현상이었으며, 장시간 노동을 부과하는 것이 경쟁력을 갖추기 위한 방법이었다. 소위 '유혈적 테일러주의(Taylorism)'[16]라 일컬어지는 작

---

16 F. W. Taylor(1856-1915, 산업경영에 대한 과학적 연구를 처음으로 한 미국 발명가이면서 기술자). 테일러의 경영 체계는 일관 작업 배치 매뉴팩처와 대량생산의 초기 발전에 조응하는 것이고, 노동에 대한 감독과 극단적 노동자 훈련과 기계와 같은 (규칙적인) 반복 작용(공정)으로 노동의 전화, 노동 분업의 극단적 정교함이 특징이고, 상품의 생산 시간 단위의 최소화

업방식 및 노동 통제 방식은 가시적인 경제적 효과에 반(反)하여 우리나라 산업사회 안에 뿌리 깊은—노동자에 대한—차별 의식, 수단화 등의 병폐를 초래한 것으로 본다.

■ 노동자의 이의 제기

1987년 노동자 대투쟁[17] 이후, 위와 같은 산업구조의 역기능이 대두되기 시작하였다.

노동 통제에 저항한 노동자 투쟁은 기존의 통제 구조를 와해시키려 했지만 임금과 근로조건에 국한된 단체 교섭 제도로서의 한계도 있었고, 이

를 목적으로 했다. 이와 같은 테일러주의는 포드의 조립 생산 라인으로 발전되고 제품의 생산원가를 저하시켰다. 이것은 기업의 경쟁력을 가져왔으며 결국 노동자들의 소득수준을 향상시켰다. 또한 대량생산과 기업 규모의 거대화를 가능하게 하였으므로 산업화를 고도화시켰다. 그리고 자본주의체제를 공고히 하는 데 크게 기여하게 된다. 그러나 인간을 기계화하고 능률 만능주의를 확산시켜 사회적 관계를 파괴하였다는 비판이 있다. 곧 인간을 기계인 또는 경제인으로 여기며, 인간이 없는 조직이라는 비판을 받는다(참조: 김성희, "20세기를 나른 컨베이어벨트", 한겨레21, 2003.6.25자).

17 7, 8, 9월 노동자 대투쟁—6월 민주항쟁으로 독재 정권이 국민들의 힘에 굴복하자 사회 각계 각층에서는 그동안 억눌러 왔던 민주화 욕구가 폭발했다. 그동안 저임금 장시간 노동을 감수해 왔던 노동자들도 민주 노조를 만들어 사용자와 정부에 대항했다. 1987년 7월 5일 현대엔진에서 노동조합이 만들어진 것을 시작으로, 울산에서 시작된 바람은 마산과 창원, 거제를 거쳐 전국으로 확산됐다. 큰 공장에서 작은 공장으로, 나중에는 버스, 택시, 호텔, 병원, 백화점 등 전 산업에 걸쳐 파업과 농성, 시위가 일어났다. 노동자들은 임금 인상과 노동 조건 개선을 요구하며 공공연하게 이뤄졌던 부당 노동 행위를 규탄했고 인격적 대우와 작업장의 민주화를 요구했다. 당해 7월부터 9월까지 석 달 동안 벌어진 파업 건수는 지난 10년간 일어난 파업 건수의 2배였고, 참가자 수는 지난 10년간 참가자 수의 5배에 이르는 등 한국에서 근대적인 임금노동자가 형성된 이후 발생한 최대 규모의 집단적 저항운동이었다. 이후에도 노동자들은 자신들의 권익을 되찾기 위해 정부, 사용자와 싸워야 했다. 그러나 민주화의 진전과 경제 발전으로 노동자들의 권익이 향상되자 초기 순수했던 노동운동이 변질되기 시작했다. 힘이 강한 대기업 노조는 높은 임금과 정년 보장을 얻어 낼 수 있었지만 하청업체나 비정규직 노조는 대기업 노조의 높은 임금을 상쇄하느라 임금이 깎이는 현상이 벌어지기도 했다. 특히 강성노조는 기업의 투자 의욕을 감소시키고 외국인 투자에도 악영향을 미치는 요소로 지적되기도 한다(참조: 정재형, "6월 민주항쟁과 1987년 노동자 대투쟁", 경제교육, 2010.7).

제도 속에서 이익을 극대화하려는 집단 간의 충돌도 빚어졌다.

또 노사 관계 문제에 있어서는 인간의 창의성과 존엄성을 경시하고 일종의 교체 가능한 부품, 소모품으로 전락된 것에 대한 항변이 내용의 주를 이루었다.

4-3 외국인 노동자 문제

"다만 정의를 강물처럼 흐르게 하여라. 서로 위하는 마음 개울같이 넘쳐 흐르게 하여라"(아모 5,24)라는 말씀이 가슴에 머무른다.

경제적 생산성에 비추어 수치적으로 객관화된 지표가 기준이 되어, 인간의 외적 지위나 소유 형태의 차이에 비례하여 인간성이 평가되는 실로 안타까운 현실을 짚어 보았다. 그 안에서 차별화되는 '삶의 질'은 인위적으로 구분 지으려 애쓰는 계층적 편차가 그릇된 사회화를 야기하고 있음을 보는데, 즉 참다운 인간의 연대와 동등한 만남이 아니라, 엇비슷한 집단들의 이익 추구를 위해 여타의 존재들을 제외시키는 소위 '끼리끼리'의 문화가 팽배해 있는 것이다.

그것은 비단 우리나라 자국민만의 문제가 아니라, 특히 오늘날의 경제적, 정치적, 문화적, 종교적 갈등으로 인한 현대사회의 불안정성이 이주민을 더욱 양산해 내고 있으며, 타국에서 이들의 기본인권은 이방인이라는 이유로 무시되거나 구조적인 차별을 경험하게 하고 있다는 데에 시선을 돌리게 한다.

그 가운데 이주노동의 경우는 세계화된 경제구조가 노동력 이동에 더 많은 기회를 제공하고 있지만 이 이주의 과정은 체계적인 통제와 국적 개념에 근거한 구조적 차별과 정책으로 유지되고 있다. 이미 외국인 혐오증(Xenophobia), 인종차별주의(Racism), 차별(Discrimination) 등의 표현을 동반한 이주노동자들에 대한 인권침해 사례는 세계적으로 우려할 만한 수준

에 이르고 있다.[18]

그러한 대표적인 사례로 요즈음 국내에서도 논쟁의 이슈로 떠오르는 '외국인 노동자 문제'에 초점을 모으되 이들의 상담 사례의 예를 통해 평등의 현실을 환기해보자[아래 ( )의 숫자는 '천주교 서울대교구 외국인 노동자 상담소'의 사례 건수와 전체 상담 내 비율을 뜻한다].

■ 임금 체불(718건, 63%)[19]

이 건은 매년 전체 상담의 절반 이상을 차지하며 갈수록 증가하는 추세이다.[20] 이 같은 현상은 외국인 노동자들의 대다수가 3D 업종의 영세사업장에 종사하고 있는데다가 IMF 이후 이들 사업장이 가장 큰 타격을 받았기 때문이거나 사업장의 도산으로 해결이 불가능한 사례도 있었던 것이 사실이다. 그러나 고의적인 임금 체불의 경우 그 대상이 불법 체류자라 하여 보호를 취하고 있지 않으며, 회사 측에 대해서도 사법처리보다는 임금 지급 지시 명령 수준에서 종결 처리되고 있고, 또한 회사 측에선 불법체류자 고용 사실이 드러날 경우 물게 될 벌금을 우려, 임금 해결에 동의하는 정도이다.[21]

---

18 참조: 인터넷, 〈교회와 세계〉 홈페이지, 김미선, "이주노동자 권리보호를 위한 국제적 노력과 과제" 중에서.

19 노동부가 2001년 9월 11일 한나라당 김락기 의원에게 제출한 '불법취업 외국인 및 산업기술 연수생 민원처리 현황'에 관한 국정감사 자료에 따르면 2001년 상반기 불법취업 외국인 가운데 814명(492개 사업장)이 모두 10억 406만 원의 임금을 받지 못했다는 민원을 제기하는 등, 1998년 527명 6억 9277만 원, 1999년 329명 5억 742만 원, 2000년 975명 11억 3000여만 원 등으로 갈수록 늘어나는 추세를 보인다. 노동부는 '불법체류'라는 멍에 때문에 신고조차 하지 못하는 실정을 감안하면 실제 체불임금 액수는 훨씬 많을 것으로 추정했다(참조: 매일경제, 2001.9.11자 3면).

20 1995년엔 513건(49%), 1996년 593건(52%), 1997년 719건(54%).

21 참조: 천주교 서울대교구 외국인 노동자 상담소, "'98 외국인 노동자 상담활동 보고", p.50(상담소 문의 중 13% 정도만이 임금의 일부라도 받고 종결되었고, 노동부를 통해 해결된 사건은

■ 출입국 관계(115건, 10%)

여권 분실 및 발급 신청 문의, 외국인 보호소 수감자들의 도움 요청, 항공권 구입, 기타 출국 협조들이 주 내용이다.[22] 그러나 출입국 문제 가운데 가장 큰 현안으로 떠오르는 것은 그들이 불법체류자라는 현실 때문에 겪는 범칙금 문제로 인해 혹은 체불임금으로 인해 출국 여비가 없어 출국을 원하던 상당수의 노동자가 출국을 미루었다. 이 문제는 또한 아시아 전체의 경제 위기와 맞물려 실로 해결이 쉽지 않았다.[23] 뿐만 아니라 남아 있는 외국인 노동자의 상당수가 본국의 상황이 더 어렵다는 이유로 출국하지 않은 경우도 간과할 수 없다. 이에 정부는 강압적인 출국 정책을 지양하고 입국은 까다롭게 하되 출국은 자유롭게 하는 등의 새로운 방안의 강구가 필요할 것이다.

■ 의료상담(94건, 8%)

전반적으로 라파엘 클리닉을 중심으로 한 외국인 근로자 대상 무료진료나, 요셉의원, 성가복지병원 및 여의도, 강남, 의정부성모병원 등의 도움으로 상담이 줄어들고 있다. 그러나 상담 과정에서 드러난 증상을 보면, 어렵고 힘든 일에서 발생한 디스크 등이나 불결한 환경에서 유래한 질병부터 정신질환에 이르기까지 다양하다.[24] 여기서 드러나는 문제점은 외국인 노동자들에 도움을 줄 기관이 전체적으로 줄어들고 있다는 점이며, 진료비 인상과 함께 보험 처리의 제외 등이 심각하다(물론 사소한 질병에 대해

1998년 12월 말 현재 3건에 불과했다).

22 상담 건수에서 차지하는 비율은 점차 줄어드는 추세이다(1995년 28%, 1996년 14.5%, 1997년 15.3%, 1998년 10%—천주교 서울대교구 외국인 노동자 상담소, 위의 책, p.52.

23 이들을 위하여 파리외방전교회 한국지부의 지원(5,120,000원)을 받아 10명을 추천, 출국을 돕기도 했다.

24 참조: 천주교 서울대교구 외국인 노동자 상담소, 위의 책, p.52..

서도 무료 진료를 당연시하거나 수혜를 당연시하는 외국인들의 태도 변화도 함께 개선되어야 하는 것은 사실이다).

■ 산업재해(79건, 7%)

무리한 작업 강요와 안전 교육의 미비, 영세사업자의 낡은 기계 등으로 주로 절단 사고가 주를 이룬다. 문제는 산재 적용 사업장의 경우 고용주와 합의 해결을 원하는 데 있으며,[25] 또한 대부분의 외국인 노동자가 산재 적용이 되지 않는 영세사업장에서 근무하므로, 해결이 어렵고 보상이 전혀 불가능한 경우도 많다.[26]

■ 쉼터 관련 상담(32건, 3.1%)

요양을 필요로 하는 환자들로서 지속적으로 통원 치료가 요구되거나 산업재해 해결 과정에서 혹은 출국을 앞두고 거처가 필요한 사람을 대상으로 하는 쉼터에 대한 문의가 이루어지고 있다.

■ 산업기술 연수생 문제(30건, 3%)

이들은 주로 적치금(입사 당시 이탈을 막기 위해 회사 측에서 매달 이들의 임금

---

25 불법체류 외국인 노동자가 산재를 당하면 근로복지공단에서 출입국관리소에 이를 통지하여 불법 체류자 고용 사실이 드러나게 되며 이에 따른 범칙금과 산재보험수가 자체의 인상에 그 원인을 찾을 수 있다.

26 외국인 근로자의 산업재해가 1998년 755명, 1999년 715명, 2000년 1,197명, 2001년 8월 현재 918명에 달하며, 사망자 수도 1998년 35명, 1999년 20명, 2000년 39명, 2001년 8월 말 현재 36명으로 증가 추세를 보인다. 국적별로는 중국(36.2%), 인도네시아(14.5%), 방글라데시(9.8%), 베트남(9.3%), 필리핀(5.9%), 파키스탄(4.2%) 순이었으며, 산재발생업종별로는 금속가공업(16.2%), 화학제품제조업(13.9%), 섬유제조업(12.5%), 건설업(10.8%) 등이었다. 또한 산재 근로자의 78.9%가 50명 미만의 소규모 사업장에 몰려 있으며, 재해별로는 협착(기계, 기구 등에 신체 일부가 낌)이 가장 많았다[참조: 인터넷, 〈구미가톨릭 근로자문화센터〉 홈페이지, 외국인 노동자 자료실에서(연합뉴스 인용)].

중 일정액을 강제로 회사에 적치시킨 금액)을 출국 때 찾으려 할 때 발생하는 문제이다. 이 외에도 연수생 관리업체들의 횡포이다. 이들은 연수생들의 고충 해결과 권익 보호를 위해 존재함에도 회사와 결탁하여 자신들의 이익 챙기기에 급급해 하고 있는 현실이다.[27]

예: 억울한 산업기술 연수생들의 편지—조선족 사기피해 연수생 최명선, 홍예화 씨.

■ 기타 상담(77건, 6%)

폭행, 사기, 절도 등의 문제로 적지 않은 비중을 차지한다. 특히 폭행은 주로 회사 내에서 사장, 내국인 직원들에 의한 것이 대부분이나 IMF 시기 동안 전반적으로 확산된 외국인 노동자 배척 성격의 폭행도 새롭게 접수되었다. 사기는 보통 국내 상황을 잘 아는 중국교포들 안에서—외환 송금, 반출 등의 제한으로 모아둔 돈을 떼인 경우가 대부분—많이 발생하였다.

---

27 추석을 맞아 가뜩이나 서러운 외국인 연수생들이 관리업체가 연휴기간 동안 '외국인노동자 축구대회' 참가를 막아 더욱 설움을 겪고 있다. … "관리업체 관계자가 이번 축구대회에 참가하면 나중에 일어나는 일은 책임지지 않겠다"며 사실상 네팔 송환을 위협했다고 주장했다(한겨레 2001.9.28. 기사 중에서).

만약 세상에 100명의 사람이 살고 있다면 …

- 중국인이 21명, 인도인이 17명, 미국인이 5명, 인도네시아 인이 4명, 브라질 인이 3명, 파키스탄 인이 1명, 러시아인이 2명, 방글라데시 인이 2명, 일본인이 2명, 나이지리아 인이 2명, 남북한 인이 1명이다. 그리고 38명의 다른 사람들이 살고 있다.
- 전체 에너지의 80%는 20명의 사람들이 쓰고 있고, 나머지 80명이 20%의 에너지를 쓰고 있는 것이다.
- 만약 은행예금이 있고 자가용이 있다면 상위 7명 안에 드는 사람이다. 그리고 전체 돈의 2/3이 6명의 손에서 놀아나고 있는데 거의 다가 미국인이다. 그리고 타이거우즈가 나이키 모자를 쓰고 골프를 해서 받는 광고료는 5500만 원이다. 하지만 나이키 모자를 만드는 태국인 노동자들은 하루에 4000원 밖에 받지 못한다. 태국인 노동자가 38년을 일해야 벌수 있는 돈이다.
- 100명 중 20명의 사람들이 하루 천원으로 끼니를 때우고 다른 15명은 비만으로 고민을 하고 있다. 다른 25명은 영양실조로 굶어 가고 있는데 말이다.
- 전체가 100명이라면 70명이 어른이고 30명이 아이이다. 30명 중 4명이 노동으로 돈벌이를 하고 1명이 성매매와 직업군인으로 생계를 이어 나간다.
- 세계의 굶주림과 병을 치료하는 데에는 1년에 15조원, 즉 5분에 1억 4천만원을 쓰면 된다. 그러나 세상은 75배에 달하는 돈을 다른 곳에 쓰고 있다. 바로 군사개발이다. 이 지식 채널 1편을 보는 중에 106억이 군사개발에 쓰인다. 1년이면 1118억을 쓰는 것이다. 100명의 사람 중 지금 16명이 굶어서 잠이 들고 1명이 굶주림으로 죽어 가고 있다.

(출처: EBS 지식채널e, 2006.11.13.)

5. 자유(Liberty)

5-1 자유, 그 근원의 갈망, 그럼에도 …

자유(自由). 누구나 지니고 있는 근원적인 갈망이다.

바람처럼 너른 공간에 무한한 몸짓을 그려내고, 때로는 작은 틈새를 메우려 스며드는 섬세함으로 무거웠던 공기도 털어내는 일.

매임이 없이 살아가는 일. 홀로 풍경을 지어내는 일.

그러나 그 홀로임이 늘 홀로이기를 원치 않는 마음. 함께 어우러져 흐드러지게 웃음 한 움큼 담아내고도 싶은 마음. 나만이 할 수 있는 선택임에도 '과연 옳은 것인가'에 기댈 수밖에 없는 나약함과 불안함의 공존(共存).

이렇듯 우리는 자유롭기를 갈망하되, '자유로울 수 없음'에서 '참된 자유'를 찾아 몸부림치는 존재적 울림을 지니고 산다.

그러기에 '선택은 선택적이나 선택적이지만은 않고', 선택도 '가치 있는 선택'이기를 그리고 결국엔 지켜야 할 '선(線)'이 있음을 깨닫고 '책임'의 무게도 느낀다.

5-2 … 하라, … 처럼!

알프레드 디 수자(Alfred D. Suja)의 글에 이런 대목이 있다.

춤추라, 아무도 바라보고 있지 않은 것처럼(Dance, like no one is watching)
사랑하라, 한 번도 상처받지 않은 것처럼(Love, like you have never been hurt)
노래하라, 아무도 듣고 있지 않은 것처럼(Sing, like nobody's listening)
일하라, 돈이 필요하지 않은 것처럼(Work, like you don't need money)
살라, 오늘이 마지막인 것처럼(Live, like it's heaven on earth)

아무도 바라보지 않는 것처럼, 상처받지 않은 것처럼, 듣고 있지 않은 것처럼, 필요치 않은 것처럼, 마지막인 것처럼 꿋꿋이 걸어갈 수 있는—울림이 있고 무게가 있기에—가볍지 않은 가벼운 발걸음.

외줄타기를 해본 적 있는가. 공포스런 높이에서 끝까지 마지막 지점에 도달하는 방법은 한 가지뿐이다. 두려움으로 아래를 바라보면 이내 기우뚱해지며 떨어지게 되지만, 도착점을 목적지로 삼아 집중하면 그곳이 소실점(消失點)이 되어 전체적인 균형을 잃지 않는다.

목적은 '삶에 의미 자체를 부여'하고 목적을 아는 것은 삶을 단순하게 하며, 목적을 알면 삶의 핵심을 살게 된다. 그리고 목적은 삶에 동기를 부여하며, 목적을 아는 것은 궁극적인 본질의 삶을 준비하게 한다.[28]

목적이 있는 사람의 발걸음은 주변적인 정황들에 매임이 없이 자유롭다.

5-3 소극적 의미의 자유/적극적 의미의 자유

'소극적 의미에서 자유'는 '강제[29]의 부재', 곧 장애나 속박으로부터의 자유—홉스(Hobbes)는 "자유라는 말은 그 맥락에 따라 외부의 방해가 없는 것으로 이해할 수 있다."[30] "한 사람이 자유롭다는 말은, 그가 그 자신의 힘과 지혜를 발휘해 원하는 대상에 다가갈 수 있도록 방해를 받지 않는다는 뜻이다"[31]라고 했다—를 뜻한다.

그러나 인정할 수밖에 없는 부자유, 즉 개인의 자유에 대한 어느 정도의

---

28 참조: R. Warren, *Purpose Driven Life*, ZONDERVAN, 2002, pp.30-33.
29 다른 사람이 특정한 방식으로 행위하도록 또는 특정한 방식으로 행위하기를 멈추도록 힘을 행사하는 것.
30 T. Hobbes, *Leviathan*, Cambridge, 1991, p.91.
31 T. Hobbes, 'Selection from The Questions concering Liberty, Necessity, and chance', *Hobbes and Bramhall on Liberty and Necessity* (Cambridge, 1999), p.38.

제한이 사회의 구성원을 보호하기 위해 필요하다는 것은 수용[32]할 수 있을 것이다. 그러나 많은 자유주의자들은 타인을 해치지 않는 한 정부가 관여치 않는 개인적인 자유의 성역이 있어야만 한다고 주장한다.

그러나 이에 대하여 감정적·정신적 피해의 내용이나 정도가 개인차가 있고, 또 피해자 입장에서 감당할 수위를 넘어서는 분명한 침해임에도 불구하고 가해자의 합리화, 정당화된 변명이 있을 땐, 가해에 대한 모호한 정의로 인해 발생하는 2차적 상처나 피해도 배제할 수 없다.

그러므로 스스로 자신의 삶을 통제할 수 있는 '적극적 자유'가 더욱 바람직할 수 있다. 적극적 자유를 주장하는 쪽에서는 '진정한 자유란 개인이 스스로의 삶을 선택함으로써 이루는 일종의 자기실현'[33]이라 본다. 이에 벌린(Berlin)은 "자유는 자기 자신이 주인이 되고자 하는 소망으로부터 비롯된다. 나는 그 어떤 외적 압력이 아닌 내 자신의 뜻에 따라 내 결정이 이뤄지기를 희망한다. 나는 다른 사람이 아닌 내 자신의 행동 의지의 도구가 되기를 바란다. … 나는 나에게 영향을 미치는 외적 원인들이 아니라 내 자신의 이성과 신중한 모교에 따라 행동하기를 원한다. 나는 결정에 따르는 것이 아니라 결정을 내리고 … 내 스스로 방향을 결정할 수 있기를 희망한다."[34]고 말했다. 그런데 여기서 이 자유로움을 발휘하기 위해선 누구나 그 자유를 실현할 수 있는 '평등'이 전제조건이 되어야 한다.

5-4 처벌의 정당한(?) 근거

개인의 '자유'가 당위적인 기본 권리이자 본질이라면, 그 자유를 박탈하는 처벌이나 제재(制裁)의 정당성은 어떻게 설명할 수 있을까? 분명 자유

---

32 참조: 나이절 워버턴, 앞의 책, pp.163-164.

33 나이절 워버턴, 앞의 책, pp.166-167.

34 I. Berlin, 'Two Concepts of Liberty', Four Essays on Liberty (Oxford, 1969), p.8.

의 반대편의 장치라면 그만한 내용적 근거가 합리성과 보편타당성을 용인 받을 수 있어야 하고 그 목적이 공동선(共同善)을 위한 것이어야 한다. 일반적으로 다음과 같은 근거로 처벌에 대한 정당성이 성립한다고 본다.

■ 처벌은 범죄에 대한 응보

법을 어김으로써 타인의 자유에 해를 가하거나 공공의 일상을 와해하는 사람에 대하여 적절한 처벌이 합당하다고 보는 응보(應報)의 관점은, 형식적으로는 개인의 의사 결정에 간섭하는 '개입주의(paternalism)'[35]의 모습을 띤다.

국가나 단체 등 개인의 자유를 제한하는 개입이 가능한 범위의 '공동체'는 그 개인이 행한 행위의 경중에 따라 처벌의 부과도 다르게 적용한다. 그러나 이는 개인이 스스로의 삶을 통제하고 가꿔 나가려는 본능 자체를 부인하는 관점으로 흘러가서는 곤란하다. 규칙의 위반에 대한 처벌 자체에 의의를 두는 감정적 대응이 아니라 그 개인의 환경과 상황, 의도성, 처벌의 결과 등 다양한 부분을 함께 고려하는 등 신중한 분별이 필요할 것이다.

■ 처벌은 범죄를 억제하는 효과가 있다(?)

학교에서의 체벌이 심각한 사회문제로 대두된 만큼 처벌이 과연 효과가 있는가 하는 문제도 새로운 시각으로 보아야 할 때가 되었다.

일반적으로 처벌의 효과는—그것도 위협이 될 정도로 강도가 더할수록—위법행위의 억제와 재발 방지에 있다는 인식이 다분하다.

---

35 '온정적 간섭주의'로 불리는 '개입주의'란, 국가가 가부장적인 관계에서처럼 국민의 삶에 개입해야 한다는 관점이다(라르스 스벤젠, 『자유를 말하다』, 박세연 역, 엘도라도, 2015, p.256).

그러나 실제로 무고한 사람들의 처벌
을 정당화할 위험성도 있고, 교화의 가
능성을 기대하기 어려운 사람을 포함하
여 일괄적으로 적용되는 효과가 그리
크지 않다는 연구 결과도 많다.

"대부분의 사람들은 처벌의 위협 때문에 범죄를 저지르지 않는 것이 아
니라, 그러한 행동을 당연히 해서는 안 된다고 믿기 때문에 하지 않는다.
인간은 합리적이긴 하지만 규범과 가치의 틀 안에서 합리적이다. 따라
서 백지상태의 합리성을 가정하는 것은 비현실적이다. 절대 다수의 사람
들은 규범과 가치의 틀 안에서 '합리적인 계산'을 하기 때문에 대부분 범
죄 행동을 하지 않는다. 범죄는 기본적으로 규범을 어기는 행위이므로 규
범적 요소를 배제하고 범죄 행동의 선택에 대해서 논하는 것은 적절치 않
을 것이다. 따라서 처벌의 효과를 이야기할 때에도 완전한 합리성을 가정
하기보다 사회의 규범과 가치를 체현하고 있는 사람들에게 처벌의 효과
가 어떻게 미치는지에 주목해야 할 것이다",[36] "만약 사람들이 오직 처벌
의 두려움 때문에 법을 지킨다면 사회 자체의 존립이 매우 어려울 것이
다.[37] 이처럼 많은 경우 범죄 행동으로 인한 이득과 손해를 계산하기도 전
에 이미 행동에 대한 결정이 이루어지며 따라서 이때 억제이론에서 이야

---

36 신동준, "처벌의 효과: 억제이론에 대한 비판적 검토," 刑事政策 제21권 제2호(2009.12),
    p.199.
37 머튼(Merton)은 아노미적 상황에서도 대부분의 사회구성원은 사회가 규정하는 문화적 목
    표와 제도적 수단 모두를 수용한다고 하면서, "그렇지 않다면 사회의 안정성과 연속성이 유
    지될 수 없다"고 지적하였다. 다시 말해서, 만약 대다수의 사회구성원들이 제도적 수단을 통
    한 성공목표 달성 가능성을 계산하여 비제도적(불법적) 수단을 통한 성공목표 달성을 추구
    하는 적응방식을 합리적으로 선택한다면 사회의 존립 자체가 위협 받는다는 것이다. 어떤 의
    미에서 그러한 사회는 더 이상 사회학적 의미에서의 사회라고 할 수가 없을 것이다[Merton,
    Robert K., *Social Theory and Social Structure* (Free Press, 1957), p.141].

기하는 처벌의 효과는 '없다'고 보아야 한다"[38]고 했던 지적을 유념할 필요가 있다.

■ 처벌은 사회의 보호책이 된다

사회는 피해의 두려움을 비롯한 정서적 차원에서도, 국가가 특히 강력범죄의 재범을 막고 동일범에 의한 반복적인 범행을 방지하기 위해 격리하는 것에 대해 어느 정도 동의할 것이다. 그러나 그 효과가 단기적일 수 있고 위에 해당하는 몇몇 범죄로 적용 가능 범위가 제한될 수 있다.

■ 처벌은 범법자의 교화책이다

처벌에 의한 교화도 효과 여부를 떠나서 최소한의 장치로 필요할 것이고, 비록 확률은 낮을지라도 무언가를 시도하고 있다는 합리화의 차원에서도 요구될지 모른다.

그러나 대부분은 정보를 충분히 갖고 있지 못하기 때문에, 단지 제한적인 합리성을 발휘할 뿐이다. 따라서 최소한 단순한 형태의—공식적 처벌의 직접적 결과만을 고려하는—기본 억제이론 도식이 아니라 확대된 형태로 정교하게 도식화하여 간접적 결과인 비공식적 처벌과 사회적 손실의 부분도 함께 염두에 두어야 할 것이다.[39]

일반적으로 처벌의 엄격성보다 처벌의 확실성이 처벌의 효과 면에서 더 중요한 것으로 알려져 있다.

범죄 가능성의 측면에서 비교적 덜 위험한 사람들에게, 그리고 비교적 심각하지 않은 위법행위에 대해서 처벌의 억제효과가 더 효과적으로 작

---

38 신동준, 위의 논문, pp.198-199.
39 신동준, 위의 논문, p.208.

용할 것이라는 일종의 딜레마적인 상황이 있다는 점이다. 그리고 도덕적 판단을 내리기 모호한 행위들이나 사회 규범적으로 그다지 큰 문제가 되지 않는다고 여겨지는 행위들에서 처벌의 효과가 크게 나타날 것이다. 처벌의 효과성이라는 또 다른 차원을 고려하여 범죄의 심각성에 대한 위계를 정해야 한다는 문제뿐만 아니라, 형평성 등의 측면에서도 분명히 문제의 소지가 있을 것이다.

그러므로 특정 상황에서 범죄 행동이 합리적인 선택이 되지 않도록 공식적 처벌의 확실성을 높이는 것, 그리고 규범성을 강화함으로써 행동 판단 주체가 아예 범죄 행동의 이득과 손해를 계산할 필요성 자체를 느끼지 못하게 하거나, 계산을 하더라도 범죄 행동으로 인한 이득에 비해 손해를 크게 인식하는 개인적 특성을 갖도록 하는 사회구조적·문화적 조건을 조성하는 것이 중요하다.[40]

5-5 시민 불복종

정당하지 못한 정치·경제·사회 구조 안에서 일정한 자유의 범위를 넘어서지 않고 도덕적이며 합법적인 근거 위에서 마땅한 권리를 찾는 방법은 어떤 것이 있을까?

이에 '시민 불복종'은 합법적인 항변에 대한 비폭력적인 시민 저항 ─ 영국의 여성 참정권 운동, 마하트마 간디(Mohandas Karamchand Gandhi, 1869-1948)의 비폭력 시위, 마틴 루터 킹(Martin Luther King, Jr., 1929-1968) 목사의 인권운동 등이 예가 된다. ─ 으로써 약자로서 가능한 항변(抗辯)의 형태를 보여 준다.

이 시위의 목적은 부당한 특정 법이나 정부 정책에 대해 주의를 끌어 정

---

40 참조: 같은 책, pp.209-211.

책을 적극적으로 변화시키는 데 목적을 두는 것[41]이며 사회 전복이나 권력적 욕구의 발현과는 거리가 멀다.

　형식적으로 보면 다수가 아닌 소수(少數)의 약자(弱者)를 대변하므로 민주주의의 정서를 위배하는 것으로 보이고, 마치 정부나 단체의 권력이 약화되어 무법 상태로 추락할 것이라는 비판도 제기되지만 그 목적의 순수성과 올바른 정의의 차원에서 그러한 우려는 잠식될 것이다.

6. 자유의 현실 …

　"懼法이면 朝朝樂이요 欺公이면 日日憂니라."

　[법을 두려워하면 날마다 즐겁고, 나라의 일(공적인 것)을 속이면 날마다 근심이 되느니라.]

(明心寶鑑,〈存心篇〉에서)

41　나이절 워버턴, 앞의 책, pp.179-180.

순응(順應)만큼, 커다란 사랑이 있을
까 ….

아무런 힘이 없어 굴복하는 것을 가
리킴이 아니라, 진정으로 소중한 평화
의 끈을 놓지 않도록 받아들여 풀어 주
는 용서에 담긴 사랑 ….

그 여운이 가져다주는 힘은 사람의 마음에 살아갈 용기를 더하고, 살아
갈 만한 세상이라 희망을 심어 준다.

오히려 낮아짐으로 하여 물이 흘러내리듯 서로의 가슴에 온유한 소통
이 이루어지는 '참 기쁨'을 더해 준다면 얼마나 좋을까.

물(水)이 아래로의 걸음을 망설이지 않듯(去), 그렇게 마음을 설레게 하고
사랑으로 적실 수 있는 겸손한 계명이 법(法)이 된다면 그 얼마나 좋을까.

두렵기에 주저하는 법이 아니라, 너무나 님께로부터 받은 사랑이 못내
겹기에, 두렵고자 하는 기꺼운 소명이 될 수 있기를 얼마만큼 간절히 소망
하는가![42]

서로 간(間)의 벽이 허물어지고, 그 틈새로 서로 스며들어가 소통을 이
후고 함께 흘러가는 것이 법의 본 정신이라 했다.

그리스 신화에 나오는 정의의 여신은 디케[DIKE: 정의(正義) 혹은 정도(正
道)라는 의미]다. 로마시대에는 유스티시아(L. Justitia, '정의')로 대체됐는데,
디케는 칼을 들고 있는 모습으로 그려졌고, 유스티시아는 여기에 형평을
지킨다는 의미로 저울이 더해졌다. 여기서 칼은 정확한 판정에 따라 정의
가 실현되기 위해서는 힘이 필요하다는 뜻이며, 저울은 엄정한 정의의 기

---

42 신용문, 『교회법 강의록』, 예수의꽃동네형제회수련소, 2009, 서문.

준을 상징한다. 그리고 디케가 맹인인 이유는 정의와 불의의 판정에 있어 사사로움을 떠나 공평함을 유지해야 한다는 의미를 담고 있다. 정의의 여신은 비록 서양에서 유래했지만 현대사회에서 정의 혹은 법의 여신으로서 갖는 상징적 의미가 크다. 모든 사람에게 엄정하고 공평하게 적용되지 않는다면 법과 정의는 힘없는 사람에게 가장 위험한 폭력이 될 수 있다.[43]

필자는 여기서 정의를 저울질하는 신에 묘사된 '여성성(女性性)'에 의미를 부여하고 싶다. 자식을 사랑하기에 엄격할 수 있으면서, 그러나 그보다 앞서 자녀의 심중의 고통과 눈물에 주목하는 어머니의 모성(母性) 말이다.

"사랑을 정의를 포용하지만 정의는 사랑을 포용하지 못합니다. 사랑이 없는 정의는 진리가 아닙니다. 사랑이 곧 진리입니다"[44] 라고 하지 않았던가.

사랑의 영(靈)으로 포용할 어머니의 눈물, 정의가 보지 못하는 이면을 충족시킬 법의 참 정신이 이 사랑에 깃들어 있는 것이다.

그러나 이토록 소중한 법의 정신은 우리의 현실 속에서 얼마나 원의대로 녹아 있는가?

아래의 예들을 살펴보자.

6-1 **Question**

■ 악법도 법인가?

모자보건법 제14조 (인공임신중절수술의 허용한계)

---

43 참조: "정의의 여신 디케(DIKE)", 중앙일보[키워드로 보는 사설], 2014.4.15.
44 꽃동네 설립자, 오웅진 신부의 강론 중에서.

① 의사는 다음 각호의 1.에 해당되는 경우에 한하여 본인과 배우자(사실상의 혼인관계에 있는 자를 포함한다. 이하 같다)의 동의를 얻어 인공임신중절수술을 할 수 있다.

1. 본인 또는 배우자가 대통령령이 정하는 우생학적 또는 유전학적 정신장애나 신체질환이 있는 경우
2. 본인 또는 배우자가 대통령령이 정하는 전염성 질환이 있는 경우
3. 강간 또는 준 강간에 의하여 임신된 경우
4. 법률상 혼인할 수 없는 혈족 또는 인척 간에 임신된 경우
5. 임신의 지속이 보건 의학적 이유로 모체의 건강을 심히 해하고 있거나 해할 우려가 있는 경우

② 제1항의 경우에 배우자의 사망·실종·행방불명 기타 부득이한 사유로 인하여 동의를 얻을 수 없는 경우에는 본인의 동의만으로 그 수술을 행할 수 있다.

③ 제1항의 경우에 본인 또는 배우자가 심신장애로 의사표시를 할 수 없는 때에는 그 친권자 또는 후견인의 동의로, 친권자 또는 후견인이 없는 때에는 부양의무자의 동의로 각각 그 동의에 갈음할 수 있다.

사람의 생명을 법으로 규정할 수 있는가?

위와 같은 법에 대하여 문제를 제기해야 하는 것은 당연한 의무이다.

'악법도 법이다'라는 법 존중은 법의 토대가 진정성과 정당성을 갖추고 있을 때 부여할 수 있는 개념이다.

위 법에 대한 아래의 해석을 참조하였으면 한다.

· 출생한 사람의 생명 보호(生命保護)가 생명의 질(質)을 문제 삼지 않는 것처럼, 태아(胎兒)의 생명에 대해서도 같은 원칙이 적용되어야 한다. 태어

난 생명, 태어나지 않은 생명을 가릴 것 없이, '생존할 가치가 없는 생명'이라는 판단은 있을 수 없다. 모든 생명은 그 자체로 존엄하고, 모든 생명은 생존할 권리와 의무가 있다. 태아의 생명을 우생학적, 인구학적 이유 때문에 침해하는 것은 극히 유물론적 사고방식이며, 생명의 질을 위해 생명 자체를 희생시키는 결과가 된다. 뿐만 아니라 의사의 오판도 배제할 수 없다.

· 본인이나 배우자가 이런 전염병[45]에 걸렸어도 태아도 같은 질병에 걸리라는 법은 없다. 그리고 설사 태아가 그러한 질병에 걸린다 해도 얼마든지 치료하여 나을 수 있다. 질병으로 틀림없이 죽게 될 생명일지라도 그 생명은 죽는 순간까지 생존할 권리와 가치가 있다.

· 이른바 윤리적 정당화 사유를 규정한 것이다. 이미 임신된 이상 그 태아는 고유한 생명권을 가지고 있기 때문이다. 부녀의 인격권과 태아의 생명권은 비교되지 않는다. 만일 부녀의 인격권 때문에 낙태를 인정할 경우, 생명권은 다른 낮은 가치를 위한 수단으로 전락해도 괜찮다는 혼돈된 가치 질서를 만들어 낸다. 그것은 엄연히 또 하나의 범죄이다. 이 문제는 생명을 파괴하는 낙태로써 해결할 문제가 아니라 예방적 성교육, 성폭력의 미연 방지와 미혼모 보호 대책, 그리고 입양 사업을 정책적으로 추진하면서 사회가 함께 해결해야 할 문제이다.

· 근친상간에 의한 경우도 마찬가지이다. 어떻든 태아의 생명을 이러한 사유에 좌우되게 하는 것은 부당하다. 생명권은 생래적(生來的)인 것으로서 법률에 앞서 있는 문제이기 때문이다. 적법한 혼인 여부에 태아의 생명권이 좌우되지는 않는다. 생명은 법률이 주는 것이 아니기 때문이다. 법

---

45 태아에 미치는 위험성이 높은 풍진·수두·간염·후천성 면역 결핍증 및 전염병 예방법 제2조 제1항의 전염병(제1종: 콜레라, 장티푸스, 디프테리아 등 9종; 제2종: 백일해, 홍역, 일본 뇌염, 유행성 출혈열, 파상풍 등 14종; 제3종: 결핵, 나병 등 3종).

률상 혼인할 수 없는 사이라 하더라도, 이미 태어난 생명은 법률의 보호를 받고, 그 생명에 대한 침해는 살인죄로 처벌된다. 그러므로 태어나지 않은 사람(태아)의 생명권도, 법률상 혼인할 수 있는 사이인가 아닌가 하는 문제와 상관없이 인정되어야 한다.

·임신 중독이나 자궁 외 임신처럼, 임신으로 모체의 생명이 위협받는 상황이 전개될 수 있다. 이것은 태아의 생명권과 모체의 생명권이 충돌하는 경우이다. 물론 원칙적으로 생명과 생명의 비교란 있을 수 없다. 그러나 이러한 경우에도 태아를 직접 죽일 수는 없다. 임신에 따른 일반적 위험은 여기에 해당되지 않는다는 점이다. 임신을 계속할 수 없는 특별한 상황(모체의 구체적 생명 위험)만을 의학적 정당화 사유로 인정할 수 있다. 그런데 동 조항의 문제점은 '모체의 건강'이란 말이 매우 넓은 개념이라는 점이다. 그 내용은 모체의 생명이 위협받는 상황으로 제한되어야 하고, 생명에 지장이 없는 신체에 대한 위험은 여기에서 제외되어야 한다. 임신의 지속은 원래 부녀의 신체에 중대한 영향을 미친다. 이것은 임신과 결부된 일반적 위험으로 출산을 위하여 거쳐야 할 필수적 과정에 속한다. 그리고 그 부담은 부녀가 부담하도록 운명지어져 있다. 그러므로 위의 요건이 임신에 따르는 모체의 신체적 건강에 대한 일반적 위험으로 이해되어서는 곤란하다.[46]

■ 만인은 법 앞에 평등한가?

권력·재력 앞 움츠린 法 … '법 앞에 만인 평등' 교과서에나.

지난해 중고생 1,762명을 대상으로 한 설문조사에서 "우리나라에서

---

46 송열섭, "모자보건법 제14조는 폐지되었다―모자보건법과 인권", 한국천주교 주교회의 생명 윤리연구회 홈페이지.

법이 돈이나 권력 있는 사람에게 더 유리하게 적용되는가"라는 질문에 64.7%는 '그렇다'고 답했다. 2008년 수도권의 성인남녀 300명을 대상으로 한 설문조사에선 91%의 응답자가 "법보다 재산이나 권력의 위력이 더 크다"고 했다. '사법 불신'이 팽배해 있다는 얘기다. …

    ＊반복되는 유전무죄·유권무죄 논란

이유는 간단하다. 재벌이나 정권 실세 등 힘 있는 이들에 대한 검찰 수사나 법원 판결이 대개 '봐주기' '면죄부' 논란에서 자유롭지 않기 때문이다. 사법당국은 그 때마다 나름대로 법리적인 설명을 내놓지만, 일반의 정의감에 부합하지 않는 경우가 많다. 법 집행 과정이나 결과를 두고 국민들의 분노나 냉소, 체념이 반복될 경우 '법 앞에 만인은 평등하다'는 명제는 허언에 불과하게 된다. 유전무죄(有錢無罪), 유권무죄(有權無罪) 논란이 끊이지 않는 이유다. (2010.9.29. 인터넷 한국일보)

7. 자유와 인격성, 근저의 책임

"'엄격한 가치 평가'는 한 사람이 궁극적으로 도달하고자 하는 인간 유형에 대한 평가를 의미한다"[47]고 했다. 이에 프랑크푸르트(Frankfurt)는 "올바로 이해하고, 자신이 누구인지를 깨달으며, 그런 깨달음에 따라 살아가는 것이 중요하다"[48]고 했다. 곧 개인은 자신의 정체성을 깨닫고, 그에 걸맞은 삶의 모습을 자유로운 의지로 조각(彫刻)해 나가야 할, 스스로에 대한—그리고 자신과 관계를 맺는 모든 존재들에 대한 사

---

47 라르스 스벤젠, 앞의 책, p.327.

48 H. Frankfurt, *"Taking Ourselves Seriously and Getting It Right,"* Stanford University, April 14-16, 2004.

랑의 발출(發出)로서의—책임과 의무가 있다.

이때의 '자유로움'은 결국 자기 인격이 삶의 자리에서 표현되는 방식이며, 동시에 내적으로 자신을 성장, 완성해가는 필수적 요건이라 하겠다.

7-1 인격성은 책임을 의미한다

책임의 의무는 스스로를 책임지는 자유로운 결단과 결합된다.

책임은 분명 '대답하기(response)', 곧 어떤 사람의 활동과—이것을 통해—그의 자아가 의문시될 때에 그 사람의 자신을 드러냄을 의미하며, 따라서 오직 인격자만이 다른 사람에 의해서 의문시될 수 있기 때문에 인격 특유의 태도[49]라 할 수 있다. 그러기에 성숙한 자유, 책임 그리고 자신을 확인하게 되는 위험은 상호간에 동의성(同義性)을 갖는다고 본다.

인간은 본질적으로 신의 부르심을 깨닫고 신과의 대화적 관계를 통해 자기 초월의 가능성을 갖는다는 것을 보았다. 이 관점에서 인간의 자유로운 자기 결단의 능력은 신의 모습을 따라 창조된 인간의 존엄성의 표지이며, 그러므로 인간은 동시에 스스로 책임지는 발전된 인격적 면모를 갖추어야 한다.

결국 인간의 책임은 신과 이웃, 자기 자신에게 자신과 자기 행위를 해명하도록 요구될 수 있으며, 이에 자기 자신을 마음대로 처리할 수 있는 한에서 책임을 저야[50] 한다.

7-2 인격성은 양심을 의미한다

인간은 행위의 주체로서 자기의 자유로운 의사 결정의 근원을 자신 안

---

49 이재용, "인간의 자유와 책임," 「인간연구」, 가톨릭대학교 인간학연구소, 2000.
50 이재용, 위의 논문.

에 가지는 윤리적으로 지켜야 할 객관적 규범을 갖고 있다. 이 규범을 통해 갈등할 경우 도덕적으로 의무를 지우는 "너는 마땅히 하라" 또는 "너는 마땅히 하지 말라"는 명령을 개인적으로 체험(I. Kant)적으로 간직하며 내면화한다.

신에게 그의 최종적 근원을 두고 있는 양심의 소리는, 비록 "범죄의 습관에 의해서 점차 거의 눈이 어두워질 수 있을지라도"[51] 바로 거기서 인간은 자신의 인격성을 자각하도록 돕는다.

7-3 인격성은 고독을 의미한다

자유, 책임, 양심은 인간으로 하여금 스스로 선택하고 받아들이며 지고 가는 것이기에 인격의 핵심 속에 자기 자신을 '홀로' 있게 한다.

이와 같이 이해된 고독은 인간의 근본적인 체험 가운데 하나이다.

이는 자기 자신으로부터 도피케 하여 소란과 쾌락으로 몰아가는 '고독의 이지러진 상'―고독화(소외감)―과는 다른 개념이다.

7-4 인격성은 자기 존재의 근거가 타(他)에 의해 존재(지각)함을 의미(사회적 존재)

인간의 인격은 다른 인격과 접촉하는 데서 비로소 충족된다.

인간은 자신의 완전한 발전을 위해 다른 사람과의 협력이 필수적이며 공동체가 필요한 존재이기 때문이다.

인간은 자기의 자유로운 의사 결정의 책임을 져야 하지만, 분명 '주어진(기투된)' 자―현세생활이 일시적이며 결국 죽음의 필연성을 자각하는 존재―로서 그 생존, 미래, 구원을 비롯한 모든 것이 신이 베푸는 사랑의 덕

---

51 「사목」, 16항.

분[52]이라는 것과 관계 속에서 성장해가는 존재임을 망각해서는 안 된다.

8. 평등, 자유, 성장 그리고 거리 …

8-1 평등 — 다가가는 일/이어지는 섬

시인 이정하는 "사람이란 개개인이 따로 떨어진 섬과 같은 존재지만 손을 내밀어 상대방의 손을 잡아주는 순간부터 두 사람은 하나가 되기 시작한다. 나 아닌 다른 사람에게 조용히 눈길을 줄 때, 그때 이미 우리는 가슴을 터놓는 사이가 되는 것이다"[53]라고 말했다.

마치 '떨어진 섬'처럼 누구나가 저마다의 슬픔과 고독의 상처를 지니고 산다. 겉으로 보이는 삶의 모습과 환경이 달라 보일지라도, '사람'이라는 이름으로 겪어 내는 일들의 어찌 본질적으로 다를 수 있겠는가.

동등한 시선으로 바라보는 일, 다가가 손을 내미는 일 그리고 마음의 문을 열어 발걸음을 초대하는 일. 내 발이 딛고 있는 그 땅의 이어짐 가운데 너와 내가 서 있다.

8-2 자유 — 끌어안기 그리고 내어줌의 선택

장애인 인권운동가이자 정치인인 장향숙은 시몬 베이유의 말을 인용하면서, "이 세상을 구원하기 위해서는 정의와 순수만 있으면 족하다. 남을 구하기 위해 사람은 먼저 스스로를 구원해야 하고 자기 자신 속에 있는 영혼을 해방시켜야 한다. 그러기 위해서는 자기희생이 필요하다. 희생이란 고통을 받아들이는 것이며, 자신 안에 있는 동물성을 거부하고 자발적인

---

52 자유는 인간 행위를 특징짓는 기본 조건일 뿐 아니라, 절대자로부터 창조되어 이 세상 속에 살아가는 인간 자신의 기본 조건이다(이재용, 위의 논문, p.43).
53 박범신 외, 『세상은 우리가 사랑한만큼 아름답다』, 고려문화사, 2001, p.143.

고통을 통해 인간 모두의 고통을 구원하려는 자유의지인 것이다"[54]라고 밝혔다.

자발적인 사랑으로 이루는 세상의 따뜻한 풍경. 계산이나 조건이 사라진 곳에 그저 사랑하기 위해 준비된 나, '너를 위한 나'를 내어 줄 수 있음만으로 만족하고 감사하기.

사랑은 물건처럼 건네는 것이 아니라, 발끝에서부터 머리끝까지 채워져 우러나오는 것이다. 누군가의 강요나 주어진 틀 속에서의 당위적 의무가 아니라, 주는 마음이 자유롭고 자연스러워지는 공간과 시간. 그 가운데 틈을 만들어 맑은 바람 쐴 수 있기를.

8-3 나무 사이의 거리

서로가 있는 모습 그대로의 성장을 존중해주는 이들의 모습을 보라.

나무는 여느 누구 막힘이나 두려움 없이 줄기를 뻗을 수 있도록 공간을 양보한다.

서로에게 열려진 하늘이 가리우지 않도록. 그리고 서로 떨어진 사잇길로 바람이 지날 수 있도록.

아름다운 성장을 위해서 반드시 필요한 거리 ….

그러나 그 거리를 망설임 없이 허락할 수 있는 가난한 마음, 텃밭 위에 너도 나도 함께 뿌리를 내리고 키를 만든다.

---

54 장향숙, 『깊은 긍정』, 지식의숲, 2006, p.105.

평등과 자유의 뜨락에서 가난을 위한 기도(마더 데레사)

진정한 사랑은 이것저것 재지 않습니다.
그저 줄 뿐입니다. 아플 때까지 주십시오.

기도하면 믿게 될 것입니다.
믿으면 사랑하게 될 것입니다.
사랑하면 섬기게 될 것입니다.

나는 모든 인간에게서 신을 봅니다.
내가 나환자의 상처를 씻을 때 예수를 돌보는 느낌을 갖습니다.
어찌 아름다운 경험이 아니겠습니까.

어느 날 꿈에서 내가 천국의 문에 이르렀을 때 베드로는 내게
"지상으로 돌아가라. 여기에는 빈민굴이 없다"고 말씀하셨습니다.

진실로 사랑하기를 원한다면 용서하는 법을 배워야 합니다.
작은 일들이란 정말 자잘한 것들이지요.
하지만 작은 일에 충실하다는 것은 위대한 일입니다.

우리는 사랑하고 사랑받기 위해 창조되었습니다.
실패했다고 마음 상해하지 마세요.
최선을 다했다면 말입니다.

우리는 가정을 고통을 나누고 서로 용서하는 곳으로 만들어야 합니다.
많이 가질수록 줄 수 있는 것은 적습니다.

가난은 놀라운 선물일 수 있습니다.
우리에게 자유를 줍니다.

가난한 사람들은 우리가 그들에게 주는 것 이상을 돌려줍니다.
그들은 강한 사람이며 음식이 없이 하루하루를 사는 사람들입니다.

그러나 그들은 결코 저주하고 불평하지 않습니다.
우리는 그들을 동정할 필요는 없습니다.
우리는 그들로부터 배울 것이 굉장히 많습니다.

진리란 무엇인가?

한 걸음, 한 걸음이 더해지지 않고서야 어떻게 정상(頂上)에 오를 수 있을까.

수번을 쓰러지고 다쳐도 대신 오를 수 없는 길.

자신의 삶의 무게와 쓰라림을 안고 걸어가야 하는 길.

눈물 어린 시간과 고뇌의 시련이 영혼을 채우는 도정(道程).

노래를 부르는 사람이 한 소절씩 내뱉을 때마다 악보의 음표에 떠있는 음정에 맞추어 간다고 하여 듣는 사람의 심금을 울리지 못한다. '무의미한 고음'도 애절한 음악의 기술이 아니라, 가사 하나하나에 걸어온 인생이 얹혀 표정 한 컷이, 호흡 한 순간이 노래가 되는 무대. 노랫말 하나에 내가 하고 싶은 '이야기'가 되는 자리. 그럴 때 나는 음악이 아니라 그 사람의 자서전(自敍傳)을 듣는다.

누구나 가기를 바라는 그런 길이 아니라, 무성하여 앞이 보이지 않는 풀숲에 거친 숨으로 발을 얹는 일. 마다하지 않던 상처의 흔적을 가슴 속의 멍울로 안고 아픈 눈물을 머금어 건뎌온 끝자리에서 할 수 있는 말, 그

것이 '진짜 삶'이라고. '살아 보니 그런 것이었다'고.

1. 진짜? 가짜?

1-1 가상의 공간

한번쯤 의문을 품어 본 적이 있는가? 내가 숨 쉬고 살아가는 현재의 삶이 실제인지 아니면 허구인지? 그렇다면 무엇이 실제인가?

공상적인 재료들과 현란한 기술적 진보 속에 상상을 뛰어넘는 장면을 연출한 것으로 기억되는 영화 〈매트릭스(Matrix)〉는 화려한 문화적 콘텐츠로서의 면모 이면에, 고난의 현실 속에 변화를 추구해야 할 선택과 안락한 가상의 삶에 남아 안일을 추구할 것인가에 대한 선택—빨간 약을 먹을까? 파란 약을 먹을까?—과 그 안에 내재한 삶의 본질에 관한 주요한 철학적 화두(話頭)를 던져 주었다.

영화 가운데, 기계에 정복당해 가는 남은 인류의 생존을 지키고자 분투하며 절망적으로 기울어가는 세계를 구원해 줄 '그(He)'를 찾아 나선 모피어스는 후에 '그'가 될 앤더슨(자신의 정체성을 '그'로 발견할 때 이름이 '네오[1]'로 바뀐다)에게 다음과 같이 설명한다.

"그것은 우리 주위를 온통 둘러싸고 있어. 바로 이 방 안에도 있지. 창 밖을 내다봐도 있고 텔레비전 안에도 있단 말야. 출근을 할 때도 교회에 갈 때도 세금을 낼 때도 느껴지거든. 그것은 진실을 보지 못하도록 자네의 눈을 가리는 세계야 …. 자네가 노예라는 진실 말야. 네오, 자네도 다른 모든 사람들과 마찬가지로 냄새를 맡거나 맛을 보거나 만져볼 수 없는 감

---

1 Neo: 새로움이라는 뜻이 포함된 이름. 묵시 21,1의 "새 하늘, 새 땅". 곧 새로운 세상을 가져올 구세주, 메시아의 뜻이 반영되었다.

옥에서 태어난 거야. 자네 마음의 감옥 말이야."[2]

영화의 시작에 앤더슨을 비롯한 동시대인들은 다양한 활동을 하며 세상에 참여하는데, 사실은 그렇게 믿도록 세뇌되어 있는 것으로 설정되어 있다. 그들의 현실은 일생 동안 작은 용기에 갇혀 생체 전자 에너지를 그들 주인인 컴퓨터(기계)에 보낸다.

점차 이런 방식으로 기계는 인간 세계를 거의 잠식하는 중이고 인류의 멸망이 다가와 힘겨운 투쟁을 벌이고 있는 것이 진실이었다. 이런 진실을 대면했을 때 네오는 고통스러워하며 안락한—인공적이며 거짓이지만— 가상의 공간에 떠밀려 살아갈까 갈등에 휩싸인다. 그리고 동료인 사이퍼는 받아들여야 할 처참한 현실에 대한 실망과 두려움으로 가상이더라도 풍요로운 삶을 택하기 위해 동료를 배신하면서 "무지가 바로 행복"이라고 말한다.[3]

과연 나는 현실을 살고 있는가? 현실을 현실로서 감각하고 사는가?

그리고 나는 얼마나 '현실화'되어 있는가?

그저 막연한 꿈을 꾸고 그 꿈에 취해서 이상과 현실의 간극을 매우지 못한 채 허상(虛像)으로 살아가진 않는가?

1-2 꿈꾸는 사람

소설가 박일문은 자신의 소설 『살아남은 자의 슬픔』에서 한 문장에 현

---

2 슬라보예 지젝 외, 『매트릭스로 철학하기』, 이운경 역, 한문화, 2003, p.44.
3 참조: 슬라보예 지젝 외, 위의 책, pp.44-45.

실에 대한 비판과 슬픔을 이렇게 집약하였다. "강한 자는 살아남는다. 그러므로 나는 슬퍼졌다."

누구나 살아남기 위해서 강해져야 한다고 가르치는 경쟁 사회이다. 강한 자가 살아남기에 일상적인 삶을 꾸려가는 나는 위축되고 두려움을 느낄 때도 있다. 과연 나는 강한 자인가? 그래서 도전이 힘들지는 않은가?

아인슈타인(Albert Einstein)은 "실수한 적인 없는 사람은 결코 새로운 일을 시도해 보지 못한 사람이다"라고 말한 바 있다.

성취하는 사람의 프레임(frame)[4]은 '접근' 프레임이다. 반면 안주하는 사람의 프레임은 '회피' 프레임이다. 접근 프레임은 어떤 일의 결과로 얻게 될 보상의 크기에 집중하고 열광하지만 회피 프레임은 실패 가능성에 주목하여 자칫 잘못하다간 실수할 수 있다는 불안, 그리고 보상보다 처벌의 크기에 더 큰 영향을 받는다. 따라서 회피 프레임에 길들여진 사람들은 철저하게 자신을 보호하는 일을 최우선으로 삼는다.[5]

그래서 지금 내가 간직하고 있는 꿈은 어떤 것인가?

이상의 꿈을 유지하며 그 꿈을 실현하기 위해 부단히 노력하고 있는가[positive(+) dream]? 아니면 현재로부터 안전하기 위해 피난처를 찾는가[negative(-) dream]?

1-3 사랑하다 그리고 인지하다

가장 중요한 것은 나를 둘러싼 사상(事象)들에 대해 어떤 관점(viewpoint)

---

4 창문이나 액자의 틀, 안경테 등을 의미. 여기선 세상을 바라보는 마음의 창의 의미로 썼다. 곧 어떤 문제를 바라보는 관점, 세상을 향한 마인드 셋(mind set), 세상에 대한 은유, 사람들에 대한 고정관념 등이 모두 포함되는 말이다(참조: 최인철, 『프레임』, 21세기북스, 2012, pp.10-11).
5 참조: 최인철, 위의 책, pp.30-31.

으로 바라보느냐에 달려 있다.

영화 〈인셉션(Inception)〉에서도 꿈의 세계와 현실 세
계를 구분할 수 있어야 현실로 돌아올 수 있으며, 그래
서 꿈속에서도 현실을 알아볼 수 있는 지표(sign)를 지
닐 것을 강조하는 대목이 나온다.

나의 시선은 어디로 향하는가? 진리인가 아니면 진
리라고 말해지는 것들인가? 그래서 스스로 부딪히는
현실로 나아가려 하는가? 아니면 누군가가 정해준 틀
(프레임)과 희뿌연 망상(妄想)으로서의 이상에 안주하고
싶은가?

이에 다음과 같은 내용을 전제로 하고, 진리에 접근하고 인식하는 방법
들에 대해 다루어 보자.

먼저 외부 세계(external world)에 관한 우리의 지식은 기본적으로 오감(五
感)―시각(視覺), 청각(聽覺), 촉각(觸覺), 후각(嗅覺), 미각(味覺)―을 통해서
온다.

그러나 "내가 감각을 통해 감지하고 있다고 생각하는 그 대상과 실제 내
앞에 존재하는 것 사이의 정확한 관계는 무엇일까? 또 나의 외부에 있는
저 대상을 '진짜'라고 확신할 수 있는가? 내가 바라보지 않아도 실제 그 대
상은 실재(實在)하는가? 나는 과연 외부 세계를 직접 경험하는가?"하는 질
문들은 끊임없이 나에게 확인을 요한다. 이렇듯 어떻게 우리가 주변에 대
한 지식을 얻는가, 그리고 진리에 접근하는가 하는 물음을 지식론(theory
of knowledge) 혹은 인식론(epistemology)이라 한다. [6]

---

6   참조: 나이절 워버턴, 『철학의 근본문제에 관한 10가지 성찰』, 최희봉 역, 자작나무, 2016,
     p.187.

2. 진리에 대한 접근(1) — 상식적 실재론(commonsense realism)

2-1 상식적 실재론 — 대응설(對應說)

상식적 실재론, 소위
'대응설'은 오감을 통해
아는 물리적 대상은 실제
로 존재한다고 보는 관점
이다. 곧 감각을 신뢰하

여 1:1로 대응하는 구체적인 대상이 있고 관념과 실재가 일치하면 진리
로 여긴다.

여기서 감각기관은 물리적 대상을 정확히 반영하고, 실재하는 대상을
우리 감각이 그대로 모사하는 것으로 이해―모사설(模寫說, copy theory)/소
박실재론(素朴實在論)―한다. 즉 보는 대로 믿고, 들리는 대로 받아들이고.

그러나 과연 감각은 의심할 수 없는 것일까? 착각을 일으킬 가능성도
농후하지 않은가? 곧 잘못 볼 수도 있고 잘못 들을 수도 있는데 말이다.

2-2 꿈은 아닌가?

이 실재론에 근거하면 꿈과 현실은 어떻게 구분할 수 있는가? 꿈의 이미
지는 객관적인 실재와는 대응이 되지 않는다. 하나의 이상적 상황이 투영
된 것에 불과하기 때문이다. 피그말리온 효과(pygmalion effect)[7]처럼, 내가 간

---

7   로젠탈(Rosenthal, Robert) 효과, 자성적 예언, 자기 충족적 예언이라고도 한다. 그리스 신화
에 나오는 조각가 피그말리온의 이름에서 유래한 심리학 용어이다. 조각가였던 피그말리온
은 아름다운 여인상을 조각하고, 그 여인상을 진심으로 사랑하게 된다. 여신(女神) 아프로디
테(로마 신화의 비너스)는 그의 사랑에 감동하여 여인상에게 생명을 주었다. 이처럼 타인의
기대나 관심으로 인해 능률이 오르거나 결과가 좋아지는 현상을 말한다(「두산동아 세계대백
과사전」, 동아출판사, 1982).

절히 바라면 실제가 되는 것이라고 받아들이는 건 아닌가? 혹은 영화 〈소스코드(Source Code)〉[8]의 주인공이 자신의 뇌 속에 의식을 죽은 이의 남아 있는 의식 속으로 들어가 과거를 회상하고 문제를 해결하게 될 때의 모습을 실제의 자신과 혼동하고 혼란 속에 임무를 수행하는 것처럼, 지금 내가 경험하고 있는 모든 것을 사실로 받아들일 수 있다는 확신은 어디에 있는가?

2-3 환각? 세뇌된 각인?

내가 가진 감각기관의 불완전함으로 인해 마치 '사막의 신기루'를 보듯이 실재하지 않는 사실을 그대로 받아들이는 경우는 없는가? 혹은 사회적 불안이나 강압에 의해 주입된 생각이 '그렇다'라고 잘못된 방식으로 각인되고 수동적으로 받아들이게 하지는 않는가?

2-4 기억과 논리는 부정할 수 없다

위와 같은 상식적 실재론에 대한 회의(懷疑)가 찾아들더라도 우리가 사물을 받아들이는 내면에는 이미―그저 상상이나 기대의 산물만이 아닌―

---

8 주인공 콜터 대위는 헬기 조종사로 아프가니스탄 작전 수행 중 입은 부상으로 뇌 기능 외에는 신체의 하반신을 비롯한 대부분의 조직을 잃고 의식만 살아 있다. 그의 의식을 열차 테러로 사망한 희생자의 의식에 접속시켜 테러의 정황을 파악하고 또 다른 테러를 막는 데 쓰인다. 그는 이 사실을 받아들이고 마치 의식의 가상 세계 안에서 임무를 수행한 다음―실제로는 죽음에 이르고(소스 코드를 악용하려는 이들 앞에서 다가오는 죽음을 택하고 받아들인다), 의식 속의 이미 이루어진 1차 테러는 돌이킬 수 없지만―또 다른 가상 세계에서의 삶을 지속한다. 〈소스 코드〉의 프로듀서 조던 원은 음성 인식 기술 발명가 중 한 명이자 미래학자인 레이 커즈웨일의 말을 인용하며 "뇌의 구조와 기능을 완벽하게 알아내면 한 사람의 의식을 다른 사람에게 옮기는 것이 가능하다"고 한다. 또한 일본계 미국인 물리학자이자 뉴욕 시립대학의 미치오 카쿠 교수는 아인슈타인의 이론에 근거, 영화 내용처럼 시공간을 초월해 정보를 가져오거나, 과거에 접속해 미래를 바꾸는 일이 충분히 현실 가능성이 있다고 주장한다.

'기억'이 자리 잡고 있는 것[9]을 무시할 수는 없을 것이다.

그리고 그것을 논리적으로 해석하고 본질에 접근하려는 '나의 존재'는 자명하다. 나에 대한 인식, 데카르트(Descartes)가 『성찰』에서 "나는 생각한다. 그러므로 나는 존재한다!(Cogito, ergo sum)"는 명제만큼은 부정할 수 없이 확실하다고 하였듯이 의심할 바 없다.

3. 진리에 대한 접근(2) ― 대표 실재론(representative realism)

'대표 실재론'은 모든 지각이 외부 세계의 '내적 대표물(inner represantation)'에 대한 앎의 결과라고 주장한다. 곧 대상이 지각되는 방식은 오로지 관찰자에 의존하는 것으로 보았다.

이에 로크(John Locke, 1632-1704)는 외부 세계 대상이 실제로 가지고 있는 성질을 제1성질(primary quality)―대상이 지각 여부에 무관하게 가지고 있는 성질로 크기, 운동, 모양 등이 해당―과 지각하는 사람들 안에 생산된 성질로서 제2성질(secondary quality)―색깔, 냄새, 맛 등 상당한 주관성이 내포된 성질―로 구분하였다. 여기서 대상의 제1성질은 그대로 고정되어 있지만 제2성질은 지각에 따라, 지각하는 사람에 따라 달라질 수 있다.[10] 예를 들어 "여기에 있는 많은 꽃들이 붉다"라고 할 때, 수량에 관여하는 '많은 꽃'은 제1성질이, '붉다'는 개념에는 제2성질이 반영된 것이다.

그러나 이 같은 견해에는 우리가 일종의 정신적 표상을 통해 어떤 것을 인식하는 것인데 그 이미지를 해석하고 받아들이는 주도권은 어디에 있는가―나인가, 그 대상인가, 그리고 정확히 어떻게 해석해야 하는가―하

---

9 참조: 나이절 위버턴, 앞의 책, p.200.
10 참조: 나이절 위버턴, 앞의 책, pp.208-210.

는 점이 명확하지 않다. 그리고 이런 객관과 주관의 한계가 인식하는 사람에게 명확할 때—왜냐하면 인식하는 사람이 새로이 접하는 사물에 대하여 전혀 생소할 때—는 실제 세계를 알 수 있는가 하는 의문점이 남는다. 그리고 1차적으로는 '제1성질'에서도 나의 감각의 나약함—시력의 약화, 청각, 촉각, 후각, 미각의 둔화나 퇴화 등—으로 인해 착각의 가능성이 있다는 점을 배제할 수는 없다.

4. 진리에 대한 접근(3) — 관념론(Idealism)

4-1 선험적 종합비판

근대에 접어들면서 자연과학이 발달함에 따라 자연계에 대한 새로운 지식이 쏟아져 나오고, 이런 지식들을 근거로 하여 철학에 대한 진지한 연구 내지는 반성이 촉구되었고, 그 영향하에 인간관과 세계관 역시 변화를 가져왔다.

이 반성의 시발이 된 철학 사상의 큰 흐름—대륙의 합리론과 영국의 경험론—은 칸트 이전에 대립적인 양상을 띠며 나름대로의 위치를 확보하는 데 주력했다. 간단히 요약하자면,

· 합리론은, 모든 인식은 이성에서 비롯하여, 생래적인 개념이 전개되고 경험은 배제되므로 이 인식은 보편적, 필연적 타당성을 가진다. 또한 경험에 의존하지 않으므로 선천적 판단이며, 존재 내용을 명료화하는 분석적 판단을 통해 인식이 성립되며, 또한 초(超)감성적이므로 형이상학이 가능하다. 그러므로 모든 판단은 분석적이고 선천적이다라는 입장임에 반해,

· 경험론은, 수학을 제외한 모든 인식은 경험에서 비롯되며, 따라서 보

편적이거나 필연적인 타당성을 갖지 못한다. 또한 경험에 의존하므로 후천적, 경험적 판단으로 지식을 확장하는 확장적 판단이며 종합적 판단으로 인식을 성립하며, 원칙적으로 형이상학이 불가능하다. 그러므로 (수학을 제외한) 모든 판단은 종합적이며 후천적이다라는 입장을 고수했다.

이에 칸트는 두 견해 사이에서—중간적 입장에 안주하는 것이 아니라 날카로운 비판과 함께—약간은 종합적이고 동시에 약간은 선천적인 인식의 틀을 제공하며, 선험적 철학 비판주의를 발전시킨다 하겠다. 그러므로 칸트의 사상을 소위 "합리론적 세계관(이성 철학)과 경험론적 세계관의 항쟁의 소산"[11]이라 일컫는다.

곧 칸트의 철학은 '합리론은 주장의 독단 때문에, 경험론은 회의 때문에 진리 인식에 실패하였다 한다'고 하면, 이때 인간의 인식이 이성과 경험의 획일적 원리로써는 성명이 불가능한 때문이라는 설명, 곧 이성과 경험의 비판을 통하여 합리론과 경험론의 종합적 통일을 실현[12]하는 것이 역사적 과제였다.

4-2 선험적(先驗的) 인식

칸트가 문제 삼는 '알 수 있음(인식능력)'이란 '경험적으로 무엇을 얼마만큼 알 수 있는가'에 대해서가 아니라 '모든 경험에 독립해서 추궁할 수 있는 인식의 원천과 범위와 한계'이다.

즉 철학적 물음으로서 칸트의 저 물음, '나는 무엇을 알 수 있는가?'는 경험으로부터 독립적인, 심지어는 일체의 감각 인상들로부터 독립적인 인

---

11 볼데마르 오스카 되에링, 『Kant철학 이해의 길』, 김용정 역, 새밭, 1979, p.21.
12 이에 칸트는 "인간의 모든 인식은 직관(Anschauungen)으로 시작하고, 그로부터 개념(Begriffe)으로 옮겨간 뒤 마침내 관념(Ideen)으로 마무리된다"고 요약했다(페터 쿤츠만 외, 『철학 도해 사전』, 여상훈 역, 들녘, 2016, p.280).

식이란 것이 있는지, 그런 인식이 있다면 그런 인식이 어떻게 가능하고, 그런 인식은 경험적인 인식과 어떤 관계에 있는가를 묻는다.

이러한 인식을 칸트는 '선험적(先驗的, a priori) 인식'[13]이라고 한다.

따라서 앞서의 칸트의 물음은 결국 '선험적 인식이 어떻게 가능한가?' 그리고 '이 선험적인 인식의 타당성을 어떻게 얻는가?', '이 선험적 인식과 경험적 인식과는 어떤 관계에 있는가?' 등의 물음을 함축한다. 이러한 물음에 대한 고찰을 칸트는 선험적인 인식 능력으로 예견된 "순수한 이성"의 비판 작업을 통해 수행한다. 이 비판 작업의 결과가 의식의 초월성과 이 초월성을 이루는 선험적 표상과 선험적 인식 기능의 파악이다.

4-3 감각적 소여(所與)를 세계에 대한 경험의 기본 요소로 삼다
― 인식의 방법

칸트에 따르면 인식은 표상의 한 방식으로 직관이나 사고 또는 이 양자의 결합으로부터 생긴다. 직관은 직접적이고 "단일한 표상"이다. 이성으로 통칭되는 우리 심성이 직관 작용을 할 때 그 능력을 '감성'이라고 하고, 심성 중에서 사고 작용의 기능을 '지성'이라고 부른다.

■ 사물(세계) → 직관(감성) → 사고(지성) ⇒ 경험되는 것은 선험적인 틀을

       ↑   ↑   바탕으로 형성

    공간·시간   범주

   (경험적 인식) + (선험적인 틀)

---

13 라틴어 a priori는 '처음부터, 최초의 것으로부터'를 뜻하는데, 인식론에서는 "우리가 경험하기 전에 이미 주어진"이란 뜻으로 '선험적인'이라고 옮긴다(페터 쿤츠만 외, 위의 책, p.279).

칸트에게 있어 인식이 성립하기 위해서는 두 가지의 조건을 만족시켜야 한다. 그 두 가지는 인식의 질료(Materie)이고 다른 하나는 인식의 형식(Form)이다. 인식 내용의 소재는 인식능력의 수용성으로서의 감성을 통해서 받아들여진다. 그런데 우리의 감성에는 직관적으로 소재를 받아들여 표상을 얻는 감성 형식이 있으며, 이것이 공간[14]과 시간[15]이다. 이를 통하여 우리는 인식의 소재, 즉 내용을 얻는다.

그러나 그러한 내용으로서의 표상은 단지 잡다한 것(das Mannigfaltige)에 불과하기 때문에 그것이 그대로 인식이 될 수는 없다. 그러한 감성에 의하여 받아들여진 잡다한 인식의 소재들은 종합·통일되어야 한다.

이러한 종합·통일은 인간의 자발적 사유 능력, 자발성으로서의 지성에 의하여, 즉 다른 하나의 선험적 형식인 지성 형식, 혹은 사유형식에 따라 이루어진다.

4-4 선험적 인식의 틀 — 범주(Kategorie, category)

칸트는 이러한 형식을 순수 지성 개념, 혹은 '범주'라고 부르고 그것을 형식논리학을 통해 정식화된 판단 형식을 실마리로 하여 도출한다.

이러한 '감성과 지성'은 모든 인식 작용의 두 가지 요인이며, 칸트에 의하면 우리들에게는 알 수 없는 그러면서도 하나의 공통된 뿌리로부터 발생한 인식의 두 갈래 줄기라고 하였다.

---

14 공간은 선험적으로 우리의 감성적 지각의 바탕을 이룬다. 쉽게 말하면 눈에 보이는 것(길이, 부피를 가진 것)이어야 인지할 수 있다는 뜻으로 보면 된다. "나는 공간적 연장(連狀, 외연) 없이는 어떤 것도 상상할 수 없을 뿐 아니라, 그 공간 자체가 나누어져 있거나 실재하지 않는다고 표상할 수도 없다"(페터 쿤츠만 외, 앞의 책, p.280).

15 '지금 이 시간'에 내가 일정한 체적(부피—길이와 높이)을 지닌 '공간' 속의 '무엇'을 대해야 '그 것이 무엇인지' 알 수 있는 것이다. 그러므로 공간과 시간은 직관의 조건으로서 실재한다(페터 쿤츠만 외, 앞의 책, p.281).

결국 인식은 그 형식적인 측면에서 감성의 직관과 오성의 개념이라는 두 구성 요소에 의하여 이루어진다. 즉 우리들의 인식 소재를 감성의 시간과 공간이라는 형식을 통해 받아들이고, 그것을 다시 지성의 범주에 의하여 종합·통일함으로써 비로소 대상에 대한 인식, 나아가 대상의 성립이 가능하다고 말한다.

이러한 사고 작용 가운데 감각 경험을 소재로 해서 '있는 무엇인가'를 포착하는 작용이 바로 '경험적 인식'이며, 이 경험적 인식에서 인식된 것은 경험적 인식을 통해 우리에게 나타난 것이라는 의미에서 칸트는 그것을 '현상(Erscheinung)'이라고 부른다.

그리고 이 '현상들의 총체'가 '자연(Natur)'이다. 따라서 칸트에게 있어서 "자연이란 어떻게 가능한가?"라는 물음은 '경험적 인식이 어떻게 가능한가?'라고 물어질 수 있으며, 이에 대해 칸트는 "우리의 모든 인식이 경험과 함께 시작된다 할지라도, 그렇다고 해서 우리의 인식 모두가 바로 경험으로부터 생겨나는 것은 아니다"라고 주장한다.

왜냐하면 우리의 경험 인식은 우리가 감각 인상들을 통해 수용한 것과 우리 자신의 인식 능력이 자기 자신으로부터 산출해낸 것의 합성이기 때문이다.

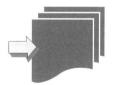

위의 예에서 내가 꽃을 발견했다 하자. 이때 나에게 다가온 꽃 한 송이는 내가 경험하도록 내 앞에 나타난 하나의 '현상'이며, 이 모습 전체가 '자

연'이다.

이 꽃을 '무슨 꽃'이라 불러야 할지에 대하여, 먼저 꽃을 보며(직관) 내가 함께하고 있는 이 '공간과 시간' 속에 '색깔과 모양'이라는 '감성적' 요소를 통해 경험적 인식을 쌓는다. 그럼 이 꽃은 어느 분류에 해당이 될까, 내가 이 꽃을 만나기 전의(선험적인) 범위를 추정하게 되는데 이것을 '범주'라 하는 것이다. 그러므로 나는 '아! 그 범주에 해당하는 이 색깔과 모양을 지닌 꽃이 인동초(忍冬草)이구나!'하고 받아들이게 되는 것이다.

4-5 그러나 …

이 같은 인식과 그에 따른 진술은 결국 이제까지 지녀온 판단 체계나 지식 체계에 부합하는지 여부에 의해 결정된다 하겠다. 그러나 기존의 정합 체계, 곧 범주가 둘 이상일 땐 어느 곳에 명확히 해당하는 지 결론을 내리기가 어렵다.

또 하나, 칸트의 인식론에 의하면 대상에 대한 지각을 사고의 작용을 거쳐 어떤 범주에 속한다는 사실을 밝혀낼 뿐 정작 중요한 '물(物) 자체'는 알 수 없다는 맹점이 있다. 곧 어떤 사람을 만났을 때 느낌과 외적 요소 등에서 파악할 수 있는 감성적 요소와 사고의 범주와 결합하여 '착한 (범주에 속하는) 사람' 등으로 분류를 할 수 있을 뿐, 정작 그가 어떤 사람인지를 알 수는 없다.

그리고 선험적인 틀 역시 개인적인 해석의 한계로 인해 과대망상적인 유아론(唯我論, solipsism)―존재하는 것은 오직 나의 마음, 다른 모든 것이 내가 창작한 것―에 빠질 위험[16]―즉 나는 내가 가진 범주와 그로 인식한

---

16 회의주의적 가정―이것을 어떻게 진짜로 받아들일 수 있는가―에서 우리의 마음만이 유일하게 존재한다는 극단적 결론.

세계가 전부라고 하는 착각 속에서 나의 인상과 경험을 넘어서는 어떤 것도 알지 못하게 되며, 외부 세계는 존재하지 않을 수 있다는 가정하에 혹여 외부 세계가 존재한다 해도 그 세계가 나에게 보이는 것과 다를 수도 다르지 않을 수도 있으므로 결국 그 차이도 알기 힘이 들게 되는 위험, 곧 외부 세계에 대한 회의주의에 빠질 위험[17]—도 있다.

5. 진리에 대한 접근(4) — 현상론(phenomenalism)

5-1 전제

이는 관념론처럼 나는 오직 감각 경험에만 직접 접할 수 있고 외부 세계에는 접할 수 없다는 생각에 기초한 것으로, 물리적 대상에 대한 모든 기술(descriptions)은 현실적 또는 가언적(假言的) 감각 경험에 관한 기술로 해석될 수 있다고 믿는 지각 이론이다.[18]

5-2 현상학의 특징

현상학을 창시한 에드문드 후설(E. Husser, 1859-1938)은 유럽 사상을 지배하던 비합리주의와 실증주의 철학을 비판하고 극복하려고 시도하였다. 그 동기는 첫째, 철학을 세계관적 전제 또는 개인의 특별한 성향을 떠나서 엄밀학이나 보편학으로서의 철학—우리가 무엇인가에 대해 알기 위해서 가능한 한 가장 정확하게 다가서는 방법, 그래서 누구나가 '진짜로 맞다!'고 동의할 수 있는 철학—을 추구하려 한다.

둘째, 인식론, 형이상학, 윤리학, 미학, 논리학 등 모든 철학 분야의 기

---

17 참조: 토머스 네이글, 『이 모든 것은 무엇을 의미하는가?』, 조영기 역, 궁리, 2014, pp.20-21.
18 참조: 나이절 워버턴, 앞의 책, p.221.

초로서 선천적 학문을 정립─즉 철학의 내용 자체보다 철학이 어떻게 이루어져야 하는 가에 대하여 연구하는 것─하려 한다.

셋째, 이 선천적 학문을 직접 우리의 직관에 주어지는 본질에서 찾으려고 하고[19] 끝으로 철학과 실질적 문화 내용의 거리를 극복하고 철학에 실질적인 것을 부여하려고 한다.

이 철학은 어떤 전제도 허용하지 않고 최종적인 기초에 근거─철학 자체가 무엇이며 어떻게 해야 하는가가 핵심─하는 학문[20]을 말한다.

5-3 현상(Phainomena)

그는 이런 학문적 목적을 위해 '현상'을 도입한다.

'현상'은 체험 안에 나타나는 모든 것, 곧 우리의 체험 내용과 그것의 구조이다.[21] 이는 우리의 의식 앞에 나타나고 있는 것, "사태 자체", 소어(所與), 주어져 있는 것─내가 사고할 대상이 되는 모든 것─을 의미한다. 그는 칸트와 달리 현상계 배후의 예지계(선험적 범주 등)와 같은 새로운 세계의 존재를 부정하며, 체험되지 않은 현상은 없다 한다.

현상학은 곧 이 체험(현상)─내 앞에 나타나고, 보여지는 것─의 엄밀한 탐구를 목표로 삼는다.

---

19 칸트처럼 우리의 인식 형식에서 찾으려고 하지 않았다.
20 수학이나 과학은 그 자체로서 설명되지 않는 전제를 가지고 있으므로 엄밀 과학이라 할 수 없다.
21 이는 칸트나 헤겔의 현상과는 의미가 다르다. 칸트에 의하면 현상계는 감각에 주어진 소재를 주관이 시간·공간이라는 직관 형식에 따라 구성한 세계로서의 경험의 세계이며, 헤겔에 있어서는 의식의 여행, 곧 의식 내지 정신의 여러 단계를 현상이라고 설명하고 가장 낮고 단순한 형태의 정신에서 가장 높고 발전된 형태의 정신에로의 진행을 세계역사의 과정(절대정신의 전개)에 비추어 설명(정신현상학)한다(참조: 가톨릭철학교재편찬위원회 편, 『젊은이들을 위한 철학』, 2003, p.130).

5-4 현상학의 철학하는 태도

후설(Husserl)은 내 앞에 나타난 '현상'에 대하여 '그것이 무엇인가를 알아 가는 태도'를 엄밀성과 정확

자연적 태도: 전(前)이론적, 자연적이고 소박한 태도	이론적 태도 : 비판적·반성적, 문화적·역사적인 것	현상학적· 선험적 태도 : 인식 비판적

성을 찾아가는 수준에 따라 '자연적 태도(이는 다시 '자연주의적 태도'와 '인격주의적 태도'로 분류)', '이론적 태도', '현상학적·선험적 태도'로 정리하였다.

자연적 태도 : 전(前)이론적, 자연적·소박한 태도		이론적 태도 : 비판적·반성적, 문화적·역사적	현상학적· 선험적 태도 : 인식 비판적
자연주의적 태도	인격주의적 태도		
■ 우리가 일상적으로 생활하는 태도로서 모든 것을 자명한 것으로 생각하고 그것의 존재에 대한 의심 혹은 반성 없이 소박하게 전제하는 상식적 태도. ■ 개별적으로 지각되는 사물 하나하나의 존재에 대해서뿐만 아니라 그 사물을 지각할 때 배경이 되는 세계의 존재에 대해서도 단순히 지각되는, 그대로 실재하는 것으로 여김.	■ 자아를 단순한 자연의 일부로서가 아니라 자연으로부터 독립한 주체로서 파악하며, 세계도 단순한 지각 대상이 아니라 환경 세계로 파악. ■ 자아는 주체로서의 자아, 인격을 가지며 그의 환경 세계 안에서 다른 인격적 주체와 유대. ■ 자아─세계는 불가분의 관계.	■ 이론적인 특징. 모든 대상을 양적으로 측정하고 계산─자연세계와 자아까지도 자연과학적 방법으로 실증하고 계측. 대상 세계의 실재성 전제하고 존재에 대한 확실성을 의심 않음. 다만 세계를 객관적, 이론적으로 설명하려는 점에서 차이. ■ 이론적으로 대상적 세계를 인식할 뿐 아니라 관념적 대상 세계(정신, 영혼 혹은 의미세계)까지도 자연화·물질화하여 자연과학적 방법으로 파악하여 철학적 태도와는 차이를 보임.	■ 자연 세계의 실재성을 부정하지는 않고 다만 그것의 자명성을 비판적으로 반성하여 그 근거를 묻는다. 선험적 태도는 인식이 어떻게 형성되는가를 묻고 나아가 이러한 인식 주체와 인식 생활에 대해서 반성적으로 물음을 제기함. ∴ 대상 세계와 그것을 인식하는 주관과 주관의 인식 활동의 최종적 근거를 묻는 태도/앞선 태도와 달리 자아나 대상 세계의 의미 구조를 밝히며 그 근거를 정초하는 철학적 태도.

위의 각 태도를 다음과 같은 예로 이해하여 보자.

내가 어느 날 호감(好感)을 느끼는 사람과의 첫 만남을 가졌다고 가정한다. 이 관계가 사랑으로 발전해가는 데는 다음과 같은 태도의 진전이 필요

할 것이다.

■ 자연적 태도[전(前)이론적, 자연적 · 소박한 태도]

짧은 순간이지만, 스쳐간 그의 모습—키, 전체적
인 외모, 표정, 눈빛, 그가 입고 있는 옷 등—을 그
를 만난 배경과 함께 있는 그대로의 '풍경'으로 내
마음에 다가오게 될 것이다(자연주의적 태도).

그러나 그의 총체적인 존재가 내 마음에 어떤
'의미'로 들어올 때, 그는 더 이상 하나의 풍경이나
'지나가는 사람'이 아니라 '나에게 있어서 유의미
(有意味)한, 독립된 인격'으로 각인된다(인격주의적
태도).

그럼에도 아직까지는 그에 대하여 인상(印象) 외에 아는 것이 없다(소박
함).

■ 이론적 태도(비판적 · 반성적, 문화적 · 역사적)

그러나 그에 대한 마음이 어떤 감정으로 영향을 미치면, 그가 지닌 말투
나 배어있는 몸짓, 자주 쓰는 단어, 취미나 그의 관심사, 가족관계, 살아온
성장기의 이야기 등 총체적인 것에 '주목(注目)'하게 되고, 마음을 공유(共
有)할 수 있는 사람인지 가늠하게 된다.

■ 현상학적 · 선험적 태도(인식 비판적)

누군가에 대해 마음이 끌리고 여러 가지를 보았고 어느 정도 긍정적인
평가를 내렸다 하여, 자신의 미래를 함께하려 하는 사람이라면 다시금 신
중하게 결정을 내리려 할 것이다.

그러기에 이 사람이 내 삶의 경험 속에 어떤 사람으로 여겨지고, 또 함께 시간들을 나누면서 미래를 계획할 수 있을 것인지, 내 이성의 '이상형'이라는 범주와 나의 부성(父性)·모성(母性)을 이해할 수 있는 뿌리인 부모나, 남성·여성상의 모델 등 사랑의 관념 형성에 여러 영향을 주었던 사람들의 역할을 반추(反芻)하면서 최종적인 결론에 도달하려 할 것이다.

5-5 선험적 태도의 엄밀성을 위한 보충 — 현상학적 환원

밝힌 바와 같이 허슬(Husserl)의 철학은 어떠한 소박함도 허용하지 않아야 하며, 이렇듯 엄밀한 과학으로 정초하기 위해서 일상적 태도를 "선험적 태도"로 변화시킬 것을 주창하였음을 보았다.

이는 사고방식의 혁명이라 할 만큼 어려운 것이나, 이야말로 정확한 인식에 도달하기 위해 부여된 과제이면서 자유와 주체적 결단에 의해 수립되어야 할 것이다.

이를 "현상학적 환원"—선험적 태도에 의한 결론을 수용하기 합당한가를 밝히는 최종적인 되새김의 작업—이라 한다.

이는 뒤의 표와 같이 세 가지로 분류된다.

다시 위의 예로 돌아가 보자.

가장 초보적인 자연적 태도로부터 이론적 태도를 거쳐, 내 사랑의 선험적인 숙고를 바탕으로 미래를 함께 할 사람에게 마음을 여는 과정을 다루었다.

이때 '현상적 환원'은 그 사람을 최종적으로 확인하는 절차라 본다.

■ 형상적 환원(본질적 환원)

선험적 태도의 첫 단계로서, 이전의 자연적 태도로부터 이어온 판단에 대하여 더욱 본질—그 사람의 인격과 영혼의 내밀한 긍정성—에 이르도록 일단 결론—~한 사람—을 (　) 속에 유보(épochē, 판단 중지)하는 것이다.

형상적 환원(본질적 환원)	분석 · 기술 · 선험적 환원	본질직관
■ 사물의 존재에 대한 소박한 믿음을 배제하고 사물의 본질을 찾아내는 절차로서 자연적(혹은 자연과학주의적) 태도에서의 모든 정립을 (　)속에 묶는 것(일상생활에서 보고 느낀 것뿐만 아니라 자연과학적 방법에 의한 결과까지도 타당성을 일단 (　) 속에 유보. ■ 순수사유만이 (　) 속에 남음—이것이 명증성의 근원 ↔ 데카르트는 방법적 회의에 있어 의심스러운 것은 부정하나 후설은 모든 존재는 (　) 속에 남고 경험적 현실성과 신념만이 무효화된다(목적은 존재근거인 본질을 찾기 위한 것) 예: C음 찾기	■ 분석: 어떤 본질 주변에 있는 자유변경계열을 모두 열거하여 본질을 찾아냄. ■ 기술: 위 분석을 서술함. — 이 분석과 기술은 상호 병행하여 이루어짐. 이때 같은 성질을 가진 요소들을 가능한 한 빠짐없이 분석하여 기술하는 것이 중요하다. 이를 통해 일상적이고 경험적인 현실성—자연주의적 혹은 자연과학주의적 태도에서의 경험적 사실—이 배제된 본질을 얻게 된다. 그러나 이것이 명증적으로 정초된 것이 아니므로 의심할 수 없는 의식 활동에 근거해 있음을 밝혀야 하는데 이것이 곧 '의식내재화'이다. ■ 이렇게 의식적으로 내재화하여 직관하는 절차를 '선험적 환원'이라 한다. 여기서 수행되는 절차가 자연적 입장의 배제와 함께 그것의 존재 정립에 대한 판단중지 '에포케(epoche: 판단중지, 괄호 치기)'이다. ■ 이같이 형상적 환원을 통하여 얻어진 본질을 의식 안에서 직관할 수 있게 된다. ■ 이 최종 결과물이 후설은 '현상학적 잉여'라고 하는데, 사고작용(노에시스, noesis)과 그 작용의 대상(노에마, noema)으로 나뉜다.	■ 노에시스와 노에마는 언제나 상관관계에서 성립하되 노에시스가 노에마를 대상으로 갖는다. 노에마 곧 본질은 언제나 노에시스, 즉 의식작용에 의해 직관된다(본질직관). * 직관: 우리의 의식 앞에 나타나 있는 것을 그대로 파악하는 의식 작용. 감성적 직관 범주적 직관]으로 구분 → 감성적 직관은 하나의 작용단계, 범주적 직관은 여러 작용단계를 거침 ■ 이 범주적 직관에 의해 파악되는 경험의 대상이 곧 '의미'이다. 이는 의식 작용에 의해 구성되는 것인데, 이러한 의식 작용을 밝히기 위해 "환원"이라는 복잡한 방법론을 확립한 것이다.

■ 분석 · 기술 · 선험적 환원

위에 유보된 판단을 명확하게 걸러내고 확인하기 위하여, 그 사람에 대한 전반적이며 세세한 내용을 빠짐없이 찾아내고(분석), 그 내용을 노트에 기록해 본다(기술). 이 내용을 함께 했던 모든 추억(noema)—그 안에서 진정으로 표현해 주었던 말의 의미, 어려움 속에서도 힘이 되어 주고자 했던 마음의 핵심 등—과 연관하며 떠올려 보고 간직(noesis)한다(선험적 환원).

■ 본질직관(本質直觀)

위의 환원 과정을 거쳐 최종적으로 나의 영혼이 그를 바라본다. 모든 곁가지들은 치워지고 내가 진정 만나고자 수없이 찾아왔던(범주) 사람이 내 앞에 서 있다. 비로소 그는 나에게 '의미 있는' 그리고 '의미가 될' 사람이 되어 있다.

필자는 이상의 과정을 예로 들면서 사실 '하느님'에 대한 탐색 과정도 다르지 않음을 말하고 싶었다.

나에게 다가온 현실적인 체험들—나와의 관련성 있는 모든 것들—속에서, 나에게 보내어진 끊임없는 초대의 편지들(자연적 태도), 그 속에서 나는 그 과정을 묻고(인격적 태도), 그리고 그 의미를 나의 성소(聖召) 차원에서 받아들이려 노력(선험적 태도)해 왔기 때문이다. 그리고 그 성소의 식별을 위해서, 수없는 고뇌 끝에 되물으면서(형상적 환원 그리고 '판단 중지'), 자서전으로 지난날을 기술하면서 의미를 유추해 내고(분석·기술·선험적 환원), 결국 이성과 신앙의 조화 가운데 이 곳에 서서 영원을 그리고(본질직관) 서 있으니 말이다.

현상학은 엄밀한 과학으로서의 철학이 되고자 함에 있어, 인식의 타당 근거를 밝힘으로써 가능케 되는데, '방법적 환원'을 통하여 사물의 의미로서의 본질이 의식 활동, 지향적 체험에 의해 구성되므로 인식이 인식의 대상과 일치하는 것을 밝히는 것이라 요약하겠다.

6. 진리에 대한 접근⑸ — 인과 실재론(causal realism) & …

6-1 인과 실재론

이 이론의 핵심은 감각 경험의 원인은 외부의 물리적 대상들이라고 가정하는 데 있다.

예를 들어 나의 물건이 있는 것에 대한 신념은 그것이 있음으로 해서 그것의 상으로부터 내 망막과 대뇌 다른 부분에까지 전달되기 때문이다.

그러므로 경험을 바탕으로 한 신념을 습득하는 것이 관건이다.

그런데 동시에 우리의 경험 유무에 상관없이 외부 세계가 정말로 있다는 것도 가정한다.

이 같은 이론은 지각 경험—그것도 시각 중심—정보 수집의 한 형태로 간주하나 예를 들어 어떤 것을 본다는 것이 실제로 무엇과 같은지, 곧 시각의 질적인 측면에 대해서는 설명을 하지 못한다. 또 외부 세계가 있다고 가정하는 것은 때로는 확인되지 않는 것에 대한 가정(假定) 그 자체일 수도 있으나, 한편 형이상학적 측면—신, 영혼, 감각 저 너머나 한계 밖의 존재 등—에서는 유익한 점도 있다고 본다.

6-2 프래그머티즘(pragmatism, 실용주의)

프래그머티즘은 퍼스(C. S. Pierce)로부터 시작되어 '진리란 실제 생활에 있어서 성공적이거나 만족스러운 결과(실제적인 효과)를 나타낼 때 특성이 드러나는 것'으로 간주하는 미국의 철학 사조이다.

곧 진리의 기준은 '유용성(usefulness)'에 있다고 보며 생활에 편의를 제공하지 못하는 관념은 여분의 진리로서 쓸모없는 것으로 간주하였다. 제임스(W. James)는 "어떤 관념이 참이냐 아니냐는 그 관념에 따라 우리가 행동할 때, 어떤 결과가 나타나는가에 있다"고 프래그머티즘의 핵심을 설명했다.

7. 진리에 도달하는 여정

7-1 진리를 향한 몸부림

정상(頂上)에 오르는 길이 어찌 평탄하기만 하랴!

가파른 경사도, 단단하고 모가 난 바위도, 길 하나 보이지 않는 울창한 나무숲도, 때로는 살을 찢는 가시덤불을 만나더라도, 결국은 오르고자 떠난 길. 돌아서서 내려가서는 결코 볼 수 없는 그곳.

그러나 무작정 오름이 아니라, 오름 자체가 아니라, 오르면서 새기고 다져 가는 여정이 남기는 교훈. 오르고서가 아니라, 오르면서 느끼고 들을 수 있는 값진 이야기들.

삶이라 부르는 산도, 때로 거친 바다와 같은 항해도, 무작정 오름이 의미 없이 나아감일 수 없다. 사색하고 탐색하는 시간, 나 자신만이 극복해야 할 고독의 시간, 누구도 대신할 수 없는 길 위에서 나의 온몸으로 겪어 내야만 비로소 '나의 것'이 되는 깨달음.

그러기에 일찍이 성 알퐁소(St. Alphonsus Rodriguez, 1535-1617)[22]는 참된

---

22 에스파냐의 세고비아(Segovia) 태생. 40세 때 발렌시아(Valencia)의 예수회에 평신도 조력자로서 받아 달라는 청원을 드렸다. 얼마간을 망설이던 수도회는 그를 받아들여 마요르카 섬의 몬테시온 대학에 보냈다. 그는 여기서 여생을 살았으며 문지기 수사로서 일하였다. 따라서 각양각색의 사람들이 로드리게스 수사와 접하게 되자 점차 그를 존경하게 되었고, 그의 충고를 유익하게 받아들였다. 특히 학생으로 있던 성 베드로 클라베르(Petrus Claver, 9월 9일)는 자주 그와 이야기하였지만, 신비에 관한 놀라운 감성을 지니고 있었다. 그는 장상의 요청에 따라 자신의 생각과 체험들을 글로 옮겼다. 제럴드 맨리 홉킨스(Gerard Manley Hopkins)의 시(1930년) 속에는 성 알폰수스 로드리게스를 찬양하는 시가 있다. 그는 1825년 교황 레오 12세(Leo XII)에 의해 시복되었고, 1887년 9월 6일 교황 레오 8세(Leo VIII)에 의해 시성되었다.

진리에 도달하는 방법을 전해 주었다.

- 모든 것을 가지고 들어가라!(Intrate toti)
- 혼자 머무르라!(Menete soli)
- 다른 사람이 되어 나가라!(Exite alii)

자신만이 아는 것, 나의 기쁨, 감사, 환희도, 눈물도, 고난과 시련, 상처까지도 모든 것을 있는 그대로 내어놓는 것. 자신을 대면하는 것은 얼마나 눈물겨운 일인가. 때로 자신을 만난다는 것이 얼마나 두렵고 떨리는 일인가. 가장 용기 있는 일은 바로 나 자신을 정면에서 바라보는 것이다.

혼자 머무르라. 때로는 누구에게도 위로를 받을 수가 없다. 언제까지나 기댈 수만은 없다. 처절하게 흘리는 눈물 없이 어떻게 참 나를 만나겠는가. 누구보다도 나 자신에게 솔직하게, 그리고 내면에까지 폐부 깊숙한 곳까지 아는 '님'께 맡기라.

그리고 나를 알고 님의 뜻을 알아, 걸어갈 나 자신을 안아 주라! 지금까지 걸어온 나의 발걸음 감싸 주고, 걸어갈 나의 미래를 축복하여 주라.

바우어(Francis Baur)는 「Life in Abundance」에서 "영적 인간은 세상을 선물로 받았다는 사실로 인해 활기를 띠고, 자신의 생명을 선물로 받았다는 사실에 매혹되어 그것에 응답하려는 거룩한 열의로 활기를 띤다"[23]고 했다.

'살아내느라' 뽀얀 먼지와 상처 투성이였던 원석을 꺼내어 다이아몬드

23 윌키 오 S. J., 『마음의 길을 통하여』, 황애경 역, 바오로딸, 2000, p.173.

로 가꾸어 가자. 섬세한 제련의 여정 없이 어떻게 보석을 얻겠는가.

7-2 그리고 바다 …

먼 바다를 바라보라! 어떻게 그토록 푸르고 깊은 빛을 띠는가?

저 하늘빛을 고스란히 담아내기 때문이 아니겠는가?

태양빛 대기의 층에 부딪혀 푸른색이 가장 멀리 퍼질 때,[24] 하늘과 닿아 그 빛을 가까이하기 때문이다.

그리고 바닷물 한 움큼 떠 보면 자신의 색(色)이 없는 투명함 그대로이다. 자신을 비우니 하늘의 색깔을 그대로 투영한다.

그리고 깊어지면 깊어질수록 바닷물 입자와 부딪는 하늘 빛깔의 입자들이 더욱 짙은 산란(散亂)의 빛을 만들어 낸다.

진리에 가까이하고, 나의 아집(我執)을 비워내며, 영(靈)을 깊게 할 때 나도 진리에 함께 물이 들 것이다.

니어링(Helen Nearing, 1904-1995)[25]이 "할 수 있는 한 최선을 다하라. 당신이 할 수 있는 모든 수단과 당신이 할 수 있는 모든 방법으로 당신이 할

---

24 대기권은 태양빛을 투과하는 프리즘 역할을 하는데, 이때 파란색의 가시광선이 가장 넓고 깊게 퍼져 하늘이 푸른빛을 띤다.

25 미국의 철학자. 자전적 에세이『아름다운 삶 사랑 그리고 마무리』,『헬렌 니어링의 소박한 밥상』등이 세계적으로 잘 알려져 있다. 젊은 시절 크리슈나무르티의 연인이기도 했던 헬렌 니어링은 스물여섯 살에 스코트 니어링을 만나 삶의 길을 바꾸게 된다. '타고난 비순응주의자'로서 미국의 산업주의 체제와 그 문화의 야만성에 끊임없이 도전했던 스코트 니어링과 자유로운 영혼 헬렌 니어링이 53년 동안 함께한 '땅에 뿌리박은 삶'은 수많은 이들에게 충만한 삶에 대한 영감을 주었다. 스코트가 백 번째 생일을 맞던 날 이웃 사람들이 깃발을 들고 왔는데 그 깃발 하나에 이렇게 쓰여있었다고 한다. "스코트 니어링이 백 년 동안 살아서 이 세상이 더 좋은 곳이 되었다." 이 책 속에서 헬렌은 스코트와 함께 보낸 반 세기에 걸친 삶과 평온하고도 위엄을 간직한 죽음을 통해 사랑과 삶, 죽음이 하나임을 보여 준다. 조화로운 삶, 참으로 이 세상에 보탬이 되는 삶이 어떤 것인지 온몸으로 보여 준 두 사람의 사랑은 지금도 끝나지 않았다(참조: 헬렌 니어링,『아름다운 삶, 사랑 그리고 마무리』, 이석태 역, 보리, 1997, 서문 중에서).

수 있는 모든 때에 당신이 할 수 있는 모든 사람에게 당신이 할 수 있는 한 오래오래…"[26]라고 했던 말처럼, 그렇게 나를 만들어 가는 일, 님을 닮아 가는 일, 그리고 님과 하나가 되는 일, 그 진리의 품에 맡기고 살았으면 한다.

■ … according to a viewpoint of you

한상봉은 자신의 수필 『내 돌아갈 그립고 아름다운 별』 가운데, "내 영혼이 온전하다면 다른 주변 사물의 시시비비에 휘말리지 말 것. 내게 접속되는 모든 사건이 내게 가르쳐 주는 메시지를 읽을 것. 그 사물의 진언(眞言)이 나의 의식과 영혼에 미치는 영향을 지켜볼 것. 통과 비용 없이 우린 한걸음도 앞으로 나아갈 수 없음을 알 것. 그러므로 더 큰 우여곡절이 생기더라도 당황하거나 노여워하지 말고 배후의 의미를 따져 물을 것"이라고 말했다.

나에게 다가오는 모든 것들에 대한 나의 관점에 따라 때로는 지나쳐 가는 상처일 수 있어도 그것의 아픔에 매이지 않고, 메시지를 읽으며, 내 가슴의 소리를 듣고, 기꺼이 그 상처에도 불구하고 앞으로 나아가고, 당황함이 없이 감추어진 진리를 찾아내는 길이 될 거라는 믿음.

7-3 Therefore …

진리의 바다를 헤엄쳐라, 고독하더라도 …

의미를 부여하는 지금의 여정을 통해 …

아프더라도 …

그렇게 나아가라 …

26   헬렌 니어링, 위의 책, pp.185-186.

눈물이 흐르더라도 …
그렇게 걸어가라 …

시간이 흐른 그때즈음,
눈물은 굳은 보석이 되리라 …!

제10장

이데올로기
더 큰 나래짓을 하며 …

작은 빗줄기 하나에도 모든 것이 이전으로 돌아가 버리는 가난. 그러나 그 가난은 비 때문이 아니라 작은 심장 때문이라고. 미처 꺼내어 주지 못하고 약함 뒤로 숨어 버린 나의 영혼 때문이라고.

다시 시작하자. 머물러 있기보다 변화를 희망하고 ….

포기할 수 없는 사람들 …, 그들의 열정이 새로운 세상을 만든다.

체 게바라(Che Guevara, 1928-1967)[1]는 이렇게 말했다.

---

1   체 게바라는 아르헨티나의 중산층 가정에서 태어나 부에노스아이레스 의과 대학에 다니던 평범한 청년이었다. 그러나 친구와 함께 오토바이 여행을 하던 중 라틴 아메리카의 가난과 고통을 체험하게 되자, 이들을 돕기로 결심하고 1956년 쿠바 반정부 혁명군에 들어간다. 처음에는 부상병을 치료하는 의사였지만 곧 전투에 참가하였고, 그는 이 전투에서 크게 활약한다. 혁명이 성공하며 쿠바 국민들의 지지를 받게 된 체 게바라는 외국인임에도 불구하고 국립 은행 총재, 산업부 장관 등 쿠바의 핵심 지도층이 된다. 쿠바 대혁명 6년 후, 그는 집권자 카스트로의 다음가는 지위를 가졌음에도 콩고, 볼리비아 등의 혁명을 지원하기 위해 쿠바를 떠난다. 그리고 1967년 볼리비아에서 게릴라군을 조직하여 싸우다 정부군에 체포되어 죽음을 맞이한다. 체 게바라는 『쿠바에서의 인간과 사회주의』, 『게릴라전』 같은 저서를 남겼다. 이상적인 사회를 향해 열정을 바쳤던 그의 모습은 '총을 든 그리스도'라 불리며 세계 젊은 이들의 우상이 되고 있다(참조: 곰돌이 CO., "체 게바라—쿠바인의 영원한 친구", 『쿠바에서

"가져라, 오직 심장만을

그대의 손으로 그것을 부여잡아라.

언젠가 그날이 오거든 그대의 손을 다시 펴라.

태양이 다시 뜨겁게 달구도록."[2]

어떻게 하면 세상을 바꿀 수 있을까?

작디작은 나 하나의 존재가 무슨 입김이라도 불어넣을 수 있을까?

그러나 …

한 사람이 모이면 생각이 되고,

두 사람이 모이면 의견이 되고,

세 사람이 모이면 토론이 되며,

여러 사람이 모이면 이슈가 되고,

군중이 목소리를 내면 이데올로기(ideology)가 된다.

1. 떠오르는 것 ― 진보와 보수 그리고 의식화(意識化)

1-1 질문들 … 질문들 …

다음은 그룹 패닉(Panic)의 노래 〈왼손잡이〉의 가사 일부분이다.

"… 하지만 때론 세상이 뒤집어진다고

나 같은 아이 한둘이 어지럽힌다고

보물찾기』, 아이세움, 2010).

2   장 코르미에, 『체 게바라 평전』, 김미선 역, 실천문학사, 2000, p.1608.

모두가 똑같은 손을 들어야 한다고

그런 눈으로 욕하지마

난 아무것도 망치지 않아

난 왼손잡이야 …"

왼손잡이. 오른손잡이. 어떤 차이가 있는 걸까? 어느 쪽이 맞는 걸까? 어린 시절부터 나는 왜 오른손잡이가 되어야 한다고 배워 왔을까? 그래야만 하는 것이었을까?

결과적으로 왼쪽 팔의 근육이 약해졌을 뿐인데?!

길을 걸어도 오른쪽에서 걸으면 우익, 왼쪽에서 걸으면 좌익, 앞에 걸으면 선동자, 가운데 걸으면 핵심 인물, 뒤에서 걸으면 배후 조종자라 하지 않았나?!

그럼 어디에 서고 걸어야 하는 것일까?

문화 대통령이라 불렸던 '서태지와 아이들'의 1994년도 발매된 앨범 중, 교육의 현실을 적나라하게 꼬집은 〈교실 이데아〉라는 노래 가사의 일부분이다.

"매일 아침 일곱시 삼십분까지 우릴 조그만 교실로 몰아넣고

전국 구백만의 아이들의 머릿속에 모두 똑같은 것만 집어넣고 있어…

좀 더 비싼 너로 만들어 주겠어 네 옆에 앉아있는 그 애보다 더

하나씩 머리를 밟고 올라서도록 해 좀 더 잘난 네가 될 수가 있어

왜 바꾸지 않고 마음을 조이며 젊은 날을 헤맬까

왜 바꾸진 않고 남이 바꾸길 바라고만 있을까"

이 내용은 "'무엇을 해서는 안 되는가?'하는 것이 언제나 강조되는 우리

의 전통적인 교육 방법에서 허점을 찾아내는 것은 아주 쉽다. 그러나 '무엇을 해야 하는가?'를 말한다는 것은 아주 어려운 것이다"[3]라고 한 지적과 일맥상통하는 현실을 날카롭게 건드린 것이었다.

머릿속에 주입된 똑같은 것 말고, 한번쯤 심장이 외치는 질문을 던지면 안 될까?

우리 모두가 행복해지는 방법은 무엇이냐고? 가난한 이들이 진정으로 삶의 질을 높이고 기회를 존중 받을 수 있고 사람 대접 받을 수 있는 세상을 만들 수 있는 방법은 없느냐고? 간판 위주의 결과와 축적된 부(富)의 성과만이 아니라 능력과 개성을 통해 가꾸어 온 아름다움의 가치가 더욱 높아지는 세상이 되면 안 되냐고? 전래(傳來)되어 오는 안정과 평화에 안주하기보다 무언가 참신한 생각과 변화를 이룰 수 있도록 진보적인 태도를 취하면 안 되냐고?

1-2 중요한 이슈(issue) — 주어진 것인가? 생각한 것인가?

이렇듯 '죽어 있는 상황(situation)' 속에서 '살아 있는 질문'을 던지는 것을 '의식화(意識化)'라 한다.

이는 곧 내가 지금 생각하고 행동하고 좋아하고 사랑하는 것들이 독자적인 기호 형성과 의사 결정에 의해 이루어진 것인지 혹은 그렇게 행위하도록 길들여진 것인지를 자각하는 활동[4]을 말한다.

사실 '의식화'라는 용어는 원래의 중립적 성격을 떠나—사회 전반적 상황이나 언론 등의 영향으로—좌파적으로 인식된 경향이 없지 않다. 그러나 내가 실질적으로 살아가고 있는 환경 속에서 가진 고뇌 어린 의문들은

---

3   닐 오브라이언, 『그 섬들이 껍질을 깰 때』, 김제선 역, 성바오로출판사, 1990, p.117.
4   참조: 김진, 『철학의 현실문제들』, 철학과현실사, 2007, p.160.

사실상 생각하고 행동하는 모든 근거와 기준들이 결국 나아가서는 이데올로기[5]의 문제와 연결된다는 점을 확인할 수 있다.

인간과 사회, 자연, 세계에 대해 품는 현실적이며 이념적인 의식 형태를 의미하는 이데올로기는, 인간 존재의 기반이 되는 가치 체계를 형성하며 인간 자신과 현실에 대한 인식을 형성하고 사회적인 조건에 대한 판단의 선택 체계로 작용한다. 이러한 의식이 사회적으로 공유되면 사회적 이데올로기가 되고 각 개인의 생활을 통하여 내면화하면 개인의 이데올로기가 형성[6] 되기 때문이다.

2. 동굴의 비유(Plato)

플라톤(Plato)는 그의 저서 『국가』에서 소크라테스(Socretes)의 입을 통해 들려주는 '동굴의 비유'를 통하여 의식화와 인식의 한계에 맞선 교육의 참된 의미를 다음과 같이 밝힌다.

---

5 이데올로기라는 용어를 처음 학문적으로 사용한 것은 18세기 프랑스의 유물론자 앙투안 데스튀 드 트라시(Antoine Destutt de Tracy)의 『이데올로기 개론』(Projet d'Eléments d' Idéologie, 1801)에서였다. 트라시는 관념의 형성 과정을 개인의 조건과 환경을 결부시키는 것으로 보았다. 그는 '이데올로기'란 하나의 학문, 정확히는 사고력에 대한 과학적 분석을 의미하는 것으로 형이상학이나 심리학에 대립되는 개념으로 보았다. 이데올로기의 개념을 확립한 것은 칼 하인리히 마르크스(Karl Heinrich Marx)이다. 마르크스에 의하면 이데올로기를 의미 있게 만드는 것은 지배계급이다. 자본주의 체계를 해부학적으로 규명코자 했던 마르크스와 프리드리히 엥겔스(Friedrich Engels)는 이데올로기가 계급에 의해 결정되며 당파성을 지니는 것으로 보았다. 지배계급은 국가와 사회를 다스리기 위한 수단으로 인간의 의식적 차원을 통제, 조작한다. 마르크스적 의미에서 이데올로기라는 말 속에는 지배계급이 통치를 위해 유포 혹은 조장하는 것이라는 차원에서 '잘못된 재현'이라는 의미가 전제되어 있다(김광철 외, 『영화사전』, MEDIA2.0, 2004).
6 참조: 임한영, "이데올로기의 眞情性과 價値觀과 社會正義," 「아카데미論叢」, Vol.9 No.1, 1981, pp.66-68.

2-1 제1막 — 동굴 속에 갇힌 사람의 정황

· 동굴 속에 갇힌 사람은 손과 발이 사슬에 묶여 있고 목을 고정시켜 놓은 채로 동굴의 끝 벽만을 바라보도록 되어 있다. 이는 차단된 정보와 억압된 현실을 상징한다.

· 그리고 이들의 뒤쪽에 위치한 동굴의 한가운데서는 불이 활활 타오르고 있고, 불과 묶인 사람들 사이의 둑길에는 인형극처럼 여러 사물(Idea의 세계)이 배치되어 있다. 그리고 이 사물들은 불빛을 받아 동굴 벽에 그림자(현상세계)로 비친다.

· 그러므로 갇혀 있는 이들은 벽에 비친 그림자들의 희미한 형상들을 실제적인 것이라 믿게 된다.[7]

이는 닫혀 있는 우리 사회의 모형을 보여 준다. 곧 정보와 지식이 통제되고 사물과 사건의 진상이 조작, 은폐되어, 결국 이 비유에서처럼 대부분의 인간은 흑암의 세계에서 살고 있다는 것을 시사해 준다.

2-2 제2막 — 동굴로부터의 탈출과 혼란

동굴의 끝에 갇힌 사람들 중 어떤 한 사람이 사슬로부터 벗어나 탈출하게 된다. 그러나 그는 강한 불빛에 사물을 분간하기 어려워 대혼란을 거친 다음 차츰 이전에 허상으로만 보았던 사물들의 실체를 보게 되고, 그제야 이전에 보았던 그림자들이 둑길 위로 지나는 사물들의 자취에 지나지 않았음을 자각한다.

그가 마침내 태양빛이 충만한 동굴 밖으로 나오자 눈이 부셨다. 시간이

---

7   참조: 최용철, 『철학, 물음이 답이다 — 인간이 피하지 못하는 10가지 물음』, 간디서원, 2013, p.73.

다시 지나자 사물들의 존재를 보다 명확히 확인하게 되고, 동굴에 갇혀 있을 때 뒤에서 타오르던 불이 실제론 태양이며, 그 태양이 벽면에 그림자를 만들었음을 보게 된다. 그는 비로소 이제까지 살았던 삶이 진짜를 모른 채로 지나온 잘못된 삶임을 깨닫고서 동굴에 갇혀 있던 다른 죄수들과는 다른 사람이 되었다.[8]

이는 교육의 역할과 인식의 상승작용에 대하여 설명하고 있다. 곧 교육은 어둠에 만족해 있는 사람에게 충격을 주어 어둠으로부터의 탈출을 가능하게 도와주는 의식화 작업, 어둠에 살고 있는 이들을 계몽하고 의식화면서 빛의 세계에로 인도하는 가르침[9]이라 하겠다.

2-3 제3막 — 빛의 세상을 확인한 사람이 동굴 속에 갇힌 동료들에게 사실(진실)을 알리기 위해 되돌아가는 교육자의 사명

(Idea의 세계에서 현상의 세계를 향하는 하강의 길)

진실의 세계(Idea)를 확인한 이는 동굴 속에 다시 돌아가 자신이 체험했던 모든 내용을 동료들에게 알리려 한다. 그러므로 그는 다시 동굴의 어둠에 익숙해져야 하는데, 밖으로 나왔다가 돌아갈 때 적응하기는 더욱 많은 시간이 걸린다.

그럼에도 불구하고 그는 사슬에 묶인 동료들에게 최선을 다해 동굴 밖에서 보았던 진짜 세계를 이야기한다. 그러나 다른 죄수들은 그를 이상한 사람으로 몰아가고 그가 밖에 다녀온 이후로 시력을 잃고서 사물을 제대로 식별할 수 없다고 비난하고 업신여긴다. 그들은 지금 현 상태가 좋은 세계라고 만족하면서 동굴을 떠나기를 두려워하고, 변함없는 조롱과 힐

---

8 참조: 최용철, 위의 책, pp.73-74.
9 참조: 김진, 앞의 책, p.164.

난 앞에 동굴의 바깥세상을 아예 말하지 않겠다고 입을 다문다. 그는 또다시 '신성한 묵상(默想)을 저버리고 사악한 상태'로 전락한다.

마치 젖과 꿀이 흐르는 실체로서의 가나안 땅을 앞에 두고서 현상적인 광야(廣野)의 어려움 속에 차라리 옛날의 노예살이를 그리워하던 이스라엘 백성들의 완고함처럼, 모사(摹寫)에 불과한 현상을 진리로 붙들고서 변화에로 나아가지 않는 안주의 모습을 동굴에 갇힌 사람들을 통해 보여 주었다.

어쩌면 이는 동굴의 어둠을 고발하고 그림자의 정체를 규명하여 인식을 틀을 바꾸려는 진보와 어둠이 주는 편안함에 안주하여 기득권을 포기하려 하지 않는 보수[10] 사이의 첨예한 갈등을 보여 주는 것이기도 하고, 참된 변화를 이루기까지 겪어야 고통과 상처를 고스란히 드러내 보이는 풍자이기도 하다.

그리고 이토록 고착된 이데올로기는 진실을 무력화하는 무기가 될 수 있다는 위험성도 보여 준다.

그러나 또 한 측면은 각자가 처한 처지에서 분석하고 결정하는—그래서 상대적인 기준이 중요하게 여겨지는—현대 사회에서 이데올로기들을 어떻게 통합하고 바른 방향으로 이끌어 갈 수 있을까 하는 과제가 남는다.

일례로 영화 〈이퀼리브리엄(Equilibrium)〉은 제목에 쓰인 단어의 표면적 의미—평형상태, 균형, (마음의) 평정—를 이중적으로 활용한다. 겉보기의 평형상태, 곧 평화는 권력에 의해 통제되는 사회의 전형적인 캐치프레이즈(catchphrase)[11]이다. 영화의 배경은 가상의 '세계 제3차 대전' 이후를 설정하는데, 폭력과 전쟁의 원인이 분노와 갈등을 일으키는 인간의 감정에

---

10 참조: 김진, 앞의 책, p.166.
11 광고·선전 따위에서 남의 주의를 끌기 위해 짧고 분명한 표현으로 만든 기발한 문구.

있다고 판단, 주민들에겐 감정을 통제하는 약물(progium)을 투여하고 모든 감정 유발 요소—문화적 콘텐츠나 색채까지—를 강압적으로 제거하여 이루어가는 '평화로운' 제국(Libria)—이 단어(자유)도 중의적(重意的)으로 쓰인다—이 배경이다. 그러나 실제로 이 제국은 평화로워서 평화가 아닌, 권력을 가진 이들의 권력 유지를 위한 철저한 관리 수단으로서 그릇된 이데올로기의 전형을 보여 준다. 그 안에서 동굴처럼 권력에 갇힌 이들의 자각과 새로운 저항이 이데올로기에 대한 주제 의식을 함의(含意)한다.

3. 이데올로기와 네 개의 우상(Bacon)
— 잘못 가질 수 있는 거짓된 개념과 환상

베이컨(Francis Bacon, 1561-1626)은 "아는 것이 힘이다"라고 할 때 참으로 아는 것은 '편견의 더미'에서 자유로워짐으로써 가능하다고 보았다. 그는 이 편견—개념의 오류와 환상에 젖은 의식—을 '우상'이라 불렀고, 이를 위의 동굴의 비유를 세분하여, 다음의 네 가지로 설명하였다.

3-1 1st — 종족의 우상

이는 인류 자체가 그 종(種)의 특성상 근본적으로 가지고 있는—감각과 지성의 한계에서 비롯되는—어둠이다. 우리는 우리에게 알려진 것만을 알 수 있을 뿐이고 지각에 나타나지 않는 사실에 대해서는 알지 못하기 때문에 모든 것을 인간의 편에서 인간 중심적인 관점에 빠지게 되는 오류[12]이다.

---

12   참조: 강영계, 『철학이야기』, 서광사, 2001, p.170.

예: 새가 운다(?) 다른 새 둥지에 알을 낳는 뻐꾸기는 어떻게 그럴 수 있는가?

3-2 2nd — 동굴의 우상[13]

플라톤이 설명한 '동굴의 비유'에서 인용한 것으로 개별적인 인간이 가지고 있는 잘못된 생각, 교육이 없어 무지의 상태에 갇혀 있거나 일정한 지식과 정보를 가지고 있어도 완전하게 통제된 상태에 있  어, 그림자만 보는 사람들이 그림자가 참다운 것이라 주장하듯 그것만을 절대적인 권위로 신봉하는 단계[14]를 말한다.

예: 특정한 교재, 책, 권위에 의한 선입견에서의 부자유

3-3 3rd — 시장의 우상

이는 말이 나의 생각에 가져다주는 편견, 곧 사람들이 공동생활을 하면서 사용하는 언어—마치 시장에서 유통되는 화폐처럼 사실적이고 자연적인 사물의 가치가 아니라 관습적인 가치만을 드러낸다.—의 불확실성과 애매성에서 비롯되는 오류[15]이다. 정확하지 않은 출처를 가진 언어 그 자체가 사물들의 참된 관계를 왜곡하여 파생되는 편견을 말한다.

예: "○○에 속하는 사람은 항상 그래!"—듣는 사람이 얻는 일반화의 편견

~카더라!: 확인되지 않는 말로 인한 편견과 소문.

---

13 '동굴의 우상'은 오늘날 개인 심리학적 요인이라고 부르는 특성들 때문에 발생한다. 말하자면 개인이 갖게 된 심리적인 구조나 환경, 교육, 교양 정도, 특정한 권위에 대한 감정적인 유대 때문에 각 개인들이 스스로 사로잡히게 되는 상황을 '동굴'이라는 상징적인 말로 표현하고 있다(조은평, "'이데올로기 문제틀'에 관한 계보학적 연구", 건국대학교대학원, 2014, p.81).

14 참조: 김진, 앞의 책, p.168.

15 참조: 김진, 앞의 책, pp.168-169.

3-4 4th — 극장의 우상

이는 극장에서 화면이 보여 주는 대로 바라보고 받아들이듯이 전부터 내려오는 남의 생각에 휩쓸려서 가지게 되는 편견, 심지어 종교적인 교의나 철학적인 체계가 줄 수 있는 사이비성과 마비적 기능[16]을 의미한다.

어느 한 가지에 몰두하게 되면 객관적 판단의 기준을 잃게 되면서 주장하는 바를 진리라고 믿게 되고 다른 것들을 완강하게 배척하게 되면서 창조적인 활동이나 사유 대신 자신이 매몰된 그 체계 안에 안주하며 갇히게 된다.

어떤 특정한 이데올로기를 받아들일 때도 더 이상 공존하는 다른 이념의 가치를 보지 못하고 그 독무대 속에서 헤어나지 못하게 된다.

예: 극장의 배우가 자기들이 실제 인물인 것처럼 연기.

그릇된 관습에 대한 비판 없는 수용—본래적 의미보다 관습 중시(남존여비의 가풍, 무의미한 충성의 조직문화 등).

3-5 우상의 극복과 참된 자성(自省) 그리고 의식화(意識化)

내가 지닌 우상은 무엇일까?

다시 볼 수 있도록 '사울의 눈에서 떨어진 비늘'(사도 9,18)처럼, 내가 진상(眞相)을 보지 못하게 가리는 우상들은 어떤 것인가?

내가 지금 보고 듣고 있는 것에 대한 섬세한 숙고와 은총의 결합 안에서 우상의 어둠에서 벗어날 수 있을 것이다.

'의식화'는 이와 같이 나를 어둠에서 탈출하여 다른 이데올로기로 전향하도록 이끈다. 그러나 이 작업을 이끄는 이들도 하나의 계층적 위압이나 이데올로기에 천착되어 있다면 반드시 낙관적인 것은 아닐 수 있다.

---

16 김진, 앞의 책, p.169.

우상과 극복

·내 관념의 자율성과 관념을 방해하는 우상은?

·그 우상을 극복할 방법적 모색

4. 헤겔의 정신철학과 외화론(外化論)

헤겔(G. W. Friedrich Hegel, 1770-1831)은 18세기 합리주의적 계몽사상의 한계를 통찰하고 '역사'가 지니는 의미에 눈을 돌렸다.

4-1 세계정신(Weltgeist) 그리고 외화

계몽사상이 일반적으로 역사를 고려하지 않고 오직 머릿속에서 생각한 이상에 치중하고 이 이상을 현실로 실현해야 하며 또 실현할 수 있다고 생각한 데 반해, 헤겔은 현실이란 그처럼 인간이 마음대로 바꿀 수 있는 것이 아니라 오히려 역사의 과정은 그 자신의 법칙에 의하여 필연적으로 정해졌다고 생각하였다.

이 역사를 지배하는 법칙에 대해 헤겔은 관념론적·형이상학적인 견해를 가졌으며, 역사는 절대자·신(神)이 점차로 자기를 실현해 가는 과정이라 생각하였다. 그에 의하면 절대자는 이성(理性)이고 그 본질(本質)은 자유(自由)이며, 삼라만상의 근원이 되는 궁극적 존재를 '세계정신'이라 불렀다.

이 세계정신은 정신과 자연, 주관과 객관, 사유와 존재를 포괄하는 절대

존재이다. 그러므로 헤겔이 말하는 "정신"은 인간이 머릿속에 지닌 사유의 힘이 아니라, 인간 밖에 존재하면서 인간의 정신을 조정하고 역사를 변화시키는 신적 존재를 뜻한다. 이 세계정신은 처음에 그 자체로서 존재한다. 곧 시간과 공간을 초월하여 있는 순수한 논리적 존재로서, 어떤 규정도 포함되어 있지 않는 무(無)와 같은 존재이다.

그러나 이에 머물지 않고 시간과 공간 속에 규정되는 자연으로 표출되는데 이 현상을 외화(外化)라 불렀다.

4-2 노동·운동을 통한 정신 활동의 전개

헤겔은 『정신현상학』에서 "최초 단계의 지식이나 직접적인 정신은 정신이 결여되어 있는 것이며 감성적 의식이다. 이것은 이제 본원적인 지식으로 되거나 혹은 순수한 개념 자체인 학문의 요소를 산출하기 위하여 기나긴 여정을 노동하게 된다"고 하였다.[17] 곧 처음 얻은 지식이나 정신이 그 자체로서 완전하기보다 끊임없이 노력하는 과정(노동)을 통해 성숙하게 된다는 뜻이다.

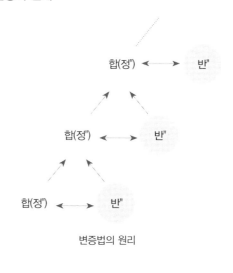

변증법의 원리

여기서 말하는 노동은 정신의 개념 활동, 이론적인 노동으로서 정신 운동, 사유의 힘으로서 자연에 대한 정신의 부정적 태도 또는 부정적 생동성

---

17 참조: 김진, 앞의 책, p.171.

으로서 자연적인 충동이나 본능과 구별되는 이성적인 정신의 한 양식을 말한다.

이에 대하여 블로흐(Bloch)는 「주관-객관」에서 헤겔의 노동 여정을 가리켜 주관이나 대상세계에 변증법적으로 상호작용하여 외화의 산출과 지양의 반복을 계속하는, 실제로는 노동을 통하여 인간을 만들어 내고 드러내는 역사 발전의 진행으로 해석[18]했다.

무언가를 이루어 내는 과정은 자신의 주관적 판단[정(正)]과 상황이나 현실 등 대상[반(反)] 가운데 지속적인 판단과 지향을 정화하면서 결과를 얻든가(산출) 혹은 수정(지양)을 계속하면서 앞으로의 역사가 만들어진다는 것이다.

이처럼 끊임없는 사유(노동)를 통해서 자기가 정립한 정신을 살아가는 (외화) 것이 시간이 흘러 역사화될 때 이데올로기가 된다.

5. 칼 마르크스의 철학

5-1 인간의 본질 ― 자유

마르크스의 철학은 헤겔의 변증법적인 역사관을 수용하는 가운데 참된 인간의 본질이 무엇인가에 대한 물음으로부터 시작한다.

그에게 있어서 인간은 자연적 존재로서 자연 속에서 자연의 한 부분에 지나지 않으면서도 자연 전체를 재생산하면서 살아감으로써 삶, 그 자체를 창조적으로 만들어 나가려 노력한다고 보았다. 이처럼 인간과 자연의 변증법적 일치는 마르크스 철학의 이상(理想)[19]이었다.

---

18 참조: 김진, 앞의 책, p.173.
19 참조: 김진, 앞의 책, p.176.

5-2 종교는 '민중의 아편'

그는 이처럼 외부적인 강요로부터 자유로운 인간 본성에 관해 작업하였는데, 인간은 자신에 있어서 하나이며 전체인 자유를 취할 수 없게 되면 동물적인 삶으로 전락하게 되고 비참한 불향 의식에서 헤어 나오지 못하여 마취적 수단으로서의 술, 아편을 찾거나 종교적 위선에 침몰된다 하였다.

그에 따르면 인간은 정치적 해방을 위한 수단으로서 종교 비판을 수행한다. 그 골자는 전체적인 세계 및 사회 총체성을 근본적으로 반영한 종교는 전도된 세계이며 인간존재의 환상이 실현된 것이므로, 세계의 현실을 비판하려면 종교를 비판해야 한다고 주장했다. 그는 종교를 민중의 환상이 반영되고 있는 종교로서 바로 반대급부로 현실의 비참함을 드러내는 것으로 이해했다. 그는 여기서 민중은 자신들의 참혹한 현실을 변혁하기보다 종교적 환영에 매달리게 되고, 종교 속에서 현실세계는 몰각된다고 보며 종교를 '민중의 아편'이라 불렀다.

5-3 현실비판 — 혁명을 통한 자유의 나라

마르크스는 여기에서 현실 비판으로 눈을 돌려 인간의 자유로운 의식 활동과 실천을 저해하는 요소들에 대하여 해결을 시도하였다.

그의 현실 이해는 상부구조와 하부구조의 관계를 바탕으로 하였는데, 사실상 하부구조(물질적 경제구조)가 상부구조(정치, 의식 등)를 결정하는 것으로 보았다.[20] 이 가운데서 노동을 통해 자기실현을 이루는 인간은 점차—하부구조가 중시되는—자본 사회의 문화로 인하여 생산하는 상품의

---

20 "인간의 의식이 인간을 결정하는 것이 아니라 사회적 존재가 인간의 의식을 결정한다(K. Marx)." 강영계, 앞의 책, p.311.

가치에 비해 오히려 노동하는 인간 자신이 소모품으로 전락하고 소외되는 상처와 궁핍을 경험[21]한다.

이에 증가하는 프롤레타리아 계층은 그런 사회구조 안에 패배 의식으로 머물 것이 아니라, 착취당한 인간의 혁명을 통해 자유로운 나라를 구상해야 한다고 역설했다.

6. 사회의 존재 구속성 ― 이데올로이기와 유토피아

6-1 사회주의적 이데올로기의 경향

콩디약(Condillac, 1715-1780)[22]과 드 트라시(Destutt de Tracy, 1754-1836)[23] 등은 이데올로기를 사상가가 일종의 허위의식을 가지고 수행하는 하나의 지배 과정에 지나지 않는다고 보았다. 지배계급은 권력을 유지할 목적으로 현실적 토대를 위장하는 것이며, 결국 자본주의의 계급에 의해 지지된 이데올로기는 그들의 이익을 반영하면서도 사회 현실에 맹목적으로 대처한다고 비판하였다.

이에 노동자계급의 이데올로기는 모든 사회를 분쇄하는 동시에 인간이 의식적으로 사회적 생산을 조직화하는 해방적인 사회를 창출하려는 입장을 견지한다. 여기서 사회주의적 이데올로기는 착취 받고 억압 받는 모든 사람들의 이데올로기로 여겨진다.[24]

---

21 참조: 김진, 앞의 책, p.177.
22 프랑스 철학자. 계몽시대 감각론(感覺論)의 대표자. 내적 지각(知覺)을 인정하지 않고 인식 본원을 감각에 국한시켜 주의·판단·의욕 등 일체의 정신 작용은 감각의 변형 또는 그 발전에 지나지 않는 것이라고 했다.
23 프랑스의 계몽주의 철학자. 이데올로기(ideology) 용어를 처음으로 사용.
24 참조: 김진, 앞의 책, pp.178-179.

만하임은 마르크스 이론을 사회학에 접목하여 '지식사회학'을 개척했는데 이는 그의 저서 『이데올로기와 유토피아(*Ideologie und Utopie*)』에서 정리된 '사회적 존재 구속성'이란 인간의 의식이 아니라 사회적 존재가 인간의 의식을 규정한다는 마르크스의 명제에서 착안한 것이다라는 개념으로 요약된다.

그에 의하면 각각의 개인은 그가 속한 집단과 사회가 공유한 개념을 수용할 수밖에 없고 그러므로 개인이 가지는 생각은 그가 속한 사회 전체의 이념과 관계를 가지고 있다는 '상관주의(相關主義, relativismus)'가 성립된다.

그러므로 이는 새로운 변화를 꿈꾸는 유토피아와 대립하게 된다.[25]

7. 이데올로기를 향한 새로운 시각의 지평

7-1 꽃은 저마다의 향기가 있다

여느 꽃 한 송이도 다른 꽃송이가 대신할 수 없는 고유의 몸짓이 있다.

어느 것도 흉내 낼 수도 없는 고유의 색깔이 있다.

다시 만들어 낼 수 없는 유일한 자태는 그만의 것이다.

그러기에 이 여린 꽃 한 송이 앞에서 "소리가 너무 가늘고 작아서 들리지 않는 목소리에 귀를 기울이는 훈련이 이제 더 필요한지도 모른다. 고

---

25 참조: 김진, 앞의 책, pp. 179-181.

통 받는 자들이 소리치지 않아도 먼저 알아듣는, 섬세한 안테나가 내장되어 있는 사람이 기다려진다"[26]고 했던 따사로운 말들이 더 큰 울림이 있게 들린다.

하나의 거대한 흐름일지도 모르는 어떤 개념이나 사상의 집단성(集團性). 그러나 그 물결에 휩쓸리기보다, 목소리 하나 내지 못하는 작은 이들의 아파하는 삶의 자리에 다가서 보는 것은 어떨까.

겉치레가 아닌, 자연스럽고 따사로운 발걸음으로 곁에 서 있는 일.

한 송이, 송이의 꽃들이 함께 피어야 저 멀리서 아름다운 꽃밭이라 하지 않겠는가. '전체스러운' 공간도 개별의 아름다움의 집합인 것을.

7-2 어우러짐 … 그 이상을 향한 과제 …

어쩌면 각각의 개인도, 함께 어우러져 만들어 내는 사회도 퍼즐과 같다.

모양과 색깔은 달라도 저마다의 조각이 소중하지 않음이 없는 존중감.

아름다운 그림을 완성하기 위해 놓쳐서는 안 될 하나하나의 그림들.

그처럼 공동선(共同善, 아름다운 그림)을 지어내도록, 나 자신의 삶의 자리를 채워내는 것, 그리고 내어 주는 것. 그곳에서 진정한 혁명과 세상의 변화가 시작되지 않을까.

---

26 한상봉, 『내 돌아갈 그립고 아름다운 별』, 바오로딸, 2004, p.22.

제11장

과학적 방법

사람과 사람 … 그리고 도전의 시대

'삶'을 엮어 가는 존재로서의 '사람', 그리고 '사람.'

"가장 힘든 것이 어떤 건가요?"
 혹자(或者)는 필자의 질문에 이렇게 답했다.
 "홀로 된다는 거예요!"
 다시 물었다.
"그럼 그처럼 힘든 다른 일은 어떤 건가요?"
 그는 다시 답했다.
"함께한다는 거지요!"

마치 모순(矛盾)되는 듯하지만, 오히려 공감(共感)이 가는 말.
 자신의 마음을 나눌 수 없는—'홀로서기'를 바라는 '고독(孤獨)'과는 다른
—'홀로 됨'으로서의 외로움을 마냥 기뻐하는 사람은 없을 거다.

그러기에 앞서서도 외로움은 벗어나야 하고 고독은 즐기라 하지 않았던가!

그럼에도 동시에 '함께함'이 힘겨운 건 왜일까?

저마다의 가치관과 시선의 차이, 살아왔던 과정이 상이(相異)함에서 오는 괴리감, 같은 맘인데도 다가서는 표현 방법의 차이 등.

'다름'을 '틀림'으로 규정해 버리는 '차가운 정서'가 벽을 만들어서는 아닐까?

디지털화(Digitalization)

누구나 살아가면서 자신이 생래적 (生來的)으로―환경적이든, 마음의 자연스러운 성장이나 정서적 그리움이든―'관계적 존재'임을 발견한다. 그러기에 본인의 의도적이든 혹은 자연적이든 네트워크(그물망)를 형성한다.

그럼 나는 어떤 관계를 갈망하며 살아가는가? 그리고 지금의 모습은 어떻게 그려가는가?

혹여 '거미줄을 엮는 사람'인가? 아님 '거미줄에 걸린 사람'으로 살아가는가?

갈수록 '탈(脫) 아날로그화(化)'되어 가는 세상 속에서 어떻게든 '그물망'처럼 소통(疏通)을 목말라하는 나를 본다. 그리고 너를 본다.

네이팜탄의 공격을 받고 벌거벗은 채 울며 뛰어나오는 사진의 주인공 소녀 킴푹(Phan Ti Kim Phuc). 베트남 전쟁이 한창이던 1963년 남베트남 쨩방에서 태어났다. 1972년 6월 8일, 가족들과 같이 카오다이 사원에 은신 중이었는데 그 와중에 병사들이 도망치라고 외친지 불과 몇 초 만에 사원 주변이 네이팜탄 공격을 당해 온통 불바다가 되었다. 이때 네이팜탄의 불길이 킴푹의 왼팔에 옮겨붙었고 킴푹은 불붙은 옷을 벗어던지고 도망 쳤다. 그리고 화상의 고통 속에 도망치다가 실신했다. 뒤로는 시커먼 화염이 치솟고, 양손을 하늘 높이 들고 울부짖던 그 모습이 전 세계에 생생히 방영되던 것을 아직도 기억한다. 1997년에 그녀는 킴푹 재단(Kim Phuc Foundation)이라는 자신의 아픔을 기억하며 전쟁고아 및 전쟁에 의한 어린이 희생자들을 돕는 구호 재단을 만들면서 이렇게 말했다.

"내 생명이 구할 만한 가치가 있었다면, 다른 이에게 다가갈 노력을 하라!"

내가 '살아 있음'은 이렇게 누군가에게 다가갈 수 있도록 허락된 소중한 초대일 것이다.

1. 디지털 시대(Digital World)

1-1 변화

그리 길지 않은 시간에 세계는 소위 '디지털 시대'로 급속히 진행되었고, 그 발전 속도는 가늠하기 힘들게 되었다. 이런 새로운 시대적 흐름에 걸맞게 점차 새로운 삶의 방식과 대화의 방법들—네트워크 사회구조, 사이버로 대변되는 행동 양식, 참여적인 문화[1]—이 일상 속으로 파고들고 있다.

1-2 정보 전달 방식의 변화 — 새로운 패러다임

기존의 아날로그(analogue) 방식은 시계바늘의 움직임이 계속 이어지

---

[1] 김지인, "디지털 미디어 시대 관념의 허상과 소외의 표현 연구", 이화여자대학교대학원, 2008, p.9.

듯이 연속적 방식이 기반이라면 디지털(digital)—
digitus(L. '손가락'이란 뜻)에서 유래—방식은 단속(斷
續, 떨어졌다 이어졌다)적 방식, 곧 전자적 기호인 디
지털은 스위치 on/off 방식 혹은 0과 1[유무(有無)]의
차이로 정보를 전달하는 방식에 기반을 둔다.

이런 신호적 체계—0과 1이라는 단순한 코드로 정보를 표현하는 디지
털 기술—는 세상을 빛의 속도로 변화시키고 있으며, 우리들의 생활권역
은 인터넷이라는 가상의 네트워크로 급속히 옮겨가고 있는 추세이다. 전
세계를 하나의 권역으로 묶는 월드와이드웹(www)이라는 가상공간 속에서
우리는 새로운 정보를 창출하고 교환하면서 새로운 가치를 끊임없이 창
출하고 있다.[2]

또한 이는 모든 전달 방식에 있어서 동일하여, 통합이 가능하므로, 유비
쿼터스(Ubiquitous)[3] 환경의 구성—스마트폰과 사물 인터넷 등 디지털 기기
의 다양한 통합적 응용—을 보다 용이하게 해 준다.

1-3 문화의 변화

현재의 문화에는 상기한 디지털 문화의 급속한 발전이 진행되는 가운
데 아날로그적 삶이 공존하고 있다.

---

2 참조: 송혜룡·김원제, 『디지털미디어 길라잡이』, 한국학술정보, 2007, p.35.

3 전재(全在, Ubiquitous 유비쿼터스[*])란 "어디에나 있음"을 의미한다. 라틴어 'ubique'를 어원
으로 하는 영어의 형용사로 '동시에 어디에나 존재하는, 편재하는'이라는 사전적 의미를 가지
고 있다. 즉 시간과 장소에 구애받지 않고 언제나 정보통신망에 접속하여 다양한 정보통신서
비스를 활용할 수 있는 환경을 의미한다. 또한 여러 기기나 사물에 컴퓨터와 정보통신기술을
통합하여 언제, 어디서나 사용자와 커뮤니케이션 할 수 있도록 해 주는 환경으로서 유비쿼터
스 네트워킹 기술을 전제로 구현된다. 사용자가 네트워크나 컴퓨터를 의식하지 않고 장소에
상관없이 자유롭게 네트워크에 접속할 수 있는 정보통신 환경이다(한국정보통신기술협회,
『TTA 용어 사전』).

그러나 인간을 '존재의 주인', 곧 기술의 운용과 발달을 이룰 수 있는 존재로 인식하는 내면에는 자연을 인간의 세계 지배의 대상으로 전락시키거나(자연의 대상화), 혹은 인간의 능력으로 끊임없는 발전이 가능한 비전을 제시할 수 있다는 진보적 개념이 점차 확대되고 있는 것이 부정할 수 없는 경향이다.

　이와 맞물려 디지털 시대가 진행되면서 변화하는 문화적 측면을 살펴보면, 즉시적이고 동시적이며 이벤트적인 유목민을 양산하는 모습을 발견할 수 있다.

　이들 특성을 몇 가지 차원에서 분석해 보자.

- 인문학적 변화: 인간의 언어, 문학, 예술, 철학, 역사 따위를 연구하는 인문학 분야가 다시금 삶의 중요한 주제로 떠오르는 한편, 실상 이에 소요되는 사색과 숙고보다 화면 중심의 문화가 많은 부분을 잠식해 가고 있다. 이는 즉각적인 잔상의 효과 외에 기억의 감퇴와 생생한 경험과 체험의 전달을 불가능하게 한다.
- 의사소통의 변화: 정보기술의 발달에 힘입은 시공간을 초월한 커뮤니케이션 문화의 확산으로 인해 "생각한다. 그러므로 나는 존재한다!(Cogito, ergo sum)"에서 "접속한다. 그러므로 나는 존재한다!(Connect, therefore I am)" 문화로의 전이가 이행된다.
  의사소통은 '다(多) 대(對) 다(多)(many-to-many)' 상호작용을 유지하고 지원하는 집단 매체의 성격을 띠며, 시·공간적 제약을 초월하여 언제 어디서나 메시지나 정보의 입수와 전달이 가능해졌기 때문에 메시지나 정보에 대한 접근의 폭이 커지고 정보 활용의 시간적 범위도 확대되었다. 상기한 유비쿼터스 개념의 도래는 인터넷 사용의 공간적 초월을 더욱 가속화시켜, 서로 떨어져서 존재하는 물리적인 사물들을 연결한다. 이러한 인터넷 미디어의 발전은 국가적 경계 역시 초월하여 글로벌(전 지구적) 커뮤니케이션까지 가능하도록 만들었다.[4]

모택동은 "권력은 총구에서 나온다"고 말한 바 있으나, 이제 권력은 '지식'과 '정보'에서 나온다고 해도 과언이 아니다. 성찰과 묵상, 반성이 사라져가는 문화 속에 아날로그적 접근의 필요성이 절감된다.

· 경제 패러다임의 변화: 인터넷을 통한 상거래의 발전으로 물류 시스템의 변화도 가속화되어 전통 시장이나 오프라인 중심의 거래의 상당 부분이 이동한 것으로 파악된다.

· 이미지 문화 & 상징의 문화: 본질과 본래의 것이 아니라 미디어를 통해 전해지는 겉모습이 중요한 시대로 변모하고 있다는 인상을 받는다. 플라톤이 지적한 모사(摹寫)의 세계 속에 매몰되어 가는 것은 아닌지. 점차 이미지를 소비하는 시대, 상징과 기호의 문화가 실질적인 대면의 기회를 앗아 가고 있다는 느낌을 배제할 수 없다.

1-4 목마름

기계화가 진행될수록 '사람과 사람'의 만남은 줄어든다.

본래 '미디어'는 'between(무엇과 무엇 사이)'의 개념이 포함된 말이 아니었는가? 서로를 이어주는 가교(架橋)로서의 역할에 '사람 냄새'가 사라지면, 결국 '접촉(contact)'이 사라지고 접속(connection)이 중시되는 사회가 된다.

이에 디지털 시대의 공통점인 비대면(非對面) 커뮤니케이션과 연관하여

---

4   참조: 김지인, 위의 논문, pp.10-11.

"비대면 커뮤니케이션 혹은 사이버 공간에서의 의사소통(computer-mediated communication)은 대면적 의사소통(face to face communication)의 반대 의미로 간접 소통이라고 말할 수 있다. … 정보 기술의 비약적인 발전으로 원하는 정보를 선택적으로 얻을 수 있게 되었지만 그 역시 범람하는 많은 정보 중 미디어라는 거대한 손이 가지고 있는 정보 중의 선택일 뿐이다. 앉은 자리에서 원하는 정보를 가질 수 있게 되었지만 그 편리함 속에서 우리는 매체, 미디어에의 비판 없는 맹신을 하게 되었다. 또한 인간관계에 있어서도 사이버 공간에서의 피상적 인간관계가 증가하고 간접적인 체험에 만족하는 등 관계 자체의 변형이 오면서 비인간적 관념이 형성되고 있다"[5]고 지적한 것은 매우 적확하다고 본다.

실제적이고 즉각적인 결과의 대답을 중시하고 소위 '느림을 잃어버린' 문화가 반복되어, 결국 성과주의로 서로를 평가하고, 시·공간 개념의 혼란 속에 자기 관리를 잃는 사례가 증가하는 등의 부작용도 비일비재하다. 수많은 정보 속에 무뎌짐이 쌓여 결국 더욱더 '놀라운 것'을 요구하는 사회에 부응해 선정적인 정보가 더해지는 것도 같은 맥락 아니겠는가.

지식 기반 사회에서 지식도 상품화가 되고, 지식의 본질과 깊이 있는 탐구보다 '부가가치의 생산성'이 위주가 되는 사회적 현상 앞에 무엇을 준비해야 할까?

그리고 이런 사회현상 가운데 학교교육(schooling)은 어떤 방향을 잡아가고 있는가? '삶을 어떻게 살아야 하는가(how to make a life)'가 되어야 할 교육이 서태지와 아이들의 〈교실 이데아〉처럼 그저 '생활을 어떻게 꾸려야 하는가(how to make a living)'가 되고 있지 않은지 자성(自省)할 일이다.

---

5   참조: 김지인, 위의 논문, pp.12-13.

2. 과학적 방법에 대한 견해

앞서 기술하였듯이, 급속도로 발달한 과학 기반의 디지털 문화의 영향 아래 있는 나는 어떻게 세상에 접근하고 그 안에서 사람을 만나는가? 나의 정체성(identity)은 아날로그적 감성을 유지하며 그리움의 한 간을 비워 두는가? 아니면 급히 흘러가는 세상의 시류(時流)에 편승하고 있는가?

그러므로 여기서 과학적 방법, 디지털적인 접근이 어떤 차원에서 이루어지는지 바라보기로 하자.

2-1 관찰에 의한 결론

과학적 결론에 도달하는 가장 기초적이며 중요한 방법은 편향되지 않는 관찰이다.[6] 관찰에 기초하여 많은 자료가 수집되면 이를 바탕으로 이론을 만들게 된다. 그리고 이런 이론을 근거로 앞으로의 상황을 예측하게 될 것이다.

그러나 이 방법이 온전한 객관성을 얻을 수 있는가 하는 문제를 다음과 같이 짚어 보자.

■ 지식과 기대가 관찰에 미치는 영향

핸슨(N. R. Hanson, 1924-1967)에 의하면 이제까지의 과학철학자들은 법칙, 가설, 이론들이 초기에 시험적으로 제시될 때의 추론 과정에 대해 관심을 두지 않았다고 한다. 곧 새로운 자료를 발견하면 그에 관련한 개념적 유형(conceptual pattern)에 잘 들어맞는 설명(explanation)을 찾으려 하고, 보

---

6   앞서 인식론(진리란 무엇인가)에서 다루었던 상식적 실재론과 유사한 느낌을 얻는다.

이는 현상을 설명하는 이론은 자료들을 개념적으로 조직화한 후 그것을 설명할 수 있는 '그럴싸한 가설들을 귀추적으로(retroductively) 추론'하는 과정을 통해 발견된다고 하였다.[7]

그는 '본다는 것에는 안구에 마주치는 것 이상의 무엇이 있다'고 하며 보이는 것에 대한 지식과 기대가 실제로 보는 것에 영향을 미칠 수 있음을 지적[8]하였다.

예를 들어, 동일한 광경을 바라보더라도 다르게 바라보는 관찰자가 있다는 점이다. 요한네스 케플러(Johannes Kepler)와 티코 브라헤(Tycho Brahe)가 함께 새벽에 떠오르는 태양을 바라보았지만, 케플러는 태양이 고정되어 있고 지구가 그 주위를 돌고 있다고 생각했지만, 브라헤는 지구가 고정되어 있고 태양이 지구 주위를 돌고 있다고 생각했다. 중요한 것은 같은 것을 보지만 다른 방식으로 해석하는 것은 아니라는 것이다.[9]

이 같은 다른 해석은 결국 망막에 맺히는 상(像)의 문제가 아니라 그것을 바라보는 이의 판단이 개입하기 때문이다.

■ 관찰의 언명(Observation statements)은 이론 의존적이다

과학자는 특정한 관찰을 언어로 표현해야 하는데, 이때의 표현은 중립적인 관찰이라기보다 다분히 '이론에 의존'할 수밖에 없다. 어떤 사건을 이미 전제하고 있는 이론을 바탕으로 바라보는 관점이 반영된다.

이에 핸슨(Hanson)은 새로운 현상을 기존의 유형 속에서 설명할 수 없는 경우에는 기존 유형에 포함되어 있는 관계를 수정해야 하는데, 이때 어떤

---

7 참조: 강형구, "프레데릭 수피, 「핸슨의 귀추적 방법」," 「과학철학 통론」 1, 서울대학교 자연대학, 2009.

8 나이절 워버턴, 『철학의 근본문제에 관한 10가지 성찰』, 최희봉 역, 자작나무, 2016, p.233.

9 참조: 강형구, 앞의 논문.

관계를 수정해야 하는지는 해당 관계의 인식적 지위에 따라 결정된다는 데 주목했다. 결론적으로 우리의 과학적 세계관은 이론 의존적이며 우리는 특정한 개념적 유형을 통해 세계를 바라보는 것이다.[10]

'물은 100℃에 끓는다.' 그러나 실제적으로 위치—산 높은 곳 등 기압의 차이가 있는 곳—에서는 다른 결과가 있지 않은가?

■ 과학자는 여러 가지 관찰 중에서 선택할 뿐이다

필자가 대학 시절 생태학 시간에 관찰하고 실험했던 것 가운데 바퀴벌레의 행동 양식과 이동 경로를 파악하는 경우가 있었다. 환경에 적응하는 곤충의 기본적인 동선(動線)을 조사하는 것이었는데, 사실상 이 같은 실험은 '평균치'와 '이동 경로의 대체적인 추적'을 통해 결론을 맺는 것이지 사실상의 전수조사는 불가능한 것이다. 이에 어떤 측면에 맞추어 결론을 내릴까 하는 것은 관찰자의 주관과 무관치 않은 것이다.

2-2 귀납의 문제 — 통계

과학적 이론을 정립하기 위한 선 조치로서 귀납적 방법이 선택되는데, 이는 일정한 수의 구체적 관찰에 기초한 일반화 과정이 포함된다. 물론 귀납적 추론은 일반적으로는 잘 작동하는 것으로 보이고, 자연적인 경향에 반영되는 것에 큰 무리가 없으며 높은 개연성을 지닌 것은 사실이다.

그러나 여기서 중요한 것은, 귀납 논증의 결론이 반드시 참인 것은 아닐 수 있다는 사실이다.

위의 관찰 중 선택에서 거론하였듯이 '지금까지 경험적 관찰의 축적된 내용이 그래 왔으니까 앞으로도 그럴 것이다'라는 미래와 과거의 유사성

---

10 강형구, 앞의 논문.

에 바탕을 두고 결론을 내린다면, 사실상 얼마든지 변수의 가능성이 있기 때문이다. 늘 달리던 길을 운전한다고 해서 차가 항상 막히지 말란 법도 없지 않은가?!

또 하나는 귀납적 논증의 결론이 확정되었다 받아들일지라도 약물의 임상 시험의 경우처럼 서로 다른 예측을 낳을 가능성도 배제할 수 없다는 점이다.

2-3 반증주의 ― 추측과 반박

위와 같은 귀납적인 과학의 접근 방법의 오류를 빗겨 갈 수 있는 것은 아예 귀납 자체의 타당성을 부정하는 것이다. '항상 그래 왔으니까…'라는 고정된 관념에 대하여 던지는 추측과 반박은 지금까지의 결론을 새로운 시각으로 해석하게 하고 수정, 보완하면서 긍정적인 방향의 발전을 도모하는 바탕이 된다.

또한 이 같은 반증주의는 유용한 과학적 가설과 사이비 과학, 곧 과학과 무관한 가설을 구별하게 해 준다.

반증 자체가 오히려 가설의 확립에 도움을 줄 수도 있을 것이다. 그러나 특정한 소수의 반증 사례들은 전체적인 가설을 뒤집는 데는 영향력을 발휘하기 어려울 것이다. 그러나 기존의 가설을 반박하는 것이 반드시 유용하거나 설득력이 있는 것은 아니다.

반증 자체를 중시하다 보면 가설에 기초한 예측의 역할을 과소평가할 수도 있고,―일기예보의 예처럼 맞지 않는 예를 제시해도 전체적인 기상도의 예측 가능성을 폄하할 수는 없다―또 결론을 내릴 때 실험 가운데 발생할 수 있는 오류의 가능성은 인정해야 한다. 그리고 이런 반증의 역할이 추후의 발견이나 심화적인 발전을 통해서 더욱 심층적이고 확실한 결론에 도달하게 되었던 예들을 보면 반드시 큰 역사적 흐름에서 맞았다고는 할 수 없다는 점도 유념[11]해야 한다.

3. 문제 — 어디로 가야 하는가?

앞에서 과학적 방법의 특징과 과연 '타당한가?' 그리고 그 오류의 가능성에 대하여 짚어 보았다. 과학적 판단이 기준이 되어 가는 디지털 미디어 시대로 이해하는 가운데서 그 오류만큼이나 사람과 사람을 이어 주는 방법도 새롭게 바라보고 성숙해 가야 할 바람을 찾게 된다.

3-1 Connection → Contact

■ 의미 읽기

• Denotation에서 Connotation으로

위의 핸슨의 지적처럼, '안구에 마주치는 것 이상'의 의미를 서로에게서 찾는 노력이 필요하다.

그러기에 상대가 보여 주는 표징과 상징, 외면적 표현(Denotation)을 넘어서서, 그 안에 감추어진, 말하고 싶은 속울음, 즉 언외(言外)의 의미 (Connotation)를 포착할 수 있어야 한다.

늘 우리는 '사람과 사람'의 관계 속에서 진실과 허구의 경계선에 걸쳐 있을 때가 많다. 겉도는 소문들, 그의 진심(眞心) 대신에 이미 선을 그어 놓은 편견의 틀, 다른 이들의 판단 ….

무엇이 본질이며 진정한 진실일까? 무엇이 참으로 하고 싶은 마음의 이야기일까? 분명 눈에 보이는 것만이 반드시 진실은 아니다!

---

11 기본 줄기 참조: 나이절 워버턴, 앞의 책, pp.249-252.

- 미디어(Media) ─ 즉각적 판단의 바이러스를 극복하라

컴퓨터 바이러스 가운데 숙주 세포의 유전자의 코드를 인지하여 변화시키는 것을 '트로이의 목마'라 부른다. 프로그램상의 오류의 틈을 타고 바이러스가 침투하듯이, 면역성이 약할수록 감염은 쉬운 법이다. 나는 판단과 선입견이라는 바이러스의 공격 앞에 얼마나 대비가 되어 있는가?

매개가 되어 주는 미디어에 의존할 것이 아니라, 처음으로 회귀하라. 그 원천과 영감의 샘을 찾아서. 그리고 현 시대 상황에 적응하라. 그리고 그 처음의 길에 맞는지 확인하며 새로운 길을 걸어 나가라(원천과 영감으로의 회귀─현 시대 상황의 진단─그리고 쇄신).

3-2 정화(淨化)와 새로운 인식 ─ 존재의 만남

나 자신이 스스로 걸어가고 만나는 모든 것, 전달되는 메시지가 아니라 땀과 눈물로 체득(體得)하는 일은 사라지지 않는다. 그렇게 만난 '내'가 진정한 내 자신이니까.

■ 몸과 정신의 통교: 실체적 만남

전지전능한(?) 테크놀로지(technology) 신(神)과 네트워크(network) 환경이 지배하는 물질 공간 속에서, 숨통을 트이게 할 정신 공간으로서 종교와 철학이 목마르다. 영혼에 머무르는 일, 그 소중한 작업은 실용적인 가치가 우선시 되는 문화 가운데 견디기 힘든 고독으로부터 커뮤니케이션으로의 균형을 찾아 줄 것이다.

'me myself' not 'I myself'…!

보여지는 나, 외모 지상주의처럼 누군가에게 비치는 내가 아니라 진정한 나를 온몸으로 부대끼며 진실하게 대면하라.

■ 존재 중심의 활동성

콜린스(Collins)는 "내가 가진 자원을 충분히 활용하려면 내가 하는 일에 홀딱 반해야 해요"[12]라고 했다. 내가 지닌 진정한 갈망, 정보 탐닉자(Information-mania), 일벌레(workaholic)가 아니라, 나 자신의 존재를 자각하면서, '사람' 가운데에서 의미를 찾아가는—기능인이 아닌—'삶과 사랑의 참된 전문가'로서의 발견이 필요하다.

■ 유기적 순응과 수용성

수직적인 관습의 상하 관계가 아니라 수평적 교감과 공감을 통한 연대, 그리고 나의 삶에서 동반하는 서로를 부양(浮揚)하는 부드러운 관계로 받아들이라.

3-3 공동체성과 상대주의의 극복 — 관계 지향/관계의 영성(spirituality of relationship)

접속(connection)은 내가 중심이 되어 상대편의 무한한 공간과 이어지는 관계이므로, 정작 나의 존재가 확인되지 않고 진정한 소통이 될까 하는 불안에 머물게 한다. 접속이 아니라 접촉(contact)하는 일.

한 걸음 다가가서 체온이 담긴 피부가 닿는 일, 정작 '나'와 '너'로 불리는 사람은 그렇게 함께 하기를 얼마나 갈망하는가. '공동(共同)'의 발걸음 속에 더욱 가까워진 거리의 만남과 대화는 무의미한 상대주의의 틈새를 매워 화해와 성숙된 목표를 함께 지향하게 한다. "사실 모든 종류의 대립과 갈등은 상대를 제대로 이해하지 못해서 또는 이해할 마음조차 없어서 생기는 경우가 많다"[13]고 했다.

12　프랜시스 S. 콜린스, 『신의 언어』, 이창신 역, 김영사, 2010, p.302.

이처럼 일방성의 막힘이 아닌 우정으로 열려지는 영적 사랑이 참으로 그리운 때다.

4. 단상(斷想) ― 하나됨

줄자가 필요한 게 아니었다. 현미경이 필요한 것도 아니다. 측정과 관찰이 아니라 서로에게 자신을 내어놓는 일, 판단 (判斷)의 자리에 동행(同行)의 감흥(感興)과 섬세한 배려의 긍정적 추억을 더하는 일. 그렇게 하나가 되어 갈 때, 나도 너도 서로가 빛난다.

4-1 **통합의 영성**

■ 『아낌없이 주는 나무』 vs. 『어린 왕자』, 새로운 시각

쉘 실버스타인(Shel Silverstein)이 쓴 『아낌없이 주는 나무』에서 소년은 성장해가면서 늘 나무에게 의지한다. 훗날 어른이 되어서도 끊임없이 찾아오는 소년에게 나무는 제목 그대로 아낌없이 내어 준다. 물론 나무의 아가페적인 헌신이 많은 교훈을 남기며 그런 한없는 사랑이 가능할까 하는 로망을 던져 주지만, 필자는 하나의 의문을 가졌다. 나무와 함께 한 소년은 얼마나 성장하고 변화되었을까?

이에 대해 생텍쥐페리(Saint-Exupéry)는 『어린 왕자』에서 "세상에서 가장 어려운 일은 사람의 마음을 얻는 일 같아. 각각의 얼굴만큼이나 다양한 각양각색의 마음은 순간에도 수만 가지 생각이 떠오르는데, 그 바람 같은 마음이 머물게 한다는 건 정말 어려운 거 같아"라고 말했다. 그리고 "사랑은 길들여지는 거야"라고도 했다.

---

13 프랜시스 S. 콜린스, 위의 책, p.306.

셀 수 없을 만큼, 사람의 수만큼이나 다양한 마음, 그러나 길들여짐으로 붙들고 서로를 길들여가는 사랑 속에서 사람은 성장하고 그 사랑이 자신이 된다.

■ 고치(cocoon)족에서 공동체성으로 나아오기

차가운 판단의 너울로 스스로를 덮어쓰지 말자. 고치(cocoon)처럼 자신을 두터운 껍질로 감싸고 두려움 속에 숨겨 두지 말자. 매몰된 삶, 나 홀로 주의를 버리고 관계 지향의 존재로 발걸음 하나 앞으로 내딛자.

■ 진정한 정체성 확립과 상대주의의 극복

감정이 메말라 가뭄이 든 땅처럼 갈라진 영혼의 틈바구니를 딱딱한 성과주의, 결과주의, 과학주의의 고정된 틀로 치유할 수 없다. 유연하게 흘러드는 액체의 유연성처럼, 서로에게 다가서서 적셔 주는 사랑의 몸짓이 살아있는 삶의 자리, '액체 공동체'를 지향한다. 사랑은 상대를 부수거나 바꾸지 않고 그렇게 자연스럽게 녹아들어 물들이고 길들여 간다.

여기 선 '나'. 이렇게 '너'를 향해 다가서서 본질을 만날 수 있는 존재임을 확인하자.

Nothing small in the service of God.

하느님 앞에서 작은 이 어디 있을까. 하느님을 사랑하고 섬기는 일에 보잘것없는 몸짓들이 어디 있을까. 나에게 다가온 한 사람 중에 초라한 사람 어디 있을까. 보이는 것을 넘어선 깊은 시선으로 같은 곳을 바라보자.

4-2 주목(Red Woods)

주목이라 불리는 소나무과의 이 나무는, 뿌리가 얕아도 공동체를 이룬다. 한 뿌리에서 엷게 퍼져 돋아난 나무. 다른 한 그루의 나무가 타들어가

도 또 다른 나무의 습기가 서로의 생
명을 지켜줄 수 있으므로….

　뿌리가 얕은 나무라도 함께 있다
면 흔들리지 않는 법이다.

제12장

나!!!

몸과 마음

사고(思考)가 끝나는 곳. 단어가 더 이상의 의미를 잃어버리는 것.

갈망하는 사랑이 채워지기를 기다리고, 때로는 무심한 척 다시금 오늘을 맞는 나. 무대 위에 선 찬란히 빛나더라도 텅 빈 객석 앞에 수고로이 홀로 앉은 나.

또 다시 주어진 하루라는 일상이 거듭될 때에도 나는 '수 없이 많은 나'를 만나며 살아간다.

인간은 공존(共存)의 실체라고 말해오지 않았는가!

나로 인해 기쁨을 얻는 세상으로부터 돌려받는 존재의 위대함에 대한 겸손한 감사. 그러나 때로 마음이 찾아가는 길과 후줄근하게 늘어진 몸이 찾는 방향이 다를 때, 내 안에서 일어나는 괴리감. 그리고 이상과 현실의 충돌 사이에서 겪는 고뇌가 깊을 때.

있는 그대로의 내 모습을 안아 주어야 할 필요가 있다. 가끔 내 자신을 안아 준 적 있는가?

1. Know Yourself!

나를 안다는 것.

이는 우선 나의 외적 구조를 인식하는 것이나, 사실은 내면적인 대면과 성찰이 더욱 중요함을 이미 밝혔다. 나를 진실하게 파악하기 위한 대화를 통해 나 자신과의 간격을 좁혀가자.

이는 인간의 행위와 사고에 관한 과학적 연구, 곧 심리학과는 구별하여 마음에 관해 사유할 때 생겨나는 개념적 문제에 응답하고 탐구하는 '심리철학'에 연관을 맺는다. 그러나 필자는 심리철학적 견해를 소개하되 반드시 심리적 접근에는 영적(靈的)인 탐색이 필수적임을 주지하고 싶다.

2. 영혼? 마음? 의식?

과거 초기 한국 천주교회의 교리 이해를 돕던 교재 '천주교 요리문답'의 33항에는 '사람은 무엇이뇨?'라는 질문에 '사람은 영    혼과 육신으로 결합한 자니라!'란 답이 실려 있다. 이는 사람을 비단 원자(atom)와 그 상위 단계인 분자(molecule)의 결합, 세포의 형성과 분화와 성장으로 이루어진―물론 물질적 요소는 인간 구성의 필수적 요소임이 분명하지만, 여타 생물 개체와 구별점이 없는―육체성만으로 설명하거나, 사고와 이성적 주체로서 지닌 심리적·정신적 구조라 할 수 있는 '마음'만으로 설명하는 것[물질주의(Physicalism)나 유심론(idealism)]에 절대적으로 의지할 수 없음을 밝혀준다. 오히려 보다 심원하고 본질적인 영적

구조로서의 '영혼'의 문제도 인간의 구조적 정체성을 정의하는데 필요 불가결한 요소이다.[1]

이에 나의 내면을 구성하는 요소를 영혼과 마음, 또 연관되는 용어 의식으로 구분하여 살펴보자.

2-1 영혼(靈魂, soul)

엄밀한 의미에서 영혼은 육체를 지닌 존재의 원리이며, 존재의 본래적인 근원이다. 오직 육체를 지닌 존재들, 특히 이성적인 능력을 지닌 인간 존재의 영혼을 의미[2]한다.

영혼에 대하여 고대 히브리인들은 신앙 가운데 '살아 있는 것으로 만드는 어떤 것, 호흡'으로 이해했는데 성경에서도 직·간접으로 '숨(רוח)'의 개념과 연결되어 있다. 성경에서는 영혼을 육체와 더불어 인간을 구성하는 하나의 '부분'이 아니라, 숨 쉬면서 살아 있는 '온전한 인간'―즉 영혼은 몸 안에 사는 것이 아니고 육체와 같이 몸을 통하여 자기를 표현하는 온전한 인간―을 의미한다. 그러므로 성경의 영혼은 '살아있는 사람', '생명', '인격', '생명의 원리' 등으로 이해[3]된다.

그리고 그리스인들은 다분히 철학적 관점에서 '육체로부터 분리될 수 있고 육체 사후에도 존속할 수 있는 어떤 것'으로 보았다.

예를 들어 피타고라스(Pytagoras)는 영혼은 윤회한다고 주장했고, 생명을 가질 수 있는 것은 모두 영혼의 집이 될 수 있다고 보았다. 플라톤은 영혼이 타락한 신성과 죄악에 대한 응보로 물리적 세계에 감금되어 있는

---

1   박상규·김경희·신용문·김선애, "낫기를 원하느냐?―신체와 정신의 관계로 읽는 심리와 실제", 2014 지방대학특성화사업(CK-1) 교과목 개발 연구보고서, 꽃동네대학교, 2015, p.11.

2   참조: 한국가톨릭대사전 편찬위원회, 「한국가톨릭대사전」vol.9, p.6303.

3   참조: 한국가톨릭대사전 편찬위원회, 「한국가톨릭대사전」vol.9, pp.6303-6304.

것이 몸이라 보았고 따라서 이상적인 상태는 육신의 감옥을 벗어나 이데아(Idea) 세계에 사는 것—"육체는 영혼의 무덤"—이라 했다. 그리고 아리스토텔레스(Aristoteles)는 식물과 동물에게도 각각 혼이 있다고 주장하였으나, 식물이나 동물과는 달리 순수 정신으로 길들여질 수 있는 가능성을 지닌 이성적 능력을 지닌 인간 영혼의 고유성을 강조[4]하면서, 영혼은 '신체로부터 분리될 수 없는 신체의 형상(εἶδος, éidos)'이라고 했다.

현대에 와서는 영혼을 신학적 믿음, 종교적 개념으로 여기는 경향이 다분하다.

2-2 마음(mind)

이는 지각하고 느끼고 생각하는 것, 어떤 행위를 야기하는 내적인 원인을 이루는 부분을 지칭한다.

성경에서는 마음을 인간의 정신과 육체적 생명을 유지하고 통일시키는 중심 기관으로, 인간의 가장 깊숙한 곳에 자리 잡고 있으며, 육체·정서·의지·지성적 힘의 원천이자 인간이 하느님과 만나는 장소로 설명한다. 아울러 개인의 특징을 결정하는 사상, 계획, 태도, 두려움, 희망이 머무는 곳이다.[5]

마음이란 단어가 순수하게 육체적 의미로 쓰인 경우는 드물고, 대개 인간의 본질적인 기능이 오는 곳이며, 육체의 중심으로 결정적인 생명기관이라 여겨졌다. 또한 이 마음의 본질적인 활동은 정신적이고 영적인 특성을 지닌, 영적인 기관이면서 가장 깊은 차원의 영혼의 상태를 드러내는 개념[6]이다.

---

4 한국가톨릭대사전 편찬위원회, 「한국가톨릭대사전」 vol.9, p.6303.

5 참조: 한국가톨릭대사전 편찬위원회, 「한국가톨릭대사전」 vol.4, p.2451.

6 참조: 한국가톨릭대사전 편찬위원회, 「한국가톨릭대사전」 vol.4, p.2452.

2-3 의식(consciousness)

암스트롱(D. M. Armstrong)은 '의식'을 마음 상태에 대한 지각이나 알아차림이라 했다. 또한 의식은 서로 다른 상태임을 구별할 수 있는 능력을 의미한다.

이에 대해 '무의식'은 경험이나 학습된 것이 아닌 선천적인 '본능(instinct)'과 처음에는 의식적 경험이었으나, 반복 경험에 의하여 점차 무의식적 행동으로 넘어가는 자동 현상으로서의 '습관(habits)'으로 나뉜다.

2-4 인간의 구조 이해를 위한 필수 요소

헬미니악(Helminiak)은 인간의 구조를 이해하기 위해서는 〈그림 1〉과 같은 이분법적 분석을 넘어서서 〈그림 2〉와 같은 대안적인 삼분법적 시각, 곧 인간은 가시적인 육체성과 마음으로만 설명할 수 없고, 육체성을

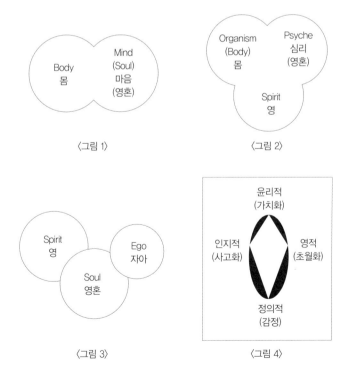

〈그림 1〉

〈그림 2〉

〈그림 3〉

〈그림 4〉

기본으로 심리·정서적 기재인 마음과 더 내밀한 부분의 '영'까지도 이해해야 함을 강조[7]했다.

아울러 〈그림 3〉에서와 같이 밀러(Miller)는 인간의 본질적 요소—영, 혼, 자아—가 서로 연결되는 상태에 있을 때 인간존재로서의 의미를 지니는 것으로 보았고, 허치슨(Hutchison)은 인간 내면적 의식 세계를 정의적, 영적, 윤리적, 인지적 영역의 네 측면들이 홀리스틱적(holistic: 전체적, 통합적) 의식의 영역을 구성〈그림 4〉[8]한다 하였다.

3. 몸과 마음의 관계에 대한 철학

사람을 구성하는 몸과—영혼, 의식을 포함한— 마음 사이에는 구분이 있는가? 이들의 관계를 설명하는 '심신 문제(mind/body problem)'에 대하여 마음과 몸이 분리되어 있고 각자는 마음과 몸 양자를 가지고 있다는 심신이원론, 정신적인 것은 물질적인 것과 동일하며 분리된 심적 실체를 가지지 않는다고 하는 관점을 물질주의라 한다.[9]

3-1 심신이원론 — 마음과 몸은 분리/마음과 몸 양자를 지님

■ 심신상호작용설(psychophysical interactionism), 데카르트적 이원론(Cartesian dualism)

몸과 마음이 서로 작용하지만 분리되어 있는 실체이며, 정신적 과정과

---

7   참조: D. A. Helminiak, *The human care of spirituality Mind as psyche and spirit* (New York: State University of New York Press, 1996; 조옥진, 『영성과 심리상담』, 가톨릭출판사, 2005, p.17.
8   조옥진, 위의 책, p.18.
9   참조: 나이절 워버턴, 『철학의 근본문제에 대한 10가지 성찰』, 최희봉 역, 자작나무, 2016, pp.259-260.

물질적 과정 사이에 차이에 있다고 본다. 곧 정신의 과정은 마음에서 일어나지 몸에서 일어나지 않는다고 본다. 이는 사람이 물질적 존재가 아니며, 우리의 가장 중요한 부분은 비물질적인 마음, 영혼이라고 본다.[10] 이 같은 이론의 동기는 두뇌와 같은 순수 물질적인 것이 의식이라는 복잡한 유형의 느낌과 사고를 일으키는가에 대한 의문이 깔려 있다.[11]

몸과 마음의 상관관계에 따라 다음의 두 가지 차원으로 나눈다.

· 부산(부수) 현상론: 물리적 사건들이 심리 사건들에 영향을 준다고 봄.

· 역부산 현상론: 신체적 질병 가운데 상당수가 심리적인 것에서 유래한다고 봄.

그러나 이 심신이원론은 마음의 본성을 이해하는 데는 도움을 주지 못하고, 또 비물질적인 실체에 대해서도 다룰 수 없기 때문에 과학적인 조사는 불가하다는 점, 그리고 마음을 가진 고등 생물로서 인간이 이룬 진화에 대해서도 설명할 수 없고, 또 인간의 정신 능력이 발달한 것은 마음이 물리적 신체들과 결합한 결과인지 설명하는 것도 모호하여 마음이 실제로 어디서부터 유래되었는가를 설명하기에도 미흡하다. 또한 이원론의 입장에서 어떻게 두 개의 다른 실체인 마음과 몸이 상호작용하는가를 설명할 수 없고, 또 이 상호작용은 물리·화학·생리의 물질적인 과학으로서 접근하기엔 근본 원리에서부터 적합하지 않은 것이라 하겠다.

■ 상호작용 없는 이원론[12]

아래 소개되는 이론들은 오히려 또 다른 의문을 양산할 뿐, 마음에 관한

---

10 참조: 나이절 워버턴, 위의 책, pp. 261-262.

11 참조: 니컬러스 편, 「철학―가장 오래된 질문들에 대한 가장 최근의 대답들」, 최훈 역, 세종서적, 2011, pp. 98-99.

12 아래 내용 참조: 나이절 워버턴, 앞의 책, pp. 266-268.

이론으로는 설득력이 약하다.

- 심신병행론(parallelism): 위의 상호작용을 설명하는 난점을 피해, 정신적·신체적 사건은 밀접하나 인과관계성이 없는, 신이 사전에 맞추어 놓은 단순한 병행의 결과로 보는 견해이다.
- 우인론(偶因論, occasionalism): 정신과 신체의 연결에 신이 개입한다고 보는 견해이다.
- 부대현상론(epiphenomenalism): 신체 사건이 정신적 사건의 원인이 되는 것은 가능하나 그 반대는 불가하며 마음은 부대 현상에 불과하다는 관점이다. 이는 정신적 사건의 독립성을 부정하여, 자유의지를 무용하게 하고 만다.

3-2 물질주의

이는 정신적 사건을 물질적 사건—두뇌 내 사건—으로 설명할 수 있다고 보는 일원론의 형태로서, 마음에 관한 과학적인 연구 프로그램을 마련하려 한다.

■ 유형 동일론

이는 모든 유형의 물질적 상태는 동시에 특정 유형의 정신적 상태를 의미하는 것으로 보는 견해이다(정신적 사건 = 물질적 사건).

그러나 우리가 사고(思考)에 관해서는 알지만 두뇌의 사건 형성 과정은 알지 못하고, 또 사고의 형성 자체가 두뇌의 상태와 직접적으로 연관하여 설명할 수 있는지에 대해서도 의문이 생긴다. 그리고 감각질(qualia), 즉 감각, 느낌, 고통, 즐거움, 욕구 등 의식적 경험에 대해서는 물질적 영역으로 설명하기 어려운 것이 사실이다. 또 이 경험들이 사람마다 다른

방식으로 해석되는 것을 동일한 두뇌 상태의 이해로 접근한다는 것도 타당하지 않은 것으로 보인다.[13]

■ 개별자 동일론

이는 위의 '유형 동일론'을 보충하여 모든 사고는 두뇌 상태와 동일하나, 동일 유형의 사고라고 해서 모두 동일 유형의 두뇌 상태일 필요는 없다고 출구를 만든다.

그러나 동일한 두뇌 상태라 할지라도 실제로 다른 사고를 가질 수 있는 가능성은 농후하다. 동일한 정신적 경험을 가지고 있다 해서 반드시 동일한 두뇌 상태를 소유할 수 있을까?

3-3 행동주의

행동주의는 앞선 이원론, 물질주의와 달리 어떤 사람의 상태는 정신적인 경험에 대한 기술이 아니라—조건 반사처럼—공적 행위 또는 가설적 상황에서의 잠재적인 행위에 대한 기술일 뿐, 마음은 존재하지 않는다고 본다. 곧

행동과 일정한 방식으로 행동하는 기술의 단순화된 방식으로 이해한다.[14]

그러면 실제로—드러나는 기술 내용으로만 구분한다면—고통스러운 사람과 고통스러운 체하는 사람은 어떻게 구분할 수 있을까? 정신적 사건을 행동으로만 평가한다면 역시 그 내면적인 내용—감각질—을 설명할 수도 없다. 그리고 이미 내가 알고 있고 깨닫고 있는 것은 결과적인 행동

---

13 참조: 나이절 워버턴, 앞의 책, pp. 272-275.
14 참조: 나이절 워버턴, 앞의 책, pp. 278-279.

과는 무관하지 않은가? 그리고 여러 상황―육체적 상해로 인한 극심한 고통이나 마비 등―에서 행동이 불가능하다 하여 정신적인 사고나 느낌 등이 중단되는 것도 아니다. 그리고 정신적 사건이 행동에 영향을 미치는 것도 자명한 일인데 부정하는 것 자체가 왜곡된 것이라 하겠다.

3-4 기능주의

이는 정신 상태의 기능적 역할에 집중하여, 정신 상태를 다른 정신 상태와 맺는 전형적 관계 그리고 행동에 미치는 결과로 정의한다.[15] 곧 어떤 특정한 대상에 대한 생각은 무엇이 그런 생각을 가지도록 이끄는지, 그 생각과 다른 생각과의 관계는 무엇인지, 그리고 그 생각이 어떤 행위를 하게 만드는지―사고의 내용보다 그 과정과 다른 사고와의 연관성 여부라는 외적 부분―에 의해 규정될 뿐이다.

결국 기능주의는 의식의 경험과 감각을 정확히 설명하지 못하는 난점에 부딪힌다. 컴퓨터가 하드웨어의 조합을 소프트웨어가 지정해 주는 내용을 출력하고 보여 준다고 해서―워드프로세서가 문서를 보여 준다고 해서―그 표현된 것에 담긴 사람의 마음과 정서를 이해하는 것은 아니지 않는가?

3-5 그렇다면 타인의 마음은 존재하는가?

사실 몸과 마음의 문제를 해결하고자 하는 위의 시도들은 하나도―필자는 영혼과 육신이 기묘히 결합되었다는 앞의 교리적 접근에 확신을 두고 있다―필자에게 흡족하지 못하다.

나 자신 안에서 살펴본 위의 이론들의 지평을 넓혀 다른 이들도 나와 같

---

15 참조: 나이절 워버턴, 앞의 책, p.284.

은 방식으로 의식하고 살아갈까?

· 유비논증: 서로의 유사성에 기대어 논증하는 이 방식은 타인과 내가 유사성을 지니고, 그것도 같은 인간 종(種)으로 매우 닮은 신체와 행동 양식을 지니고 있다는 데서 동일한 방식의 의식을 가질 거라 추측하게 한다.

그러나 이는 유사한 예들에 대한 귀납적 논증이며 그럴 가능성이 높다고 추정하는 것이지, 명백한 입증은 되지 못한다. 그리고 항상 그렇다는 사실에 대한 검증도 사실상 불가능하다.

4. 기묘한 결합

이론이 하나의 이론에 그친 것은 이론적으로 분석할 수 없는 '기묘함'의 본질에서 기인한다. '기묘하다'는 말보다 더 적확한 표현을 어떻게 찾을 수 있을까?

그러기에 진정한 나를 만나고, 나와 관계적인 모든 것 안에서 새로이 발견하고, 정제되는 '실재(實在)' 안에 실제(實際)로 현존(現存)하는 '님'께로 다가가서야 비로소 진정한 나의 존재 형상과 정체성(正體性)을 만난다.

피정(避靜). 곧 고요에 머물러 자신을 탐색하라.

세상을 피하여 고요한 곳에 마음을 모으라.

분주함에서 멈추어서야 비로소 소리가 들리고 형체가 도드라진다.

흔들리는 물에 얼굴을 비춘 들 어찌 알아볼 수 있으랴.

틈새 가운데에서 탐색의 여유를 가끔이나마 나 자신에게 허락해 주자.

'성장을 위한 이완(弛緩)'과 '안주(安住)를 위한 안일(安逸)'은 명백히 다르다!

몸이 걸어온 길, 마음이 걸어온 길, 함께 병행하여 온 여정으로서의 삶의 궤적을 다시금 새겨 보라.

건강한 육체에 건전한 영혼(정신, 마음)이 깃든다(Sound body, Sound mind!).

영혼은 육체를 고무하는 원동력이며, 동시에 육체는 영혼의 활동을 보장하는 현실화의 도구가 된다.

진심으로 사랑하자. 그리고 조화롭게 가꾸어 나가자.

나 자신을, 그리고 너를. 내가 만나는 모든 존재자를.

디딤돌 하나　　생각하기(마음과 몸/생각과 행동)

우리에게 보다 높은 이상이 없다면
쉬지 않고 일하는 개미와 다를 바 없다.
Men with no ideals are no different
from working ants.

by Hegel

제13장

나를 드러내라!

아름다움, 예술

"누군가 미켈란젤로에게, 어떻게 피에타상이나 다비드상 같은 훌륭한 조각상을 만들 수 있었느냐고 물었습니다. 그러자 미켈란 젤로는 이미 조각상이 대리석 안에 있다고 상상하고, 필요 없는 부분을 깎아내어 원래 존재하던 것을 꺼내 주었을 뿐이라고 대답 했습니다. 이미 존재하고 있었고 앞으로도 영원히 존재할 완벽한 조각상이 누군가가 자신을 꺼내 주기를 기다리고 있었습니다. 마 찬가지로 당신 안에 있는 위대한 사람도 밖으로 나오기만을 기다 리고 있습니다. 사람은 누구나 내면에 위대함의 씨앗을 가지고 있 습니다. 위대한 사람이란 다른 사람이 갖지 못한 특별한 무언가를 가진 사람이 아닙니다. 그는 단지 뛰어난 자신을 드러내는 데 장애 물이 되는 것들을 제거해 버렸을 뿐입니다."[1]

"The great Renaissance artist Michelangelo was once asked how he created sculptures such as the Pietas or David. He explained that he simply imagined the statue already inside the block of rough

---

1   엘리자베스 퀴블러 로스, 데이비드 케슬러, 『인생수업』, 류시화 역, 이레, 2006, pp. 22-23.

marble, then chipped away the excess to reveal what had always been there. The marvelous statue, already created anf eternally present, was waiting to be revealed. Everyone carries the seeds of greatness. 'Great' people don't have something that everyone else doesn't; they've simply removed a lot of things that stand in the way of their best selves."[2]

인생에서 손꼽아 기다리던 아름다운 작품을 만날 때 있다. 그럴 때면 머리와 가슴을 다 훑어도 무어라 표현해야 할지 적절한 단어를 찾지 못하는 경험을 하곤 했었다.

어린 시절 성당 전면에 스테인드글라스의 아름다운 빛깔이 쏟아져 내리던 그 가운데 피에타상을 보았을 때가 그랬다. 영롱한 광선이 비추는 그 사이에서 차가운 시신(尸身)으로 안긴 아들 '예수그리스도'를 품에 안은 어머니 성모(聖母)의 얼굴. 그 얼굴에 서린 깊은 설움과 향내 깊은 슬픈 사랑이 주변의 모든 것을 정적(靜寂)으로 몰아넣었다. 그리곤 사람의 손끝에서 깎아 내기보다—작가의 말처럼—불러내고 찾아낸, 절망 속의 희망을 감싼 섭리를 전하는 조각 앞에서 눈물이 송글송글 맺혀 올랐다.

삶이 녹아든 아름다움. 그 감정의 전이를 느끼게 하는 작품다운 작품.

1. 나를 오픈하라!

1-1 내 안에 담긴 선물

여기에 가장 기묘한 작품. 누구의 손으로도 깎아 낼 수 없는 유일무이

---

2 Elisabeth Kübler-Ross, David Kessler, *Life Lessons*, SCRIBNER, 2004.

(唯一無二)한 작품이 서 있다.

　때로는 세월의 무게에 눌려, 복잡다단한 관계의 쳇바퀴 속에서 지치고 때도 묻었지만, 그러나 두터운 먼지를 쓸어내릴 만한 사랑이 아직 가슴에 남아 있다.

　사랑은 지난 시간 쌓인 흔적들 속에 감추어진 본래의 아름다움을 주목한다. '세상은 우리가 사랑하는 만큼 아름답다!' 하지 않았는가. '나'라는 존재 속에 축적되어 온 그 소중한 빛깔을 다시금 찾아 주어도 되지 않을까. 그리웠던 눈물로 씻어 내어도 좋지 않을까?!

1-2　삶에 주어진 원석(原石)

　볼품없는 원석으로 그렇게 나의 생은 출발했나 보다. 그리고 아직까지도 좌충우돌(左衝右突). 채 다듬어지지 못한 현재의 나를 덩그러니 만난다.

　그러나 위축되지 않고 모가 난 나의 모습 그대로 발산할 때, 나에게 주어진 아름다움은 그렇게 드러난다.

　내가 겪어 온 아픔과 눈물도 그만큼의 소중한 초대장이다. 그만큼이나 나 자신을 깎아 내는 조각[부조(浮彫)]과 채워서 완성해 내는 조각[환조(丸彫)]이 어우러져 '나'를 '작품'으로 만들어 가는 '지금'이다.

1-3　가슴을 뛰게 하는 만남

　'아름다움' 앞에서 할 말을 잃었던 날.

　군더더기 없이, 가식 없는 진솔함과 진정성만이 주는 감동.

　외적인 미모(美貌)를 더욱 돋보이게 하는 건 보이지 않는 영혼의 울림이 주는 여운이 아니겠는가. 스크린에서 가슴을 뛰게 하던 그 누군가가 언젠가 가난한 아이를 품에 안고서, 화장기 없는 얼굴에 굵은 눈물방울을 떨구던 기억. 어느 순간보다도 '더욱 아름답다!'하며 내게도 선사했던 눈물이란 선물.

'물음표(?)'가 '느낌표(!)'로 바뀌는 순간.

열린 가슴으로 받아들일 수 있는 최상의 축복이다.

2. 아름다움, 그 영원한 목마름

2-1 기억에 대한 재생, 그리고 추억에 대한 회귀

빛바랜 추억 하나를 떠올려 보면, 어린 시절 비록 남루하고 가난했을지라도 그때의 해맑은 웃음과 주변의 모든 것들이 신비롭고 행복했던 기억에 잠겨 그리움에 젖는다. 나를 둘러싼 것들이 이름을 얻어 가고 말을 건네던 그때, 좁은 세상이 얼마나 넓어 보였던지!

2-2 보이는 것 속에서 보이지 않는 것을 찾다

어른이 되고 삶이 요구하는 책임들을 받아들이면서 더욱 넓어지리라 생각했던 세상과 그것을 바라보는 시야는—보이는 것을 보느라, 들리는 것만 듣느라, 필요한 것만 찾기에도 급급하느라—오히려 얼마나 좁아졌는지!

그럼에도 이젠 깊어지기를 갈망하고 성숙하길 기도한다.

그러기에 보이는 것 이면의 것, 내면에서 울려 나오는 목소리—진정한 바람들—에 응답하려 한다.

결국 이야기하고자 하는 삶, 묻어 두었던 삶을 보이는 양식과 형태를 드러내는 것이—나에게도 또 너에게도—중요하다는 것을 깨닫는다.

보이는 것을 통해 드러내는 것이—사랑하는 이들을 위한—비가시적인 (볼 수 없는) 사랑의 발로(發露)이기에 말이다. 그러므로 미(美)는 원래 '보는 것(Schauen, Anschauen)'과 어원적으로 관계가 있다. 하지만 단순히 보는 것이 아니라 근원적으로 보는 것, 즉 직관이나 관조를 의미[3]하는 것이라 하겠다.

2-3 모든 것이 아름다움의 도구일 수 있다

곡 하나를 완성해 갈 때, 악보에 새긴 음표들 사이에 새긴 숨표 하나에 작가의 탄식과 감정이 실린다. 화폭에 닿아 그림을 그리는 붓끝의 치올림 하나에 마음이 투영된다. 시(詩) 한 편 써내려 갈 때, 그 짧은 단어(單語) 하나에 얼마나 많은 인생이 함축되는지! 트랙을 뛰며 발을 구를 때 선수의 근육이 움직이는 미세한 운동 가운데 얼마나 많은 땀과 눈물이 담겨 있는지…!

2-4 미와 예술의 원리

이처럼 아름다움, 미(美)에는 사람의 정서와 관련된 모든 경험들이 녹아 있다고 하겠다. 이럴 때 과연 '미란 무엇인가?'를 근본 문제로 다루는 것을 미학(美學)이라 한다.

- 미학[美學, Aesthetica(에스테티카)]: 이 학명을 최초로 부여한 학자는 독일의 바움가르텐(G. Baumgarten, 1714-1762)이다. 그는 '미'에 대한 고급 인식 능력, 곧 미, 숭고, 자연미 등 이성적이며 개념적인 인식을 '위로부터의 미학', 저급 인식 능력, 즉 경험 사실에서 출발한 주관주의에 기반을 둔—불명료하고 호연한 감성적 인식으로서의—'만족'을 '아래로부터의 미학'으로 구분[4]하였다.
- 립스(Th. Lipps, 1851-1914)의 '감정이입론(感情移入論)': 그는 대상미를

---

3 참조: 한국가톨릭대사전 편찬위원회, 「한국가톨릭대사전」 vol. 5, p.2976.
4 참조: 한국가톨릭대사전 편찬위원회, 「한국가톨릭대사전」 vol. 5, p.2976.

인간의 심리적 감정의 투영으로 해석하였는데, 일종의 쾌감을 느낄 때는 타인 혹은 타율에 자신을 넣어 똑같은 경험이나 상태를 지니게 된다고 보았다.

2-5 아름다움의 주관성 · 보편성

아름다움은 본질적으로 '보편성을 지닌 주관성'을 갖는다. 누구에게나 아름다움은 공통적으로 인정할 수 있는 가치임에는 틀림없다. 그러기에 객관적 대상에 대한 귀 기울임과 이해하고자 하는 노력은 당연한 것이지만, 그 대상 앞에서의 감정적 움직임은 개인의 것이므로 주관적일 수밖에 없는 것이다.

2-6 자연미와 예술미

굳이 아름다움을 비견하자면, 자연미는 근본적이고, 예술미는 그 자연적인 미를 따온 모방적인 미라 하겠다.

그러므로 자연미는 아름다운 사물에 기초하여 예술미보다는 순수하다 하겠으나, 예술미는 사물에 대해 보다 아름다운 표상을 드러내는 것으로 보면 되겠다. 그러나 예술미가 그 가치를 인정받으려면 자연을 있는 그대로 복사하는 차원이 아니라, 감각과 예술성에 작가의 주관성이 개입되어 변경을 이루는 것이 핵심이다. 곧 주어진 세상에 대한 시선과 마음이 그것을 결정한다고 보아야 한다.

3. 아름다움에 대한 철학적 담론

그러면 미(美)에 관한 다양한 철학적 견해를 들어 보자.

3-1 '의미 있는 형식(significant form)' 이론

20세기 초 예술 비평가인 벨(Clive Bell, 1881-1964)의 이 이론은 모든 진정한 예술 작품이 관객, 청중 또는 독자에게—일상생활의 정서와 다르며 실제적 관심과도 무관한—미적 정서(aesthetic emotion)를 생기게 한다는 가정에서 출발한다. 이 같은 정서는 '의미 있는 형식', 곧—예술작품의 주제(내용)보다—그 구조가 가지는 뚜렷한 특질[색상과 재질의 조합(?)]을 공유하는 데서 이루어진다[5]고 보았다.

그러나 이 이론에는 미적 정서를 낳는 성질이 무엇인가에 대한 내용이 빈약하고, 진정한 예술품에 대한 가치 평가가 오직 형식에 국한된 한 가지 정서밖에 없는지에 대한 의문이 남는다.

3-2 예술 관념론

이는 콜링우드(R. G. Collingwood, 1889-1943)가 『예술의 원리들』에서 제시한 이론으로, 인공물에 대한 정의와 예술성의 문제를 다루면서 실제의 예술 작품은 비물질적이며 예술 작품 자체는 실상 예술가의 마음에 있는 관념 또는 감정이라 보았다. 그리고 예술과 기술(craft)과 구별하여 예술 작품은 목적에 기여하는 것과는 무관하며 예술 자체가 바로 목적이라고 간주했다.[6]

그런데 실제로 시각적으로 확인되는 예술가의 작품을 그저 관념과 감정의 흔적이라 말하고 진정한 예술 작품이 아니라 보는 것은 극단적인 모순이 아닐까? 그리고 목적에 기여하는 것을 예술에서 도외시하면 미적 기준에 영감을 불어넣는 건물이나 유용성을 띤 작품들은 그저 기술적 제품

---

5 참조: 나이절 워버턴, 『철학의 근본문제에 관한 10가지 성찰』, 최희봉 역, 자작나무, 2016, p.300.
6 참조: 나이절 워버턴, 위의 책, pp.304-305.

들로 전락해 버리기에 예술에 대한 범위가 지나치게 축소되는 것이 아닐까 한다.

3-3 예술 제도론

인공물에 대한 정의와 예술성의 문제를 다루면서, 예술은 권위에 의해 인정되어야 하고 예술 작품이라 불리는 것은 무엇이든 예술이라 할 수 있다고 보는 이론을 말한다. 곧 어떤 개인이나 집단의 어떤 인공물도 '예술'이라 부르는 형태라 보는 것이다.

그러나 이렇게 되면 참된 예술과 가치가 떨어지거나 없다고 볼 예술 사이의 구별이 모호해진다. 그리고 예술을 진짜 예술이라고 인정하는 권위는 어디서 나오는가? 특정 계급이나 집단의 편향된 판단일 수도 있지 않을까? 그들이 말하는 예술만을 예술로 받아들여야만 하는 것인가? 그 기준은 어디에 두어야 할까?

3-4 예술비평

예술에 관한 다양한 평론의 정당성에 비출 때, 예술은 예술 작품 자체에 구현된 의도에만 주목해야 하고, 예술가의 배경 등은 작품 자체를 정밀하게 분석하고 해석하는데 오류—의도론적 오류(the intentional fallacy)—를 일으킬 수 있다고 보았다.[7]

그러나 의도란 작품 제작 이전에 사라지는 것이 아니라 그 활동 속에 포함된다는 점, 곧 의도와 행위가 구분되지 않는다는 점을 간과한 것으로 보인다. 그리고 배경이나 의도를 삭제하면 그 작품 자체에 작가가 중의적(重意的)이나, 반어적(反語的)으로 표현한 내용을 이해하지 못하게 하는 걸림

---

7   참조: 나이절 워버턴, 위의 책, pp.313-314.

돌이 될 수 있다. 그리고 이 같은 방법은 예술의 의미를 이해하는 데 극히 제한적인 정보만 제공할 수밖에 없다는 단점을 갖는 것으로 본다.

3-5 의문?

이상의 이론들에 기초한다면, 필자가 떠올린 다음과 같은 의문들에 어떻게 답할 수 있을까?

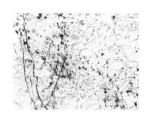

미켈란젤로의 작품에 담긴 인물들의 의미와 배경은 무엇인가?

슈베르트의 밝은 음악과 어두운 음악의 변화에 깔린, 작가와 작품의 변화 계기는?

베토벤의 음악에 끼친 좌절과 눈물의 영향은?

제목만 붙이면 작품인가? 까만색만 칠한 그림을 보고 '어둠 속의 벼룩', 하얀색만 칠한 그림을 보고 '햇살 속의 좁쌀'이라 붙이면 되는가?

예술의 소통성은 과연 무엇이며, 작품의 의미는 도무지 어떻게 이해해야 하는 걸까?

추상표현주의를 주도했으며, 특히 액션 페인팅의 대표적 인물로 알려진 미국의 화가 잭슨 폴록(Jackson Pollock, 1912-1956)이 물감통을 내던지며 만든 작품들—던져질 때마다 자신의 정서적 상태가 반영되니 한 번도 같은 구도의 작품이 될 수 없다—은 어떤 각도로 바라볼 것인가?

4. 민감한 예술의 문제와 대중성

4-1 퍼포먼스(performance, 표현된 작품이나 표현의 행위), 해석, 그리고 정격성

모든 퍼포먼스는 '어떤 작품의 해석'이다. [8]

그러면 이 해석이 가치를 인정받으려면 어떤 형식을 띠어야 하는 걸까?

예를 들어, 드라마의 사극이라면 얼마나 고증을 철저히 하였는지 여부가 평가의 기준일까? 혹여 현대적으로 재해석하면 소위 '퓨전 사극'이라 하여 정통성을 의심 받거나 역사적 사실의 왜곡으로 질타 받는 사실에 대해서는 어떤 방식의 접근이 정답일까? 혹은 과거만이 아니라 현재의 고정된 양식을 급급하게 좇아가며 구색을 맞추는 형식화가 환영을 받을까?

곧 '정격성(authenticity)'을 엄격히 준수하는 것만이 해답일까?

수년 전 MBC 방송국에서는 〈나는 가수다!〉라는 프로그램이 기존 가수들에 대해 새로운 평가를 시도—물론 평가 자체가 목적이 아니라 '서바이벌'이라는 극한의 상황 속에서 가수들이 전달하는 최대한의 음악성을 띤 무대를 만든다는 취지와 그만큼의 공을 들인 프로그램에 대한 시청률 확보라는 양면적인 의도가 중심이었다고 본다—한다는 차원에서 아류 프로그램을 양산하는 등 상당한 인기를 구가했다.

처음엔 기존 가수의 곡에 새로운 해석에 대한 관심과 음악 자체가 주는 울림 때문에도 음원 차트를 석권할 정도로 엄청난 화제의 중심이 되었으나, 점차 시청률은 하락하고 시청자들도 피로감을 호소하기 시작했다.

그 이면엔 음악이라는 예술이 주는 감동과 환희가 점차 탈락이라는—결국은 긴장감을 조성하는 시청률 위주의—시스템의 프레임(frame)에 구속되면서 유명한 가수들이 끝없이 긴장하는 모습에 마냥 기쁜 마음이 될 수 없었던 모순, 그리고 높은 득표수를 얻기 위해 음악의 다양성보다 '고음 위주'의 강렬한 무대만이 남는다는 하나의 '고정된 형식'이 만들어 준 식상함이 원인이었다고 본다. 결국 해당 프로그램은 '그들만의 리그'처럼 반복된 새 시즌의 방송에도 원래의 인기를 회복하지 못하지 않았나.

예술이 '정형화'되고 '정격성' 안에 자유로움을 놓칠 때 반응하는 대중은

---

8   나이절 워버턴, 위의 책, p.318.

언제까지나 호응해 줄 수는 없기 때문이다.

재해석은 소중한 부분이다. 과거를 무시하는 것이 아니라, 그러나 과거에 매인 고전적인 답습이 아니라 내용적인 가치를 현대의 그릇에 담아내는, 그리고 변용과 더욱 중요한 가치에 집중하는 노력이 필요하지 않을까? 그리고 옛 것을 재현하는 것만이 아니라 자신의 감정과 정서, 기술적 재능까지 결합되어 원작을 더욱 빛나게 하는 노력은 매우 값진 것이다. 단순한 정확성과 완벽성이 아니라, 가치에 대한 존중과 완전성을 향한 성실함이 더욱 목마른 때다.

4-2 모방품과 예술의 가치

예술의 가치에 대한 또 하나의 도전은 원판의 작품이 완벽한 모방품보다 가치 측면에서 어떤 평가를 받아야 하는가 하는 질문이다. 즉 모방품도 나름 의미 있는 예술품으로서 인정받을 수 있는가 하는 문제이다. 심지어 우리나라의 대표적 작가로 알려진 작가의 작품이 표절 시비에 휘말려 커다란 실망도 안겨 주지 않았던가!

그리고 실제로 원판과 모방품의 차이는 있는가 하는 문제도 생각해야 한다.

어느 원본 작품의 복사본이 하나만 있다면 그것을 단일본으로 매우 비싸게 팔 수 있고[소더비 효과(Sotherby's Effect)], 반면 복사본이 많을수록 그 가치는 떨어질 것이다.[9] 미국 메이저리그의 에이전트 스캇 보라스(Scott Boras)도 선수의 통계 기록과 나이, 신체 능력 등 여러 자료들을 모은 레포트를 만들어 몸값 협상을 만들어 냈고 그리고 유망주 고교생들을 미리 계약하여 같은 방식으로 몸값을 끌어올리는 등 선수들의 희소성이나 특

---

9 나이절 워버턴, 위의 책, pp.322-323.

수한 가치들을 홍보하는 전략 수단을 활용하는 것으로 유명하다.

그러나 가격의 흥정이나 부풀려진 몸값, 골동품의 상대적 감정가 등은 해당 품목의 희귀성, 수집가들의 취향 변동, 미술품 거래자의 조작 혹은 사회적 지위나 경쟁심 등에 의해 결정되는 등 예술적 가치와는 무관하게 느껴진다.

사실상 완벽한 모방품이 있을 수 있겠는가? 기술이 발전할수록 원본과 모방품의 차이는 줄어들지라도 모방품은 모방에 불과하다. 그리고 무엇보다 중요한 것은 음표와 쉼표, 숨표 사이에, 붓 끝에, 단어에 깃든 그 작가의 영혼은 결코 베낄 수 없다는 엄연한 사실이다. 정성을 다해 만든 작품이나 학문적 업적을, 당사자의 눈을 가리운 채 가로채는 것은 또한 가장 비도적적인 행위 아닐까? 혹여 자신이 그것으로 인해 명성을 얻는다 해도 그것은 자신을 더욱 비참하고 수치스럽게 만드는 몰지각함이 아니고 무엇이겠는가?

5. 세상에서 가장 아름다운 작품

"우리는 하느님의 작품입니다."(에페 2,10)

5-1 숨결을 간직한 존재

세상의 어떤 조합물로도 만들어 낼 수 없는 영(靈)이 담긴 숨결.

하느님의 입김을 지닌 존재.

수없는 '살아 있음'의 종(種)들 가운데 '아름다움을 아름다움이라 말할 수 있는' 유일한 존재.

질료적 소멸이 아닌, 영원에의 갈망과 향기를 뿜어내고 남겨 줄 수 있는 존재.

그 자체만으로도 빛을 발할 가치를 지닌 존재.

다른 어떤 가치보다도 비교할 수 없을 우위(優位)에 있는 존재.

그러나 낮춤의 의미를 체득할 수 있는 '나!'

자신을 내어놓기를 기꺼이 감수할 수 있는 사람으로서의 인간.

이렇듯 소중한 '사람 그리고 사람'이 이어져 있다.

6. 맺음 이야기 … 우리는 우리가 가진 것으로

"사랑이란

다른 사람 안에 있는

좋은 핵심을 믿는 것이다.

즉 약점과 멸시 받는 점을 통찰하여 보고

좋은 핵심이나 적어도 좋은 사람이고자 하는 갈망을 보는 것이다.

누구에게나 좋은 사람이고픈 갈망이 있다.

누구나 인간이기를, 좋은 사람이기를,

가치 있는 사람이기를,

사랑 받고 존중 받는 사람이기를 갈망한다.

많은 사람들이 존중 받고자 잘못된 길을 간다.

그러나 그 갈망은 순수하다."[10]

갈망에 말을 건네자.

내가 손을 내밀면 맞잡을 그대의 마음에 말을 건네자.

감추어진 아름다움을 꺼내어 서로의 앞에 두고 바라보자.

---

10 안젤름 그륀, 『예수께서 보여주신 사제직의 모습』, 한연희 역, 성서와함께, 1997, p.88.

그리고 비로소 삭여 두었던 사랑의 말 한 움큼 꺼내어 건네 보자.

나에게 주어진 모든 것은 아름답도록 선물로 주어졌다.

눈으로, 서로의 아픔과 기쁨을 바라보라!

귀로, 서로의 속울음을 들으라!

코로, 서로의 삶의 향기를 간직하라!

입으로, 서로에게 생기(生氣)와 용기를 심는 말을 하라!

손으로, 서로를 안아주고 축복하며 격려하라!

두 발로, 서로가 머문 자리를 찾아가라!

노래

누군가는,
영혼 밑바닥 우물에 고인
맑은 샘물 퍼올려
공중에 퍼뜨리고선,
주섬주섬 챙겨 선술집 속으로 사라진다.

다른 누군가는
옷자락에 튀어 너저분한 노래들을 들고서
또다른 누군가는
길바닥에 널부러진 남은 노래를 가슴에 묻고서

왔던 그 자리로 자취를 감춘다

누구나 자기만의 노래가 있다
자기가 분수처럼 터뜨린 울분의 노래든,
속삭이는 연인의 노래든 …

그러나 결국은 '매일' 속에서
조금 다른 노래만을 편곡하면서 …
'그렇게 사는 거다'라며 가사를 붙인다
그럼에도,

누구나 자기만의 노래가 있다

누구도 대신할 수 없는

그대만의 노래를 부르라!

이렇게 다시금 글의 끝머리에서 되돌아본다.

학문적 성취를 이루는 것에 지향을 두는 것이 아니라, 가톨릭교회의 '예수의 꽃동네 형제회'의 수도자로서, 또한 한 시대 안에 기도하며 고뇌하면서 걸어가는 한 사람으로서 삶에서 맞닥뜨리는 주요한 질문들에 대하여 하늘을 바라보고 땅 위의 발자국을 새겨 보면서 엮는 사유의 흔적들이다.

책의 주요 내용들은 꽃동네 대학교 교양과정에서의 '철학의 문제들' 과목의 강의 내용을 한 권으로 엮은 것이다. 그러므로 교재의 성격도 가지면서 하나의 교양서적, 또한 영혼의 근저에서 돌아볼 수 있는 영적 도서로도 읽을 수 있도록 엮었다.

무감하게 스쳐 가는 분주한 여정 가운데서도 잠시나마 발걸음을 멈추어 서서 본질적인 가슴앓이에 대한 성찰을, 벽을 허물고 소통할 수 있는 지면을 통해서나마 토로하고픈 작업이었고, 독자로 하여금 그 길에 동참하면서 맑은 창 하나를 가슴에 낼 수 있다는 것만으로도 값지고 소중한 작업이었다.

내용인즉슨 나의 존재의 근원적인 순간부터 시작하여 세상 한가운데서 대면하는 문제들 가운데 주요한 주제를 12가지로 대별하여 대화를 시도한 것이다.

이에 '삶의 근본'에 대한 주제로서 삶과 죽음이란 가장 큰 범위 안에 던지는 질문과 응답, 삶의 활력을 더해 줄 사랑과 열정, 그 열정의 이면에 부대끼는 허무와 희망에 대하여 다루며 주춧돌을 놓고, 이어 실제적으로 '삶

안에서 겪는 정체성과 응답'에 관하여 신의 존재와 선과 악의 싸움(자유의 지)이라는 보편적 문제를 중심으로 심층적으로 고민하여 보았다. 이 같은 관점들과 대비하여 실제적으로 부딪는 문제들에 대하여 '사회적 문제에 대한 확대된 시선'을 통해 갖게 되는 무엇이 옳고 그른가에 대한 가치 기준, 기준을 적용함으로써 발생하는 자유와 평등의 문제, 그것이 전제됨으로써 가능한 진리의 인식에 대한 문제 나아가 인식이 토대를 마련해 줄 이데올로기의 문제와 사회적 문제들에 대한 검증과 이해를 위한 과학적 방법에 제기되는 질문 등을 일목요연하게 투여한 고뇌의 시간들을 펼쳤다. 끝으로 이상의 철학적 사색의 주체로서의 '나'의 존재, 곧 몸과 마음의 의미와 나를 표현할 아름다움의 본질에 이르는 '자기 회귀와 방향 설정'으로 맺으면서, 철학적, 영적 관점 등 총체적인 사색의 열매들을 아낌없이 지면 위에 쏟았다.

우물과 같이 깊고 맑은 샘에서 철학적 사색들을 끌어올리는 작업들이었다.

이 모든 발걸음은 마침내 삶을 살아가는 주체로서의 '나'로부터 출발하여 세상에 건네주고 세상을 바라보며 하느님과의 영적 통교 안에 완성해 가야 할 그야말로 여정에서 묻은 일기(日記)이다.

글들에 눈길을 따라가면서, '나'에게 스스로를 돌아보도록 말을 건네는 일상의 모든 것으로부터 영혼의 창이 열리는 초대가 이루어지고 지평이 확대되는, 날카로우면서도 따뜻한, 명확하면서도 눈물겨운 이야기들이 새겨지길 소망한다.

> *누구나 자기만의 노래가 있다*
> *자기가 분수처럼 터뜨린 울분의 노래든,*
> *속삭이는 연인의 노래든 …*

> ...
>
> *그럼에도,*
>
> *누구나 자기만의 노래가 있다*

　이렇게 우물처럼 깊이 가슴속에서 길어 올린 철학이 따뜻한 위안이 되고, 삶을 채워줄 노래가 되기를 기도한다.

　부족한 글들이 엮어지도록 저의 존재를 심어 주신 하느님께 감사의 기도드립니다. 그리고 이 교재를 내도록 도움을 주신 분들, 특별히 꽃동네 창설자 총장 신부님, 예수의꽃동네형제회·예수의꽃동네자매회 회원님들과 성장해 오도록 지도해 주신 은사 신부님들, 선생님들, 영혼의 동반자가 되어 주시는 곳곳의 수도자분들, 너무나 소중한 꽃동네 가족들, 기도해 주신 모든 신자분들과 응원을 보내 주신 분들께 감사의 인사 전합니다. 그리고 무엇보다 제 영혼과 육신을 선물로 주시고 하느님을 닮은 사랑을 심어 주신, 하늘에 계신 '어머니', 부모님, 이모님을 비롯한 사랑하는 가족들과 은인들께도 보잘것없는 기도의 선물로 드립니다.

　끝으로 이 글들을 읽으시는 독자분들께도 따뜻한 위로와 기쁨, 소박한 도움이 되길 바라오며 진심 어린 감사의 마음 전합니다.

가톨릭철학편찬위원회 편, 『젊은이들을 위한 철학』, 이문출판사, 2003.

강영계, 『철학이야기』, 서광사, 2001.

강형구, "프레데릭 수피, 「핸슨의 귀추적 방법」", 「과학철학 통론」 1, 서울대학교 자연대학,
　　2009.

곰돌이 CO., "체 게바라—쿠바인의 영원한 친구", 『쿠바에서 보물찾기』, 아이세움, 2010.

그륀, 안젤름, 『예수께서 보여주신 사제직의 모습』, 한연희 역, 성서와함께, 1997.

그리말디, 비르지니, 『남은 생의 첫날』, 이안 역, 열림원, 2015.

길벗 R&D 일반상식연구팀, 『일반상식의 재구성(시사편)』, 길벗, 2013.

김광철 외, 『영화사전』, MEDIA2.0, 2004.

김선희, 『철학이 나를 위로한다』, 예담, 2012.

김은기, 『손에 잡히는 바이오토크』, 디아스포라, 2015.

김일우, "임종자와 위기적응에 대한 사목적 배려에 대한 연구", 수원가톨릭대학교, 1992.

김지인, "디지터미디어시대 관념의 허상과 소외의 표현 연구", 이화여자대학교대학원, 2008.

김진, 『철학의 현실문제들』, 철학과현실사, 2007.

김진응, "임종자와 유가족에 대한 교회의 사목적 배려에 관한 연구", 대전가톨릭대학교, 2006.

김태길, 『윤리학』, 철학과현실사, 2010.

김형철, 『철학의 힘』, 위즈덤하우스, 2015.

꽃동네사랑의연구소, 『꽃동네 영성』, 꽃동네출판사, 2006.

남경태, 『누구나 한번쯤은 철학을 생각한다』, 휴머니스트, 2012.

네이글, 토머스, 『이 모든 것은 무엇을 의미하는가?』, 조영기 역, 궁리, 2014.

니어링, 헬렌, 『아름다운 삶, 사랑 그리고 마무리』, 이석태 역, 보리, 2000.

니컬러스 편, 『철학—가장 오래된 질문들에 대한 가장 최근의 대답들』, 최훈 역, 세종서적,
　　2011.

달라이 라마 · 빅터 챈, 『용서』, 류시화 역, 오래된미래, 2005.

도킨스, 리처드, 『만들어진 신』, 김영사, 2007.

되에링, 볼데마르 오스카, 『Kant철학 이해의 길』, 김용정 역, 새밭, 1979.

라벨, 루이, 『영원한 현존 · 나 · 세계』, 최창성 역, 가톨릭출판사, 1989.

루프니크, 마르코 이반, 『식별』, 오영민 역, 바오로딸, 2011.

리빙스턴, 고든, 『너무 일찍 나이 들어버린, 너무 늦게 깨달아버린』, 노혜숙 역, 리더스북, 2008.

마셜, 조셉 M., 『그래도 계속 가라』, 유향란 역, 조화로운삶, 2008.

몬젤루조, 나네테 버튼, 『자존감의 모든 것』, 문종원 역, 성바오로, 2015.

박범신, 『세상은 우리가 사랑한 만큼 아름답다』, 고려문화사, 2001.

박상규·김경희·신용문·김선애, 『낫기를 원하느냐? — 신체와 정신의 관계로 읽는 심리와 실제』[2014 지방대학특성화사업(CK-1) 교과목 개발 연구보고서], 꽃동네대학교, 2015.

박승찬·노성숙, 『철학의 멘토, 멘토의 철학』, 가톨릭대학교출판부, 2013.

버크만, 로버트, 『무슨 말을 하면 좋을까: 죽어가는 이들을 도울 수 있는 방법』, 모현호스피스 역, 성바오로출판사, 2003.

변한규, 『창조적 지성—젊음과 사랑과 지성 그리고 신앙』, 한국로고스연구원, 1989.

보언, 잭, 『철학의 13가지 질문』, 하정임 역, 다른, 2012.

뷰리가드, 마리오·데니스 오리어리, 『신은 뇌 속에 갇히지 않는다: 21세기를 대표하는 신경 과학자의 대담한 신 존재 증명』, 김영희 역, 21세기북스, 2010.

삼소회, 『출가』, 숍리, 2003.

샌델, 마이클, 『정의란 무엇인가』, 이창신 역, 김영사, 2010.

서강훈, 『사회복지 용어사전』, 아담북스, 2013.

솔로몬, 로버트 C.·캐슬린 M. 히긴스, 『세상의 모든 철학』, 이론과실천, 2007.

송혜룡·김원제, 『디지털미디어 길라잡이』, 한국학술정보, 2007.

스벤젠, 라르스, 『자유를 말하다』, 엘도라도, 2015.

시사상식연구소, 『똑소리나는 일반상식』, 시대고시기획, 2014.

신경림, 『바람의 풍경』, 문이당, 2000.

신동준, "처벌의 효과: 억제이론에 대한 비판적 검토", 刑事政策 제21권 제2호(2009.12).

신상우, 『장기입원환자의 가족원의 삶의 질에 관한 연구』, 인제대학교 대학원 박사논문, 2006.

신승환, 『철학, 인간을 답하다』, 21세기북스, 2014.

신용문, "꽃동네 사회복지시설에 거주하는 가족대상 상담의 방법에 대한 연구", 「복지논 총」 제7권, 꽃동네대학교 사회복지 연구소, 2012(11).

_____, "환자치유와 영성(종교성)의 역할", 『정신치유를 위한 워크숍』 제1회, 한국영성생태 연구소·한국정신치유연구소, 2009(1).

_____, 『가톨릭사회복지사업에 종사하는 수도자의 정체성과 영성의 구현에 대한 연구』, 대

　전가톨릭대학교석사논문, 2004.

_____,『관계의 숲에서 길을 묻다』, 뒷목문화사, 2013.

_____,『교회법 강의록』, 예수의꽃동네형제회수련소, 2009.

신한석, "정신분석에서 무의식의 개념: 프로이트와 라캉", 한신대학교 정신분석대학원, 2015.

쌍소, 피에르,『느리게 산다는 것의 의미』, 김주경 역, 동문선, 2000.

아산정책연구원, "한국 유권자와 이슈 III: 성소수자(LGBT) 인식",『이슈브리프』, 2015.

아카데미서적 편집부,『생명과학사전』, 아카데미서적, 2003.

엘리자베스 퀴블러 로스·데이비드 케슬러,『상실 수업』, 이레, 2007.

오브라이언, 닐,『그 섬들이 껍질을 깰 때』, 김제선 역, 성바오로출판사, 1990.

울프, 수전,『LIFE 삶이란 무엇인가』, 박세연 역, 엘도라도, 2014.

워버턴, 나이절,『철학의 근본문제에 관한 10가지 성찰』, 최희봉 역, 자작나무, 2001.

_____,『철학의 주요문제에 대한 논쟁』, 최희봉 역, 간디서원, 2011.

윌키 오, S. J.,『마음의 길을 통하여』, 황애경 역, 바오로딸, 2000.

유민영, "무의식 세계 속에서 드러난 내적 형상 연구", 이화여자대학교대학원, 2009.

유정화, "한국에서 베르테르 효과에 대한 연구: 유명인의 자살이 일반인의 자살에 미치는 영
　　향", 고려대학교보건대학원, 2008.

이어령,『어느 무신론자의 기도』, 열림원.

이재용, "인간의 자유와 책임",「인간연구」, 가톨릭대학교 인간학연구소, 2000.

임철규,『죽음』, 한길사, 2012.

임한영, "이데올로기의 眞情性과 價値觀과 社會正義",「아카데미論叢」, Vol.9 No.1, 1981.

장성화,『쉽게 풀어 쓴 인간관계론』, 동문사, 2009.

장향숙,『깊은 긍정』, 지식의숲, 2006.

전봉이, "다자이 오사무의『판도라의 상자』—考撰—성서를 통한 희망의 메시지", 韓國日本學
　　術合會 第4回 國際學術發表大會 Proceedings, 2006.7.

정달용, "철학으로 본 죽음",「사목」70호(1980/7), 한국천주교중앙협의회.

정재형, "6월 민주항쟁과 1987년 노동자 대투쟁",「경제교육」, 2010.7.

조옥진,『영성과 심리상담』, 가톨릭출판사, 2005.

조은평, "'이데올로기 문제틀'에 관한 계보학적 연구", 건국대학교대학원, 2014.

지젝, 슬라보에 외,『매트릭스로 철학하기』, 이운경 역, 한문화, 2003.

차동엽,『여기에 물이 있다』, 에우안젤리온, 2005.

최용철,『철학, 물음이 답이다—인간이 피하지 못하는 10가지 물음』, 간디서원, 2013.

최인철,『프레임』, 21세기북스, 2012.

최재식 외, 『철학의 전환점』, 프로네시스, 2012.

코르미에, 장, 『체 게바라 평전』, 김미선 역, 실천문학사, 2000.

콜린스, 프랜시스 S., 『신의 언어』, 이창신 역, 김영사, 2010.

쿤츠만, 페터 외, 『철학 도해 사전』, 들녘, 2016.

퀴블러로스, 『인간의 죽음』, 성염 역, 분도출판사, 1990.

큉, 한스·줄리아 칭, 『중국 종교와 그리스도교』, 분도출판사, 1994.

파갈레, 이브, 『신은 아무것도 쓰지 않았다』, 이세진 역, 해나무, 2012.

파커, 스티브·로버트 윈스턴, 『인체』, 박경한 외 역, 사이언스북스, 2010.

페쉬케, K. H., 『그리스도교 윤리학』 vol. 2, 김창훈 역, 분도출판사, 1998.

_____, 『그리스도교 윤리학』 vol. 1, 김창훈 역, 분도출판사, 1998.

학술단체협의회, 『사회를 보는 새로운 눈』, 한울, 2009.

한국가톨릭대사전 편찬위원회, 『한국가톨릭대사전』 vol. 4.

한국가톨릭대사전 편찬위원회, 『한국가톨릭대사전』 vol. 5.

한국가톨릭대사전 편찬위원회, 『한국가톨릭대사전』 vol. 7.

한국가톨릭대사전 편찬위원회, 『한국가톨릭대사전』 vol. 8.

한국가톨릭대사전 편찬위원회, 『한국가톨릭대사전』 vol. 9.

한국산업사회학회, 『사회학』, 한울아카데미, 2004.

한국성폭력상담소 기획·변혜정 엮음, 『섹슈얼리티 강의, 두 번째』, 동녘, 2010.

한국정보통신기술협회, 『TTA 용어 사전』.

헌터, 제임스 C., 『서번트 리더십』, 김광수 역, 시대의 창, 2002.

후지사와 고노스케, 『철학의 즐거움』, 유진상 역, 휘닉스, 2004.

히라노 게이치로, 『나란 무엇인가』, 21세기북스, 2015.

Ayer, A. J. (1946). *Language, Truth and Logic*. Dover. In a footnote, Ayer attributes this
view to "Professor H. H. Price".

Bellah, Robert, *Beyond Belief* (New York: Harper and Row, 1970).

Bentham, J., *Introduction to the Principles of Morals and Legislation* (1789), J. H. Burns and
H.L.A. Hart, eds. (Oxford University Press, 1996).

Berlin, I., 'Two Concepts of Liberty', Four Essays on Liberty (Oxford, 1969).

Bormans, L., 『사랑에 대한 모든 것』, 민영진 역, 흐름출판, 2014.

Buckingham, W.·Burnham, D.·Hill, C·King, P. J.·Marenbon, J.·Weeks, M., The *Phi-
losophy Book*, DK, 2011.

Bywater, I., *Aristotelis Ethica Nicomachea,* Oxford, 1894.

Christensen, F. M.(1990), *Pornography—The Other Side*, New York: Prager.

Darwin, C. R., *The Origin of Species* (New York: Penguin, 1958).

Frankfurt, H., *"Taking Ourselves Seriously and Getting It Right"*, Stanford University, April 14-16, 2004.

Hall, S. S., 『무엇이 그대를 지혜롭게 했을까』, 김소희 역, 리더스북, 2012.

Hay, David, *Religious Experience Today: studying the Facts*(London Mowbay, 1990).

Helminiak, D. A., *The human care of spirituality Mind as psyche and spirit* (New York: State University of New York Press, 1996).

Hobbes, T., *Leviathan*, Cambridge, 1991.

Lee, J. A., (1977), *A typology of styles of love*, Personality and Social Psycology Bulletin.

Lewis, C. S., *Mere Christianity* (Westwood: Barbour and Company, 1952).

_____, Miracles: *A Preliminary Study* (New York: Macmilan, 1960).

_____, *Surprised by Joy* (New York: Harcourt Brace, 1955).

_____, *The Problem of Pain* (New York: MacMilan, 1962).

Merton, Robert K., *Social Theory and Social Structure* (Free Press, 1957).

P. Tillich, *The Dynamics of Faith* (New York: Harper & Row, 1957).

Philips, D. P.(1974), The influence of suggestion on suicide: Substance and theoretical implications of Werther effect, *American Sociological Review*.

Pius XII, "Trois questions religieuses st morales concement l'analgesie" of 24 Febr. 1957, in AAS 49 (1959), 국제 신경정신성 의약품 대회 중 훈화; 9 Sept. 1958, in AAS 50 (1958).

R. Warren, Purpose Driven Life, ZONDERVAN, 2002.

Rinpoche, S., 『티베트의 지혜』, 오진탁 역, 민음사, 1999.

Shepherd, Lois (2009). If That Ever Happens to Me: Making Life and Death Decisions after Terri Schiavo (Studies in Social Medicine). The University of North Carolina Press.

Sternsberg, R. J., 『사랑의 기술』, 류소 역, 사군자, 2002.

Strong, Bryan · Christine DeVault · Theodore F. Cohen, *The Marriage and Family Experience*, WADSWORTH, 2011(11th edition).

레옹, X.-뒤푸르 외, 聖書神學事典, 광주가톨릭대학교, 1984.

김미선, "이주노동자 권리보호를 위한 국제적 노력과 과제",〈교회와 세계〉홈페이지.

김성희, "20세기를 나른 컨베이어벨트", 한겨레 21, 2003.6.25자.

이승규, "동반자살 시도 4명 입건 … 씁쓸한 자살공화국의 자화상", 민주신문, 2016.4.8자.

"정의의 여신 디케(DIKE)", 중앙일보[키워드로 보는 사설], 2014.4.15.

「40주년」.

『가톨릭교회교리서』.

교황 Leo XIII 회칙, 『새로운 사태(Rerum Novarum)』, 1891.

〈구미가톨릭 근로자문화센터〉 홈페이지, 외국인 노동자 자료실.

『국어대사전』, 민중서림.

『두산동아 세계대백과사전』, 동아출판사, 1982.

송열섭, "모자보건법 제14조는 폐지되었다—모자보건법과 인권", 한국천주교 주교회의 생명
　　윤리연구회 홈페이지.

천주교 서울대교구 외국인 노동자 상담소, "'98 외국인 노동자 상담활동 보고".

『한국민족문화대백과사전』.